Die schönsten Wochen-Wanderrouten Deutschlands
Werner Janowski
Joel Edos

Werner Janowski
Joel Edos

Die schönsten Wochen-Wanderrouten Deutschlands

Der besondere Wanderführer

DeBehr

Vorwort

Ich bin 1996 durch die Lektüre "Wanderungen durch die Mark Brandenburg" von Theodor Fontane zum Wandern angeregt worden, und seit dieser Zeit gehe ich jedes Jahr eine Woche auf die Walz. Inzwischen habe ich siebzehn wunderschöne Regionen in Ostdeutschland kennengelernt und in diesem Buch zusammengestellt.

Ich wünsche mir, dass Du, liebe Leserin, verehrter Leser, ebenso wie ich seinerzeit, neugierig wirst und den heimlichen Gedanken – das möchte ich auch erleben –, in die Tat umsetzt.

Und nun wünsche ich viel Vergnügen beim Lesen der Wanderberichte.

INHALTSVERZEICHNIS

Wandern auf Hiddensee

31. März 1996, das Abenteuer beginnt.

Abfahrt ist um 7.21 Uhr in Hamm mit dem ICE 641 bis Hannover, wo wir um 8.40 Uhr, also drei Minuten später, ankommen. Die Weiterfahrt soll um 9.10 Uhr von Gleis 7 sein.
Der ICE 778 nach Hamburg ist auf Gleis 7 angezeigt, die Reisenden nach Hamburg warten. Es ist 9.06, 9.07, 9.08, da ertönt eine Durchsage: "Der ICE 778 aus Karlsruhe, Weiterfahrt nach Hamburg, hat Einfahrt auf Gleis 10."
Auf diesem Gleis kam der Zug aus Hamm in Hannover an. Mist!
Jetzt Reisetasche geschultert, Treppe runter, zum Gleis 10, die Treppe wieder hinauf. Keuchend, nass geschwitzt, verfluche ich die "Deutsche Bundesbahn", nein, die heißt ja jetzt "Deutsche Bahn" und warte auf den schnellsten deutschen Reisezug.
Fünf Minuten Verspätung hat er in Hannover. Zum Glück nur fünf Minuten, in Hamburg kann es nämlich knapp werden, da für den Anschlusszug nur acht Minuten Zeit bleiben. Ob die Verspätung wieder aufgeholt würde, weiß der Zugbegleiter

nicht, aber die Anschlusszüge warten in der Regel zehn Minuten.

Ich bin gespannt.

Durchsage um 10.03 Uhr: "Ankunft in Hamburg Hauptbahnhof um 10.28 Uhr, Weiterfahrt nach Binz um 10.30 Uhr auf Gleis 7. Bitte die Durchsage am Bahnsteig beachten!"

Der Anschluss klappt und ich sitze nun im Zug nach Bergen auf Rügen.

13.17 Uhr, soeben verlassen wir Rostock. Ich bin in einer hin- und hergerissenen Stimmung.

Die Eindrücke sind überwältigend. Kurz hinter Rostock Kindheitserinnerungen. Ta-Tack, Ta-Tack, Ta-Tack, Bahngeleise und Zuggeräusche wie früher, überhaupt ist die Bahnfahrt ein Erlebnis.

Auf den Bahnhöfen nimmt man sich Zeit, Aufenthalte von zehn, fünfzehn oder gar zwanzig Minuten bestimmen den Ablauf. Ach, wenn das doch so bliebe, Zugverspätungen wären dann die Ausnahme.

Auf der Strecke sehr viele Rehe. Bis jetzt habe ich sicherlich fünfzig dieser Tiere gesehen.

Die Häuser an der Strecke, teils in ihrem bisherigen Zustand, teils – ich schätze zehn Prozent – neu gebaut oder erneuert. Es ist beeindruckend.

Die mecklenburgische Kiefernregion liegt schon weit zurück. Der Zug nähert sich der Hansestadt Stralsund.

Das sonnige Hamburg ist vergessen, die Landschaft ist in ein schmutziges Grau getaucht. Schneeflecken unterbrechen das triste Einerlei. Buchen und Birken haben die Kiefern abgelöst. Auf den weiten Feldern immer wieder Rehe. Jetzt gesellen sich allerdings Schwäne und Fischreiher hinzu. Und was besonders beeindruckend ins Auge fällt: uralte, knorrige Bäume.

Ein Straßenschild, rechts an der Bahnlinie, zeigt mir gerade, dass es noch elf Kilometer bis Stralsund sind. Es ist erstaunlich, die Zeit ist wie im Fluge vergangen.

Neun Windräder rechts, drei dieser Stromerzeuger zur Linken, wir fahren in Stralsund ein.

Kirchtürme zur Linken, deren vier und rechts drei. Jetzt auch links die Ostsee, vereist, die Fahrrinne ist frei.

Jetzt fährt der Interregio über den Damm, Rügen ist erreicht.

Die Silhouette von Stralsund – ein Fuchs in meinem Blickfeld – im Hintergrund verschwindend und um die Freude vollständig zu machen, taucht die Sonne aus den Wolken hervor. Ich vergesse, meine Sachen zu packen, so fasziniert und beeindruckt bin ich, aber jetzt muss es schnell gehen, denn in wenigen Minuten ist Bergen auf Rügen erreicht.

Ein Taxifahrer will mich für DM 50,-- zum Hafen nach Schaprode fahren. "Überlegen Sie", sagt er, "ein Bus fährt heute nicht mehr. Das Hotel in Schaprode oder hier in Bergen kostet DM 70,-- bis 80,--. Ihre Unterkunft auf Hiddensee ist bezahlt, also ist mein Taxi doch günstig. Er hat mich überzeugt.

15.40 Uhr, ich sitze auf der Fähre nach Hiddensee. Mir schräg gegenüber sitzt ein junges Paar.

Er: "Was trinkst Du?" Sie: "Wie immer, Sekt!"

Erinnerungen werden geweckt. Glücklicherweise geht es jetzt los, sodass keine Zeit für wehmütige Gedanken bleibt.

Eisbrocken schwimmen in der Fahrrinne. Die Fahrzeit beträgt ungefähr eine dreiviertel Stunde. Ich genehmige mir ein Bier.

Auf Hiddensee angekommen wird die Tasche umgehängt, der Rucksack geschultert und los geht's.

Au weia, das schwere Zeug soll ich zwei Kilometer schleppen? Doch was höre ich da? Ich glaube es kaum, ein Autobus, zwar im Kleinformat, aber ein Autobus. Ich winke, der Bus hält, ich steige ein. "Hier ist aber keine Haltestelle", sagt der Busfahrer, nimmt mich aber trotzdem für DM 2,-- mit.

Im Hotel "Haus am Hügel" komme ich um 16.50 Uhr an. Es ist

alles verschlossen, weil erst ab 17.00 Uhr geöffnet wird.

Ich stelle also Tasche und Rucksack vor die Tür und beabsichtige, erste Erkundungen zu machen. Da kommt ein Typ in Jeans, Pullover, Mitte dreißig, guckt, guckt mich an, dann nimmt er Tasche und Rucksack, überlegt eine Weile, schließlich fragt er: "Haben Sie ein Zimmer bestellt?"

"Ja!"

Da marschiert er mit meiner Tasche los. Keine Aufforderung mitzukommen, kein Warten, weg ist er.

Im Flur zum Gastraum Fischgeruch, im Flur zu den Hotelzimmern Fischgeruch, Fisch, Fisch, Fisch.

Ich bekomme Zimmer 4. Da geht die Haustür auf und ein weibliches Wesen kommt herein.

"Wer sind Sie denn?"

"Ich bin Herr Janowski!"

Sie schaut, wie vorher der Jeansboy, in den Belegungsplan.

"Zimmer drei und schon ist sie aus der Tür, nimmt meinen Rucksack, die Tasche ist ja bereits unterwegs und geht die Treppe hinauf. Ich hinterher. Auf halber Treppe wage ich zu sagen: "Sie äußerten am Telefon, ich bekäme ein Zimmer im Inselidyll."

Sie bleibt stehen. "Möchten Sie Dusche und WC auf dem Zimmer?" Ich bejahe die Frage. Kehrtwendung, Treppe runter, rein in den Gastraum.

"Der Herr möchte ein Zimmer mit Dusche und WC."

Er zu ihr: "Zimmer 3?"

Sie zu mir: "Ja, aber wir haben da ein Problem. Das Zimmer können Sie nur bis Freitag haben, Samstag dann hier im Haus."

Ich: "Ja, gut, vielleicht reise ich dann Freitag schon ab."

"Wenn Sie sich bis Mittwoch entscheiden, reicht es. Mittwoch beim Frühstück. Ich hole jetzt das Wägelchen, für das Gepäck."

Er will mir inzwischen den Weg zum "Inselidyll" beschreiben und holt eine Ansichtskarte von der Pension.

"Das ist die Pension. Ach," sagt er zu der Hereinkommenden, "du kannst ja oben rum gehen, dann brauche ich den Weg nicht zu beschreiben." Gesagt, getan.

Sie nimmt das Wägelchen. Dummerweise biete ich mich an, die Karre zu schieben, falls es ihr zu schwer ist. Schwupp habe ich die Wagenstange in der Hand und kann zusehen, wie ich mein Gepäck zu meinem Domizil bekomme, denn zufällig kreuzt ein Einheimischer unseren Weg.

"Hallo, wie geht's? Was machen die Pferde? Sie gehen jetzt weiter geradeaus. Dort oben, wo die Laterne steht, das Haus mit den blauen Fenstern, das ist es. Zimmer drei, links, die beiden Fenster unten."

Ich marschiere los. Die Pension zu finden, ist bei der ausführlichen Beschreibung kein Problem, Zimmer drei ist aber rechts. Es gefällt mir.

Die Tasche ist schnell ausgepackt, das Gesicht gewaschen, die Schuhe gewechselt und auf geht es zum ersten Erkundungsgang Richtung Leuchtturm.

Es ist zwar kalt, aber die Sonne scheint und ich mache die ersten Schnappschüsse mit dem Fotoapparat.

Und was steht in einer Entfernung von fünfundzwanzig
Metern und will auf den Film gebannt werden?
Ein Reh, sogar ein Rehbock. Ich erkenne ihn am Gehörn.

Dann begebe ich mich ins "Haus am Hügel."

Abendessen, was wird empfohlen, natürlich Fisch, Dorsch. Ich bestelle ihn und bin zufrieden. Der Essraum, ungefähr sechzig Plätze, ist leer, ausgenommen acht Personen. Da geht die Tür auf und drei junge Burschen kommen herein. Jeans, mit weißer Farbe vollgeschmiert, aber sonst in Ordnung.

"Wir möchten essen, es kommen aber noch zehn Leute."

Nach dem Dialekt sind es Berliner. Sie gehen an den Zeitungsständer, nehmen die umfangreichste Zeitung heraus und jeder bekommt ein Blatt.

Ich frage mich, was das soll und erfahre es umgehend. Jeder legt das Blatt auf seinen Stuhl. Warum? Ordentliche, junge Leute, die nichts mit der weißen Farbe beschmutzen wollen, so einfach geht's.

Dann die Bestellung, zwei Kristallklare, drei große Bier, eine Cola.

Ein junges Mädchen – inzwischen sind die Nachzügler eingetroffen: "Ich möchte bitte einen Rotwein, aber 'nen guten, sauren!"

Der Jeansboy: "Soll er teuer sein?"

Sie: "Nee, aber gut!"

Er: "Also nördlich von Italien, der ist gut! Wenn er nicht schmeckt, bezahle ich ihn."

Inzwischen ist es nach 22.00 Uhr, oh, ich habe meine Uhr noch nicht umgestellt, also nach 23.00 Uhr. Ich glaube, ich habe sechs Bier getrunken, die nötige Bettschwere ist erreicht.

Ein schöner Tag geht zu Ende.

Gute Nacht!

1. April 1996

8.10 Uhr, Frühstück, alles was recht ist, das Büfett ist tadellos.
Saft, sieben verschiedene Fleisch- und Wurstsorten, eine Käse-
platte, Marmelade, Honig, Joghurt, Obst, Tee und Kaffee.
Nach einem ausgiebigen Frühstück geht es los. Ich nehme mir
für heute die nähere Umgebung vor, also Hucke, Leuchtturm,
Dornbusch, Grieben und Enddorn. Von hier aus geht es dann
wieder nach Kloster.
Leider beginnt die Tour und damit der Tag schlecht.
Kraniche ziehen gerade über mir gen Norden. Ich fotografiere
sie und will den Film wechseln, dabei passiert das Missge-
schick. Der Film reißt, ich bekomme ihn nicht mehr aus der
Kamera. Ich überlege und erinnere mich, wie im Fachgeschäft

in einer solchen Situation vorgegangen wurde.

Ich versuche es mit Hilfsmitteln, als da sind Rucksack, Regenumhang, Müllsack, und Anorak. Obwohl ich alles über den Kopf gezogen habe, selbstverständlich mit Ausnahme des Rucksacks, befürchte ich, dass es noch immer zu hell ist. Also beende ich das Unterfangen und wandere am Strand entlang, Richtung Leuchtturm. Die nächste Möglichkeit, die Steilküste hochzukommen, nehme ich wahr. Das nächste Problem, von den etwa zweihundert Stufen sind ungefähr ein Drittel kaputt, kurz, sie sind nicht mehr vorhanden. Das wäre zu verkraften, wenn es nicht immer zwischen sieben und zehn Stufen hintereinander wären. Nun, klettern konnte ich schon immer gut. Das Geländer ist vorhanden, auch Sicherheit verheißend, die Halter für die ehemaligen Holzstufen sind angeschweißt, was bleibt mir also anderes übrig, als darauf hochzukraxeln. Es ist zwar mühsam, aber es gelingt und schließlich lande ich beim Klausener. Wie könnte es aber anders sein, heute hat die Gastwirtschaft geschlossen. Dafür entschädigt aber der Blick zum Leuchtturm und zur Ostsee.

Wenn ich schon hier bin, bis zur Pension ist es nicht mehr weit, irgendwie muss ja der Film aus dem Fotoapparat; was liegt also näher, als diesen Weg einzuschlagen.

Unterwegs überlege ich, wie ich den Filmwechsel bewerkstellige. Stuhl ins Bett, Bettdecke darüber, unter die Stuhlbeine kriechen, so müsste es gehen.

In der Pension angekommen, sehe ich zufällig, dass die Haustoilette keine Fenster hat. Mir kommt eine Idee.

Kamera, Filmdose und Deckel, Silberpapier, Gummiring und Waschlappen werden in die Herrentoilette gebracht, das Klosett wird abgeschlossen, die Utensilien griffbereit zurechtgelegt und das Licht gelöscht. Dann beginnt das Experiment.

Wer hat schon mal einen Film im Dunkeln aus einem Fotoapparat herausgenommen und lichtundurchlässig in eine Filmdose verpackt, anschließend diese in die Papphülle verfrachtet und mit dem Gummiring gesichert? Damit auch wirklich kein Lichtstrahl an den Film kommt, alles in einen Waschhandschuh hinein und diesen mit einem Halstuch umwickelt.

Es ist geschafft! Der neue Film wird in die Kamera gebracht und gut gelaunt wird die Tour wieder aufgenommen.

In Grieben, dem ältesten Ort der Insel, reetgedeckte, schöne, Gemütlichkeit ausstrahlende Häuser, die ältesten versteht sich.

Auf der Hucke werde ich mutig, halt, es ist nicht die Hucke, sondern das Enddorn, und gehe quer durch das Gelände. Das hätte ich besser nicht gemacht.

Schilf, höher als ich, verhindert die Weitsicht. Sanddorn, der Name sagt es, lässt den Weg im wahrsten Sinne des Wortes dornig werden, Kratzer und blutige Risse bleiben nicht aus. Schließlich erreiche ich die Hucke.

Die Mühe hat sich gelohnt. Die Aussicht fantastisch, ein Bild zum Malen. Die wenigen Spaziergänger, die vorbeikommen, müssen mich für spinnert gehalten haben.

Bei drei Grad, gefühlte fünf Grad minus, liege ich rücklings im

Gras und male.

Nach mehr als einer Stunde packe ich die Malsachen zusammen und stehe auf, um sofort wieder flach zu liegen. Ich habe nicht bemerkt, dass meine Beine eingeschlafen sind.

Was tun? Ganz einfach, auf den Rücken legen und strampeln. Gut, dass mich niemand sieht. Außerdem bin ich total durchgefroren.

Bis zum Abendessen ist noch Zeit, ich beschließe, eine warme Dusche zu nehmen, doch das verhindert das "Leuchtturmeck", eine gemütliche, kleine Gastwirtschaft.

Ich kehre ein und bestelle einen schwarzen Tee und einen Sanddornlikör zum Aufwärmen. Die Lebensgeister kehren wieder.

Auf der kleinen Speisekarte sind einige Gerichte, die mir das Wasser im Munde zusammenlaufen lassen:

Brathering nach Art des Hauses
mit Bratkartoffeln,
Matjesfilet auf Vollkornbrot
mit roten Zwiebeln.

Das ist es, aber bis zum Abendessen ist es nicht mehr lange, also verzichte ich schweren Herzens auf den Genuss.

Ich wollte vor dem Nachtmahl noch anrufen, aber leider war der Anschluss der Gesprächsteilnehmerin, also meiner Frau, besetzt. Deshalb sitze ich jetzt bei Kerzenschein bei einem Glas "Kitzinger Hofrat" und habe soeben "Brathering mit Bratkartoffeln" bestellt.

Stimmungsvolle Musik – und man glaubt es nicht – Gäste entdecken gerade ein Reh, direkt vor dem Fenster. Jetzt sehe ich es auch, fünf Meter von mir entfernt, aber draußen.

Im Gastraum ist Platz für dreißig Personen, stilvolles Ambiente rundet das Ganze zur gemütlichen Atmosphäre ab.

Heute ist der erste Tag, an dem dieses kleine Restaurant geöffnet hat. Soeben erklingt das Largo, passend zu meiner Stimmung. Ich habe Zeit, mich in aller Ruhe umzuschauen.

Was mir angenehm auffällt, ist, dass, trotz elektrischer Lampen über den Tischen, ausschließlich Kerzen für Helligkeit im Gastraum sorgen.

Gerade wurde am Nachbartisch ein Witz, ich würde sagen, eine Lebensweisheit, erzählt.

Ich versuche, mich zu erinnern.

"Eine kleine Maus hält ihren Mittagsschlaf.
Da kommt ein großer Hund und macht einen Haufen auf das Mäuslein.
Das will sich gerade aus seiner unangenehmen Lage befreien, da kommt eine Katze.
Die Maus denkt, die Katze will mich fressen
und verschwindet deshalb wieder im Hundehaufen,
stellt sich steif, aber lässt das Schwänzlein draußen.
Die Katze packt den Schwanz, zieht die Maus heraus und frisst sie auf.

Was lernen wir daraus?
Nicht jeder, der auf dich scheißt, ist dein Feind,
nicht jeder, der dich aus der Scheiße rauszieht, ist dein Freund,
aber, wenn du schon in der Scheiße sitzt,
vergiss nie, den Schwanz einzuziehen."

Tischgesellschaft mit derben Ausdrücken, aber angenehm.
In der Zwischenzeit ist mein Essen da, es mundet vorzüglich, statt des Glases Wein bestelle ich die ganze Flasche.
Ich vergaß zu sagen, wie das Lokal heißt. Der Name ist "Hedin's Oe."
Es war ein wunderschöner Abend. Jetzt versuche ich noch zu telefonieren, dann geht's in die Pochte. Gute Nacht.

2. April 1996

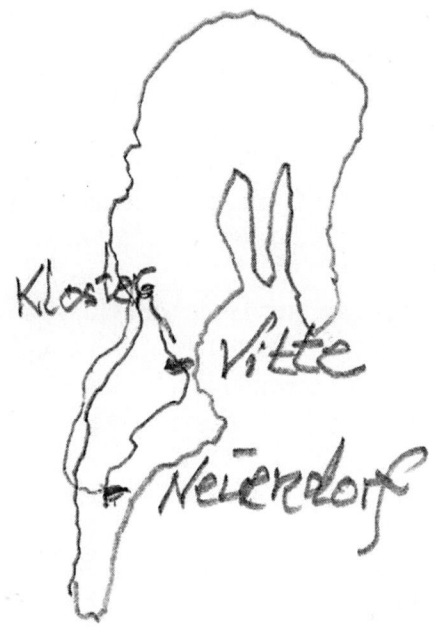

Es verspricht, ein guter Tag zu werden.
Ich bin um 7.30 Uhr aufgestanden. Als ich das Badezimmer-
fenster öffne, höre ich den Gesang der Vögel, der Himmel ist
klar, was will man mehr.
Nach einem reichhaltigen Frühstück, für das ich mir reichlich
Zeit nehme, wandere ich los. Heute soll es über Vitte nach
Neuendorf gehen und zurück am Strand entlang nach Kloster.
Wenn ich den Weg hin und zurück schaffe und ich habe mir
das vorgenommen, habe ich etwa zwanzig Kilometer vor der
Brust.
Vitte ist schnell erreicht, es waren ja auch nur zwei Kilometer.
Der Ort gefällt mir nicht besonders, allerdings sticht mir ein

Haus ins Auge, nämlich die "blaue Scheune", sicherlich ein Künstlerdomizil.

Ich möchte dieses Haus fotografieren, muss aber vorher schnell den Film wechseln, weil zu viele Motive verlockend waren und deshalb der Film voll ist.

"So ein Mist, schon wieder gerissen! Aus der Traum von schönen Aufnahmen."

Ich beschließe, die gleiche Tour eventuell nochmals mit dem Fahrrad zu machen, falls ich nicht unterwegs irgendwo einen dunklen Unterschlupf finde, wo ich den Fotoapparat neu bestücken kann.

Ausgangs von Vitte, rechter Hand, ein Haus mit einem kleinen Anbau ohne Fenster, wie geschaffen für mein Vorhaben. In der Not muss man sich überwinden. Ich klingele also an der Tür, leider ist niemand zu Hause. Ich muss also unverrichteter Dinge weiter.

Hinter Vitte eine völlig veränderte Landschaft. So weit das Auge schaut Heidekraut. Das muss im Sommer herrlich sein.

Mitten in dieser traumhaft schönen Gegend drei kleine Häuser. Das erste ist unbewohnt. Im zweiten scheint jemand zu Hause zu sein. Ich sehe aus der Entfernung jemanden vor dem Eingang. Näherkommend aber Schilder "Kein Durchgang", "Privat" und "Hier wohnt der Hund."

Normalerweise Grund genug, weiterzugehen, wenn da nicht eine Tür zum gewissen Örtchen wäre und das scheint keine Fenster zu haben.

Ich überwinde meine Bedenken und gehe auf das Haus zu, immer den Wachhund erwartend, aber kein Gebell schreckt mich auf. Stattdessen kann ich durch ein Fenster ins Badezimmer schauen. Und was sehen meine erstaunten Augen? Eine splitternackte Frau erblicke ich, gleichzeitig nimmt sie mich wahr. Schwupp ist ein Vorhang vor dem Fenster und ich mach mich schleunigst auf den Rückzug.

Zwei Kilometer weiter komme ich an einer Ferienanlage vorbei.

Hier müsste doch ein Raum ohne Fenster sein. Ich suche und finde einen Flur, der stockdunkel ist. Vorsichtshalber klopfe ich an einer Tür gegenüber, weil ich von dort Musik höre.

Ein junges Mädchen kommt heraus. Ich schildere ihr mein Problem und sie erlaubt mir, den Film im Flur zu wechseln.

Jetzt geht die Prozedur wieder los. Filmdose und Deckel griffbereit hinlegen, ein Tempotaschentuch zum vorsorglichen Einwickeln des Zelluloidstreifens daneben, die Pappschachtel dazu und es kann losgehen.

Licht aus, Kamera auf, Film aufrollen, in der Dose verstauen, diese in die Pappschachtel hinein, nachdem sie vorher noch in das Tempotuch gewickelt wurde.

Licht an, der neue Film wird eingelegt, dabei nehme ich mir vor, nur 33 Aufnahmen zu machen. Mit dieser Vorgabe mache ich mich wieder auf den Weg, nicht ohne mich vorher für die Großzügigkeit bedankt zu haben.

Heide wechselt mit Dünen ab, dann übernehmen mehr und mehr Birken die Oberhand.

Bald ist Neuendorf greifbar nahe, doch eine Bank lädt mich zum Verweilen ein. Ein Kranichzug zieht gen Norden. Dabei fällt mir auf, dass zwischen Kloster und Neuendorf immer wieder die Formation einer "eins" aufgegeben wird und der ganze Schwarm mit lauten, markanten Rufen am Himmel kreist, bis die Reise aus dem Süden fortgesetzt wird.

Ich begebe mich in die entgegengesetzte Richtung und erreiche nach kurzer Zeit Neuendorf. Hier gibt es weder Straßen noch Wege, die Häuser sind scheinbar dort gebaut, wo der Eigentümer sein Anwesen hinstellen wollte. Zumindest habe ich diesen Eindruck. Viele Häuser werden renoviert oder sind schon umgebaut. Das Verhältnis alt zu neu hier nahezu umgekehrt zu dem im Mecklenburgischen.

Langsam bekomme ich Hunger, ich bin ja auch mittlerweile fast vier Stunden unterwegs. Doch wo ist eine Gaststätte? Die erste, die ich gerade finde, ist geschlossen. Ich glaube, heute ist überall Ruhetag, denn andere Hungrige fragen mich, ob diese Wirtschaft auch zu hat. Ich gebe den Mut nicht auf. Um die Ecke sehe ich wieder ein Lokal. Weil Licht – und zwar die Außenbeleuchtung – brennt, kann das nur bedeuten, hier ist geöffnet.

Ein kleiner, aber gemütlicher Gastraum, hinter der Theke der Chef, weiße Jacke, grauweiße Hose, weißes Hemd, also wahrscheinlich auch der Koch. Er beantwortet meine Frage nach Fischgerichten dahingehend, dass eingelegter Aal, Rotbarschfilet, Hechtfilet, Lachs und Brateringe angeboten werden können.

Ich entscheide mich für den Rotbarsch, ohne Erfolg, denn der Chef nimmt die Bestellung nicht auf. "Die Bedienung kommt gleich", sagt er und ward nicht mehr gesehen.

Aber tatsächlich, nach kurzer Zeit ist eine Frau mittleren Alters, wie sich später herausstellt, die Frau des Wirtes, im Gastraum und bringt die Speisekarte. Da ich mich ja bereits für das Rotbarschfilet entschieden habe, verzichte ich auf die Karte, um sie mir letztlich doch geben zu lassen.

Welch ein Glück. Ich traue meinen Augen nicht, das sind ja Preise wie zu alten Zeiten, mein Gericht zum Beispiel kostet nur DM 12.--.

Und dann wird serviert, Tomaten, Möhren, Gurken und grüner Salat, Bratkartoffel und drei Filets vom Rotbarsch. Der Salat, vor allen Dingen der Gurkensalat, ist ein Gedicht, die Bratkartoffel mit Speck und Zwiebeln, schön kross gebraten, einfach köstlich und schließlich der Barsch, ich bin begeistert, er zergeht auf der Zunge.

Von der Wirtin erfahre ich, dass das kleine Wirtshaus, der genaue Name lautet Wirtshaus "Up Westerend", früher eine

Scheune war.

Gut gestärkt begebe ich mich auf den Rückmarsch.

Weil der Bus gerade zum Hafen fährt, der natürlich auch noch vereist ist, liegt die Versuchung nahe, zurück mit dem Bus zu fahren. Ich widerstehe aber mannhaft.

Aber gerade fällt mir noch ein, was mir die Wirtin erzählte.

Der Bodden ist, wie fast jedes Jahr, zugefroren und wie immer in dieser Situation, fährt man von Rügen nach Hiddensee und umgekehrt mit dem Auto über das Eis. Fischer stecken die Fahrbahn mit Markierungsstäben ab. Zwei Tage später wird die Überfahrt mit dem Auto aber verboten, und zwar von der Gemeindeverwaltung, weil junge Berliner sich eine Gaudi daraus machten, auf dem Eis zu kreisen. Doch die Einheimischen haben das Verbot nicht beachtet und sind mit Traktor und Anhänger nach Rügen rüber, um Gäste abzuholen.

Jetzt aber zum Rückmarsch.

Entgegen der Absicht, am Strand zurückzulaufen, wandere ich durch die Heide. Kurz vor Vitte kommt ganz plötzlich aus heiterem Himmel dichter Nebel auf und es wird bitterkalt. Es hilft nichts, da muss ich durch.

Steif gefroren erreiche ich meine Unterkunft. Jetzt schnell unter die heiße Dusche, das tut gut. Jetzt geht es zum Abendessen, das ich heute zeitig eingeplant habe, weil am Abend München gegen Barcelona spielt und das Spiel im Fernsehen übertragen wird.

Ich lasse mir die Speisekarte geben, bestelle eine kleine Fischsuppe, köstlich, und als Hauptgericht frisch gefangenen Lachs, gedünstet in Dillsoße.

Rosafarben kommt der Lachs auf den Tisch, er zergeht auf der Zunge und hat einen Geschmack nach himmlischen Genüssen.

Und erst die Dillsoße, das ganze Essen ein Gedicht.

Die zwanzig Kilometer haben mich doch ein bisschen müde gemacht, deshalb beschließe ich, in der Halbzeit des Fußballspiels mein Zimmer aufzusuchen. Hier mach ich es mir bequem, indem ich ins Bett gehe und das Ende des Spiels folglich nicht sehe, weil ich selig entschlummert bin.

3. April 1996

Zum Frühstück begebe ich mich um 8.10 Uhr, nichts Außergewöhnliches, aber wie viel ich gegessen habe, unwahrscheinlich.
Zwei Scheiben Brot mit Salami, Schinken, Braten, Kräuter- und Schweizerkäse. Zwei Brötchen mit Orangenmarmelade, Walnuss- und Südfruchtmus, beides biologisch zubereitet. Ich hätte das Mus besser in den Behältern gelassen.
Eigentlich könnte ich jetzt aufbrechen, aber ich habe noch keinen Joghurt gegessen. Also, nichts wie an das Büfett. Der Joghurt ist heute frisch zubereitet, Ananas mit Körnern, Rosinen und Dickmilch. Da fällt mein Blick auf den Obstteller. Das wäre doch der richtige Abschluss. Ich hole mir, bescheiden wie

ich bin, eine Birne, eine halbe Kiwi und eine Scheibe frische Ananas.

So, der Tag fängt gut an. Strahlend blauer Himmel, Raureif überall.

Ich beschließe, nach Vitte zu wandern und mir den Ort genauer anzusehen. Gestern hat er mir ja nicht gefallen.

Ich komme bis zum Museum in Kloster. Es ist gerade 9.00 Uhr, in einer Stunde wird geöffnet. Ich bin heute lauffaul, setze mich deshalb windgeschützt in die Sonne und warte bis 10.00 Uhr. Es hat sich gelohnt.

Das Museum ist klein, aber sehenswert. Die Vogelarten, die Pflanzenwelt, Heimatkunde, Fischerei und Künstler auf Hiddensee werden dem Betrachter nahegebracht. Ich glaube, es ist eine Wissensbereicherung.

So geistig gestärkt, wandere ich nach Vitte.

Zunächst verweile ich hier im Hafen, sehe ein Schiff abfahren, ein anders kommen.

Auf dem Wasser und dem Eis unzählige Enten verschiedenster Gattungen und Schwäne, wie ich sie in dieser Anzahl noch nicht gesehen habe.

Heute soll das Mittagessen ausfallen. Ich schlendere zum Supermarkt, vorbei an der "blauen Scheune" und hole drei Tafeln Schokolade, dann beschließe ich, am Strand in Richtung Neuendorf zu laufen. Weit komme ich nicht.

Am "Jugendschiff" vorbei, nähere ich mich den letzten Häusern und leider ist das vorletzte Gebäude die "Boddenschänke." Und leider steht draußen ein Schild "Frischer Hering, gebraten." Ich kann nicht widerstehen und habe Glück. Ich finde einen freien Tisch im gemütlichen Lokal.

Zwei Insulanerinnen, die Wirtin und ihre Bekannte, snacken Plattdütsch, sodass ich nichts verstehe, oder kaum etwas verstehe. Was ich mitbekomme, ist, ein Insulaner erfährt, dass die Wirtin, ihr Mann und noch ein bekanntes Ehepaar immer nach

Kirchberg bei Kitzbühel zum Skilaufen fahren. Da der Insulaner bekanntermaßen ein Prahlhans ist, muss er unbedingt zur gleichen Zeit dorthin.

Die zwei Frauen sind, so entnehme ich dem Gespräch, von dem Insulaner in Kitzbühel zum Essen eingeladen worden, denn einem weiteren Bekannten soll er später erzählt haben: "Wir waren in Kitz essen. Ich habe die Damen (die Damen hat die Wirtin drei Mal wiederholt) eingeladen. Wir haben Lammbraten gegessen. Ich habe anschließend den Koch zum Drink eingeladen." Das zum mir unbekannten Insulaner.

Der gebratene Hering hat gut geschmeckt, allerdings war die Soße nicht passend. Es war die Soße vom Entenbraten.

Nach einer halbstündigen Pause mache ich mich wieder auf den Weg.

Kurz hinter Vitte, Richtung Neuendorf, setze ich mich in den Windschatten des Deiches und mache eine Bleistiftzeichnung, – Hiddensee gegen Stralsund – .

Anschließend hole ich mir in einem Fotogeschäft einen neuen Bleistift und einen Anspitzer und erfahre hier, dass im Zeitungskiosk handbearbeiteter Bernstein zu erstehen ist. Da denke ich spontan an mein geliebtes Weib, das zu Hause der Arbeit nachgehen muss, während ich das Leben genieße und beschließe, ein Mitbringsel auszusuchen.

Ich finde auch etwas Schönes in der reichhaltigen Auswahl und trete vergnügt den Rückweg an.

Mir war heute früh schon angedroht worden, dass ein Zimmerwechsel bevorsteht und obwohl ich schon lange auf den Pott muss, schaffe ich vorher noch meine Sachen in das neue Gemach.

Jetzt beschließe ich, bis Samstag zu bleiben, verrichte in aller Ruhe das menschliche Bedürfnis – es war eine lange Sitzung, weil das Badezimmer sehr warm ist –, dusche anschließend und mache mich für den Abendausgang fein.

Ich schlendere langsam Richtung Hafen, lasse die Abendstimmung auf mich wirken und bin zufrieden.

Das Eis auf dem Wasser beginnt langsam zu schmelzen, trotzdem wird mir kalt. Ich kehre deshalb im Gasthaus "Hitthim" ein. Erster Eindruck Enttäuschung, ein Bahnhofrestaurant, ungemütlich. Ich gehe weiter und werde überrascht. Ein kleiner, uriger Raum, dämmrige Beleuchtung, Theke. Tische und Stühle rustikal, einladend.

Nach und nach sind die vier Tische besetzt, will sagen, an einem sitzen zwei Damen und an den anderen drei Tischen je ein Mann.

Während ich diese Gedanken zu Papier bringe und deshalb für meine Umwelt keine Aufmerksamkeit habe, sagt plötzlich eine der Damen: "Das ist ulkig, alle drei Herren schreiben." Der Herr mir gegenüber, hager, groß, schmales Gesicht, zurückhaltend, ich erkenne es daran, dass er lange brauchte, bis er seine Jacke auf den Stuhl legte, weil er die Garderobe nicht sah. Er hat Rotbarsch bestellt. Ihm scheint es zu schmecken, er genießt, man kann es sehen.

Nachdem ich noch ein Glas Kerner, Auslese, Saale-Unstrut, bestellt habe, möchte ich mit Gerhart Hauptmann den heutigen Abend ausklingen lassen.

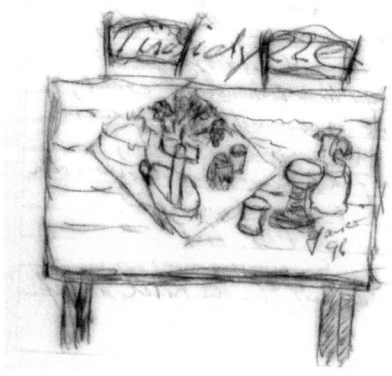

Die Insel

„Hier, wo mein Haus steht,
wehte einst niedriges Gras:
ums Herz Erinnerung weht,
wie ich dereinst
mit Freunden hier saß.
Wir waren zu drein,
vor Jahrtausenden mag es gewesen sein.
Es war einsam hier,
tief, tief!
So waren auch wir.
Verlassenheit über der Insel schlief.
Dann kam der Lärm,
ein buntes Geschwärm:
entbundener Geist,
verdorben, gestorben zu allermeist.
Und nun leben wir in fremdmächtiger Zeit,
verschlagen wiederum in Verlassenheit.
In meines Hauses stillem Raum
herrscht der Traum.

Gerhart Hauptmann

4. April 1996

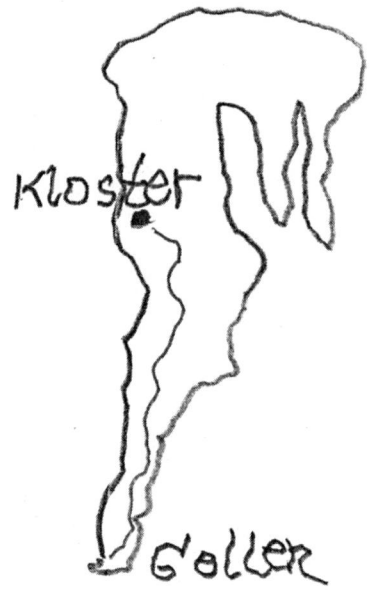

Ich habe mich entschlossen, heute mit dem Fahrrad zur Südspitze der Insel zu radeln, zumal mir das Fahrrad von Herrn
Freitag, dem Jeansboy, angeboten wird. Ich suche mir im Unterstand, hinter dem Haus, ein Vehikel aus und gehe auf Tour.
In Vitte war ich noch nie so schnell, nun, ich war ja bisher auch
immer zu Fuß unterwegs. Mit dem Fahrrad geht es halt schneller, aber großer Nachteil, man sieht nicht so viel, weil man auf
die Fahrbahn achten muss.
In Vitte radle ich zunächst zum Hafen, dort hole ich mir einen
Zeichenblock. Schnell noch einen Blick zum Strand. Auf dem
Damm sind vier kleine Jungen, die mir Bernstein anbieten. Ich

frage sie, ob sie die alle selbst gefunden haben. "Ja", sagt ein Steppke, "und selbst geschliffen. Wollen Sie einen kaufen?" Ich verneine, lasse mir die Sammlung aber zeigen. Alles was recht ist, im Bernsteinladen sehen die Steine nicht anders aus.

"Ach, kaufen Sie doch wenigstens eine Postkarte, dann können Sie auch nach Hause schreiben." Ich lehne wieder ab, da schenkt mir einer der Burschen einen kleinen Bernstein. Der versteht's. Ich frage, was die Postkarte kostet, gebe statt der geforderten fünfzig Pfennig eine DM und fahre los.

Da schießt mir ein Gedanke durch den Kopf. Ob die Kinder wohl die Steine aufziehen können? Ich drehe um und suche die Jungen. Meine Frage bejahen sie sofort und die Frage nach dem Preis wird mit 35 DM beantwortet.

Da ich skeptisch meinen Kopf wiege, sagt der Geschäftstüchtige: "Zwanzig Mark!"

Wir verabreden uns für 16.00 Uhr an der Düne, dann fahre ich los.

Radfahren ist doch ganz schön. Bei einem Stopp sehe ich Ziegen, aber mit Hörnern wie Gemsen und der erste Kranichzug zieht auch gerade vorbei.

Ich fahre weiter. In Neuendorf der zweite Zug gen Norden. Ich zähle dreiundvierzig Kraniche, imposant.

Am Bootsverleih vorbei lasse ich das Dorf hinter mir.

Auf dem Damm fahre ich zur Südspitze der Insel, eine recht anstrengende, holprige Fahrt. Der Damm ist mit Basaltbrocken unregelmäßig befestigt. Das ist ein Rütteln, Schütteln und Rattern, man glaubt, das Gehirn fliegt aus der Kopfdecke. Schließlich kann ich den Damm verlassen und auf einem Trampelpfad weiterfahren.

Ich höre Kraniche rufen, die müssen gerade ihren Flug begonnen haben; sie sind gerade fünf Meter über dem Erdboden im Steigflug.

Ich fahre weiter, komme zum Leuchtturm am Süderende und

schließlich zur Begrenzung. Weiter darf man nicht. Hier beginnt das Vogelschutzgebiet. Ein Blick durch das Fernglas zum Gellen und dann geht es zurück. Man vergisst doch immer wieder, wenn das Radfahren in einer Richtung leicht und bequem ist, die Strafe auf den Fuß – will sagen, Gegenwind – folgt. Mein Gott, ist das anstrengend, also werden häufig Pausen eingelegt. Schließlich erreiche ich "Up Westend." Hier habe ich ja schon einmal gut gegessen, also Pause, obwohl ich heute das Mittagessen ausfallen lassen wollte. Da ich aber schon beim letzten Besuch sauren Aal, Bratkartoffel und Salat bestellen wollte, wähle ich dieses Gericht heute und bin hochzufrieden. Nach dem Essen trinke ich noch einen Schoppen französischen Landwein, sitze draußen auf der Terrasse, habe die Hemdärmel hochgeschlagen und genieße nicht nur den Wein, sondern auch die Sonne.

Gegen 16.00 Uhr bin ich an der verabredeten Stelle, aber allein. Ich fahre zum Hafen, doch außer Fischern niemand da. Ich radle wieder zurück, gehe über den Damm zum Wasser. Kein Bursche da, dafür finde ich einen Bernstein. Ich gehe zurück, da sehe ich hinter einer Hecke einen Kopf verschwinden. Ich beobachte unauffällig die Stelle und tatsächlich, sie verstecken sich. Also wird aus dem Kauf nichts. Ich gehe auf den Damm, bleibe stehen, da ein Kopf, weg, dort der Nächste, weg. Das geht eine ganze Weile so, bis sich einer traut, aufrecht stehen zu bleiben. Ich winke, er ruft: "Mein Papa hat gesagt, ich darf das nicht für so wenig Geld!" Weg ist er.

Ich schwinge mich auf mein Fahrrad und fahre gemütlich nach Kloster. Hier angekommen, gehe ich ins Schmuckkästchen und erstehe für mich das "Hiddensee Kreuz", Sterlingsilber mit Goldauflage. Dann begebe ich mich ins Galerie-Café, um einen Sanddorngrog zu trinken. Hier ist eine eigenartige Atmosphäre. Zeitschriften nur über die ehemalige DDR, Bilder und Poster aus der Zeit bis 1990, Kunst nur über den weiblichen Körper.

Wem's gefällt? Ich zahle und fahre zu meiner Herberge und bin froh, endlich das Fahrrad abstellen zu können.

Mein Po ist arg in Mitleidenschaft gezogen.

Bevor ich ins Haus gehe, zwei Kranichzüge, die sich direkt über dem "Inselidyll" zu einem Zug zusammenschließen.

Ich dusche, vervollständige eins der gemalten Bilder, es gefällt mir, und gehe zum Telefonieren und anschließend zum Essen.

Weil der Abend noch sehr früh ist, setze ich mich an die Theke. Neue Gäste, vermutlich Stammgäste, sind angekommen. Wie üblich, wird in Erinnerungen geschwelgt. Das Gespräch dreht sich um Selbstmörder. "Der Letzte, es ist schon Jahre her, hat, als er hing, von seiner Frau noch einen Tritt in den Arsch gekriegt." So berichtet gerade einer der Angekommenen.

"Nach einer Überfahrt mit einem uralten Kahn, früher hieß das Schiff ‚Hermann Göring', musste er beim Abtransport eines Zinksarges helfen. Dabei rutschte die Decke zur Seite und die Leiche wurde sichtbar. Oha, kein schöner Anblick, weil, wieder einer, der selbst Hand angelegt hatte."

Dann zur Aufheiterung ein Witz. "Warum bekommen Neugeborene nach der Geburt einen Klaps auf den Po? Um festzustellen, ob es ein Junge oder Mädchen ist. Den Dummen fällt das Stümmelchen ab." Jetzt reicht es mir, ich gehe essen. Heute gibt es Flunder. Der Teller wird gebracht. Wer soll das aufessen, denke ich und verspeise das Gericht in kurzer Zeit. Jetzt hilft nur ein Schnaps. Ich gehe zur Theke und versacke dort.

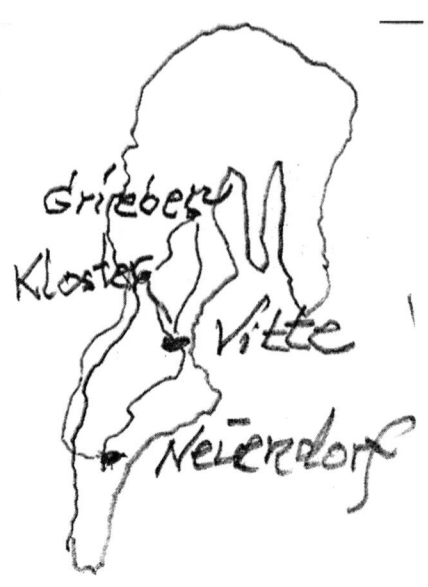

5. April 1996

Heute gibt es das Frühstück direkt im Inselidyll. Ich bin der erste Gast und allein. Das Büfett ist, wie im "Haus am Hügel", gut.

Ich frühstücke in aller Ruhe, bediene mich mit Wurst, Käse, Marmelade, Joghurt und Obst. Nachdem ich gegessen habe, fällt mir ein, dass heute Freitag – Karfreitag – ist. Nicht mehr zu ändern, die Wurst ist gegessen.

Ich mache mich wieder mit dem Fahrrad auf den Weg nach Neuendorf, weil ich dort Bernsteinketten gesehen habe. Im kleinen Lädchen der Eigentümer ist sehr freundlich. Er zeigt mir zehn bis fünfzehn Ketten, erklärt mir, wie der Bernstein poliert wird und was eine echte Hiddenseer Kette ist. Ich schwanke beim Kauf zwischen der echten, bei der sind die Steine aufgezogen wie sie gefunden wurden, und der leicht polierten. Für letztere habe ich mich entschieden.

Dann begebe ich mich auf die Rückfahrt, natürlich gegen den Wind. In Vitte erstehe ich noch einen Bernsteinanhänger am Lederband und beschließe, mittags in Grieben im Gasthaus "Zum Enddorn" einzukehren, falls geöffnet ist.

Es ist geöffnet und die Beschreibungen, die mir von Bekannten auf den Weg gegeben wurden, sind nicht übertrieben.

An den Wänden Bild an Bild. Vier kleine Räume, zauberhaft, gemütlich eingerichtet. Ich entscheide mich für Omas Sofa an einem kleinen Tisch.

Hecht, Salzkartoffel und Salat, dazu ein Schoppen 93er Gutedel, Saale-Unstrut. Am liebsten bliebe ich bis heute Abend hier sitzen.

Vom Enddorn gehe ich in Richtung Leuchtturm. An einer Weide finde ich ein windgeschütztes Plätzchen zum Malen. Ich skizziere den Leuchtturm, um das Bild am Abend fertig zu malen. Dann schlendere ich gemächlich quer durch das Gelände. Immer wieder neue, noch schönere Eindrücke und Schnappschüsse. Schließlich erreiche ich meine Unterkunft.

Da ich arg durchgefroren bin, gehe ich unter die heiße Dusche und ziehe mich anschließend warm an.

Dann muss ich packen. Wie immer, habe ich zu viel mitgenommen. Die Stiefel, eine Jeans, das Jeanshemd, zweimal Unterwäsche, ein Pullover, die flachen Schuhe, all diese Sachen sind ungenutzt geblieben.

Wenn ich daran denke, dass ich dieses ganze Zeug umsonst mitgeschleppt habe und morgen früh zum Bus tragen muss, wird mir ganz anders.

Jetzt geht es erst einmal zum Telefonhäuschen und dann ins "Hedin's Oe", Enddorn, wohin ich gern gelaufen wäre, hat sich erledigt, weil es inzwischen zu spät ist.

Ich bringe nach dem Telefonieren das Fahrrad weg, gehe noch zur Theke, um ein Bier zu trinken und mich zu verabschieden und bleibe sitzen.

Warum eigentlich nicht? Hier ist es ruhig, das Essen schmeckt, was will man mehr?

Mit Frau Rothert, der Wirtin, komme ich ins Gespräch. Dabei erfahre ich, dass ungefähr die Hälfte aller Gäste aus Berlin kommt, ungefähr ein Viertel sind Hamburger und der Rest aus Süddeutschland. Halt, nicht zu vergessen die große Anzahl aus Sachsen und Thüringen, die erst ins Ausland fuhren, um jetzt aber wieder ihre alte Insel Hiddensee schön zu finden.

Ich denke, sie haben Geschmack, eine Insel mit Charme, Beschaulichkeit, Ruhe, Ursprünglichkeit, **eine Insel zum Verlieben**.

6. April 1996

6.45 Uhr, der Wecker klingelt.

Ich mache mich frisch, packe die letzten Sachen ein und marschiere los.

Die Sonne geht gerade auf. Ich bin zwar zwanzig Minuten zu früh, aber was macht das schon. Dann kommt der Bus, ein Vorkriegsmodell, das aber treu und zuverlässig seine Dienste verrichtet.

Ein Insulaner, achtzehn Jahre jung, der heute auf Rügen seine Führerscheinprüfung machen will und ich, sind die ersten Fahrgäste. Es geht zunächst nach Grieben, wo tatsächlich zu dieser frühen Morgenstunde schon zwei Personen, eine ältere Frau mit ihrem Enkelsohn, auf den Bus warten.

Die letzten dreihundert Meter in den Ort muss der Bus rückwärts fahren, weil er im Dorf nicht wenden kann, da die Straße gerade erneuert wird.

Im Hafen sehen wir, wie sich die Autofähre von Schaprode den Weg durch den zugefrorenen Bodden bahnt. Zwanzig Minuten später ist die Fahrrinne schon wieder zugefroren und unser Schiff hat zu kämpfen.

Die Busfahrt von Schaprode nach Bergen dauert vierzig Minuten und geht gemütlich über Land.

Am Bahnhof entnehme ich dem Fahrplan, dass der Zug bis Leipzig fährt und in Berlin-Schönefeld hält.

Nachdem ich erneut in Berlin angerufen habe, beim ersten Anruf habe ich die Schlafenden aus den Betten geklingelt, und in Erfahrung brachte, dass Schönefeld als Abholbahnhof geeignet ist, löse ich in Bergen die Zusatzfahrt nach und begebe mich zum Bahnsteig.

Berlin ist für mich Zwischenstation, weil meine Frau bei ihrer Schwester zu Besuch ist.

Der Zug kommt, ich suche mein Abteil und muss feststellen,

dass zwei alte Damen bereits Platz genommen haben, natürlich eine der Damen auf meinem reservierten. Ohne dass ich aber etwas sagen muss, steht die Ältere der beiden auf, es stellt sich später im angeregten Gespräch heraus, dass es die 86-jährige Mutter der Jüngeren ist, und wechselt ihren Platz. Ich erfahre während der kurzen Zeit bis Stralsund folgendes: Mutter und Tochter wohnen jetzt seit etwa vierzig Jahren in Haan bei Düsseldorf. Da die Tochter der Tochter, also die Enkelin der 86-jährigen, mit ihrem Mann in die Nähe von Greifswald gezogen ist, wird sie häufig von ihrer Mutter und Oma besucht, zumal die Mutter auf Rügen geboren ist und dort auch noch ein großes Grundstück besitzt.

Stralsund ist erreicht und wir verabschieden uns herzlich, die Oma drückt mich spontan an ihr Herz, als ich mich anbiete, ihr aus dem Zug zu helfen. Sie ist gehbehindert.

Über Greifswald und Züssow erreicht der Zug Anklam und fährt weiter nach Pasewalk durch weites, flaches Land. Riesige Felder, durch kleine Ansammlungen von Birken und Kiefern unterbrochen.

Der erste See, mehr noch ein Teich, wird sichtbar. Er ist zugefroren.

Die Wälder werden größer. Laubbäume übernehmen vorübergehend die Oberhand. Und dann wieder Felder, in weiter Ferne ein kleiner Ort. Rehe, wie kann es anders sein und Felder, so weit man schauen kann.

Hinter Pasewalk wird das Gelände leicht hügelig, ein Flüsschen schlängelt sich durch die Landschaft.

Sechzehn Windräder drehen sich langsam in der Brise, Stromgewinnung mit neuer Technik. Ein Greifvogel schwebt majestätisch durch die Luft, getragen von seinen Schwingen.

Auf den Feldern die ersten Schwäne ein untrügliches Zeichen, dass Wasser in der Nähe ist. Dann der erste große See und dann reihen sie sich wie eine Perlenkette aneinander, mal rechts, mal links von der Eisenbahnstrecke.

Ich pendle vom linken zum rechten Fenster und wieder zurück, um so viel wie möglich zu sehen.

Der Zug fährt zu schnell, um alle landschaftlichen Schönheiten zu erhaschen und nicht schnell genug, um nach Berlin zu kommen.

Nach Berlin, dem Ende einer eindrucksvollen, erlebnisreichen, empfehlenswerten Reise und Wanderung.

Wanderung von
Havelberg nach Rheinsberg

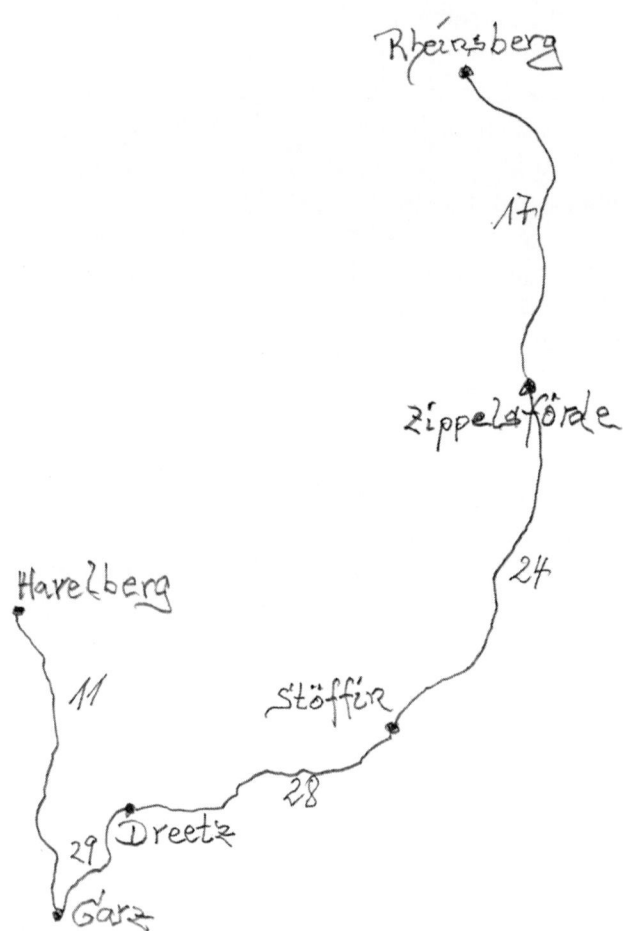

Anreise nach Havelberg

9. August 1996

Das Abenteuer beginnt.

Mit dem ICE von Hamm nach Hannover, Abfahrt um 7.23 Uhr, es wird eine schnelle und unterhaltsame Fahrt.

Eine alte Dame sitzt in meinem Abteil. Sie ist in Thüringen zu Hause und erzählt mir, wie wunderschön der Spreewald sei. Ob mein Vorhaben nicht langweilig ist, so ganz allein durch flaches Land zu laufen. Und gefährlich, da man ja jetzt so einige schlimme Sachen hört.

Dann ist Hannover erreicht. Weil ich noch etwas Zeit bis zur Weiterfahrt habe, begebe ich mich auf den Bahnhofsvorplatz.

– Vor Taschendieben wird gewarnt! –

Eingedenk dieses Hinweises und den mir noch im Ohr klingenden Worten meiner Reisebegleitung, vermute ich in jeder Person, die sich mir nähert, Gefahr und wechsle jedes Mal die Seite, auf der ich mich gerade befinde.

Schließlich ist es Zeit, zum Zug nach Stendal zu gehen und einzusteigen. Die Abfahrt ist pünktlich. Den Übergang zum "Osten" erkennt man sofort am "Ta-Tack, Ta-Tack,Ta-Tack" und weil neben der Bahnlinie eine neue Trasse gebaut wird, schnurgerade bis Stendal.

Hier muss ich in den Bummelzug nach Schönhausen/Elbe umsteigen.

Der Bahnhof ist verwaist, zwei Frauen von einer Reinigungsfirma säubern den Bahnsteig und liebkosen den Bahnhofskater. Offensichtlich kennt er sie.

Gerade fährt ein Güterzug mit Panzerspähwagen und Panzern ein und hält an, in dieser, bis zum Horizont flachen Landschaft.

Zehn Panzerspähwagen, zwölf Panzer, ein Güterzug und ich.

Die Uhr zeigt 12.10 Uhr, die Weiterfahrt findet mit dem Bus

statt, der gerade ankommt, pünktlich auf die Minute.

Es ist ein Schulbus, voll, bis auf einen Platz, den bekomme ich.

Ein Erstklässler fragt: "Wo kommen Sie her?"

"Aus Hamm in Westfalen!"

"Au, kennen Sie das Westfalenstadion?"

"Klar kenne ich das. Bist du ein Borussenfan?"

"Ja, und Deutschland!"

Dann erreichen wir den ersten Ort. Er kommt mir irgendwie bekannt vor. Klar, die Kirche mit dem Storchennest. Wir sind in Klietz. Hier war ich schon einmal, es hat sich nichts verändert. Die Fahrt geht weiter. Jedes Mal, wenn wir in eine Ortschaft fahren, Kopfsteinpflaster. Der Bus, ohnehin nicht das neueste Modell, Knüppelschaltung, Zwischengas, rappelt und klappert in allen Fugen.

Frische Luft bringt die offene Tür. Für den Busfahrer eine zusätzliche Konzentration, denn immer wenn ein Schüler seinen Sitzplatz verlässt und nach vorn pirscht, muss er schleunigst die Tür schließen. Pfffft, Tür zu, Steppke weg, schschscht, Tür auf, pfffft, zu, schschscht, auf.

Schließlich ist Havelberg erreicht. Ich suche die Touristeninformation auf, erfrage, was in der Stadt sehenswert ist und wo ich in der näheren Umgebung übernachten kann.

Mir werden verschiedene Orte genannt, auch Garz, "Gasthaus zur Schleuse." Dieses Haus habe ich mir in einem alten "DDR-Reiseführer" angesehen und sofort gedacht, da könnte man gut verweilen, ohne zu ahnen, dass diese Gaststätte noch existiert.

Ich beschließe, dort zu übernachten, doch zunächst ist die Dombesichtigung angesagt.

Schnell noch ein Hörnchen für fünfundsiebzig Pfennig kaufen, dann beginnt der anstrengende Aufstieg zum Dom.

Durchgeschwitzt oben angekommen, genieße ich das Hörnchen mit Tee. Auch ein trockenes Brot kann köstlich schmecken, zumal die Aussicht die Anstrengung vergessen lässt.

Nach der Verschnaufpause geht es zur Besichtigung. Es lohnt sich.

Man wird für DM 3,-- auf den Kreuzgang geschickt und wenn das Ende erreicht ist, musst du bimmeln, damit die Tür geöffnet wird.

Bei der Verabschiedung, sprich "Auf Wiedersehen!", frage ich beiläufig, wie man nach Garz kommt und ob man dort übernachten kann. Ein etwas kleinwüchsiges, männliches Wesen, mit einer angenehmen, nicht zu vermutenden Bassstimme, empfiehlt mir sofort "Die Schleuse", also wird an der nächsten Telefonzelle dort angerufen.

"Die Rufnummer hat sich geändert. Bitte wählen Sie eine 21 vor der angegebenen Nummer."

Ein Groschen ist weg, aber ich wähle, oder besser gesagt, ich will wählen, da stelle ich fest, dass ich die Postleitzahl statt der Rufnummer gewählt habe. Also ein neuer Versuch, dieses Mal richtig und Frau Frorek meldet sich.

Meine Frage, ob ein Zimmer, für eine Nacht, für eine Person, frei sei, wird positiv beantwortet. Nachdem ich aber gesagt habe, dass ich zu Fuß sei und aus Havelberg noch etwa achtzehn Kilometer laufen müsse: "Schade, ich habe Kaffee und Kuchen. Aber dann bitte bis 19.00 Uhr hier sein, dann gibt es das Abendessen."

Jetzt beginnt die Wanderung!

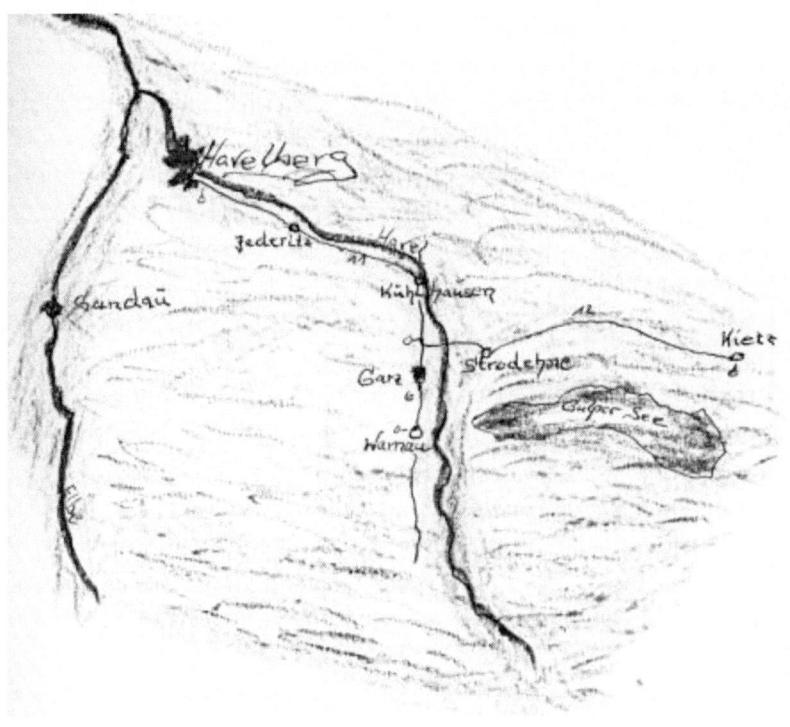

Fünf Kilometer bis zum nächsten Ort. Ich bin vielleicht drei Kilometer gelaufen, der Rucksack ist schwer, der Schweiß überall, die Straße schnurgerade, das Ende in weiter Ferne, da kommt die Rettung.
Ein Auto hält, ohne dass ich winke. "Wollen Sie mitfahren?"
Ich überlege, eigentlich wollte ich ja zu Fuß tippeln, doch das Angebot ist zu verlockend. Ich steige ein und bin in zwanzig Minuten in Garz.
Wer mich mitgenommen hat? Ein Apotheker, der Arzneien zu

seinen Kunden brachte. Das erfahre ich während der Fahrt.

In allen kleinen Orten werden Rezeptsammelstellen beliefert, sodass die Kranken und die alten Leute nicht eine Tagesreise auf sich nehmen müssen.

Durch diesen glücklichen Zufall bin ich doch noch zu Kaffee und Kuchen gekommen, wie übrigens alles an diesem ersten Tag zur vollsten Zufriedenheit war.

Nach dem Abendessen sitzen wir auf der Terrasse, begleitet vom Millionenorchester der in den Baumgipfeln schwirrenden Mücken. Dann erklingen wohlbekannte Trompetentöne. Ein Kranichzug überfliegt unser Idyll. Später folgen hunderte Wildgänse. Beeindruckend diese Vielfalt am dunkelblauen Himmel.

Während des Abendessens, das mit den Gastgebern eingenommen wird, erfahre ich, dass Frau Frorek in Garz zu Hause ist, während ihr Mann aus Schönhausen stammt. Beide haben sich in Berlin kennengelernt und geheiratet.

Frau Frorek litt seelisch enorm unter dem Aufenthalt in Berlin. Die Größe, die vielen Menschen, kurz die Großstadt machte ihr zu schaffen. Da ergab es sich, dass 1987 "Die Schleuse" zum Verkauf stand. Sie wurde gekauft und die jetzige Idylle entstand daraus. Übrigens, seit dem Wechsel von Berlin auf das Land sind die seelischen Belastungen wie weggeblasen.

10. August 1996

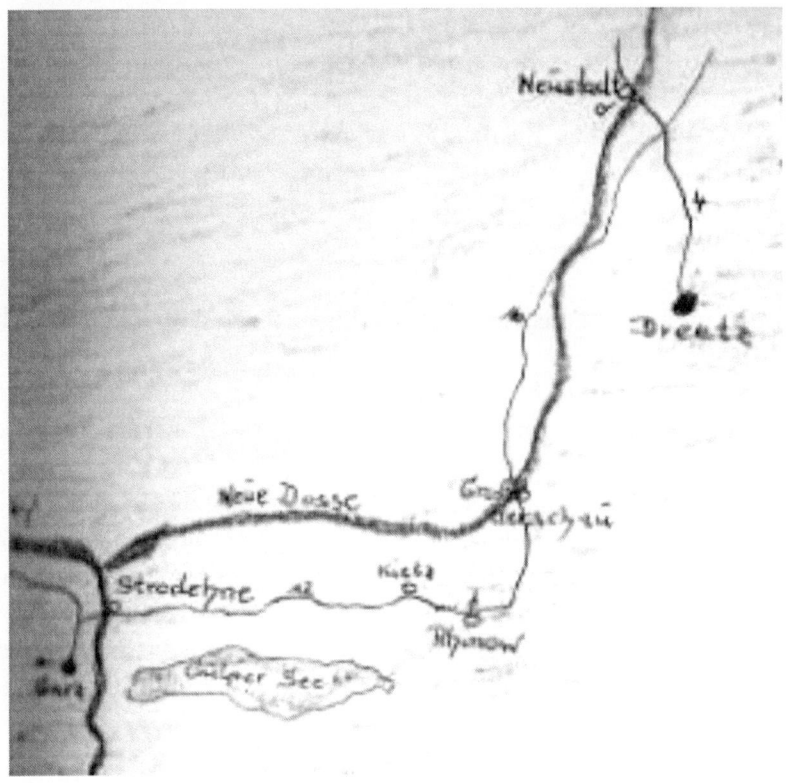

Es ist 6.00 Uhr. Durch die Ritzen der Fensterläden schimmert das Morgenrot. Komisch, denke ich, gestern ging doch dort, wo jetzt das Morgenrot ist, die Sonne unter. Neugierig geworden öffne ich die Fensterläden und zu meiner Beruhigung, ich dachte wirklich, ich habe Störungen, dabei habe ich kaum etwas Alkoholisches getrunken, stelle ich fest, dass ein rot gedecktes Ziegeldach den Eindruck der Morgenröte erweckte.
Einmal auf, bleibe ich aus den Federn, dusche eiskalt, packe

meinen Rucksack und weil bis zum Frühstück noch ein wenig Zeit ist, unternehme ich einen kurzen Spaziergang.

Eine Stunde vor dem beabsichtigten Frühstücksbeginn bekomme ich meinen Kaffee, Brötchen, Butter, Wurst, Käse, Marmelade und Orangensaft, sodass ich Punkt 8.00 Uhr meine Wanderung beginnen kann.

Heute soll es über Strodehne nach Rhinow gehen, eine Strecke von etwa zwölf Kilometern. Deprimierend, wie Herr Frorek sagt, weil die Allee zwischen Strodehne und Rhinow fünf Kilometer geradeaus gehen soll.

Ich mache mich trotzdem frohgelaunt auf den Weg und bin noch nicht ganz aus Garz heraus, da sehe ich den ersten Storch, nein, es sind zwei.

Etwa fünfhundert Meter vor der Havelfähre, mit der übergesetzt wird, wieder ein Storch. Schade, dass ich kein Teleobjektiv habe.

Das Übersetzen mit der Fähre kostet fünfzig Pfennig. Als Wanderer werde ich vom Fährmann mit Handschlag begrüßt. Da es sich um eine Seilzugfähre handelt, erkundige ich mich, wie die Havel befahrende Schiffe das quer über den Fluss gespannte Drahtseil überwinden. Ich erfahre, dass bei jeder Schiffspassage der Fährbetrieb eingestellt werden muss, damit das Führungsseil auf das Flussbett gesenkt werden kann.

Mit der Antwort zufrieden, setze ich meinen Weg fort und, ich mache es kurz, wieder drei Störche und in unmittelbarer Nähe ein Fischreiher.

Dann erreiche ich die von Herrn Frorek genannte Allee und wähle, in weiser Voraussicht, einen kleinen Umweg durch die Felder. Statt auf der Allee geht es etwa fünf Kilometer an einem Sonnenblumenfeld entlang, bis ich, links schwenkend, doch in die Allee einbiegen muss.

Es ist inzwischen 10.30 Uhr und die schattenspendenden Linden sind eine willkommene Erholung.

Mein Weg führt durch Kietz, ein kleines Dörfchen kurz vor Rhinow, dann ist mein Tagesziel zu Fuß erreicht, glaube ich. Von hier beabsichtige ich, mit der Reichsbahn bis Neustadt an der Dosse zu fahren.

Zuvor aber lädt eine Weinstube am Straßenrand zur Einkehr ein, wo ein Schoppen erfrischenden Weines, unter einer Linde im Freien genossen, die Mühsal des Marsches vergessen lässt.

Dann gehe ich zum Bahnhof, und da der Zug nach Neustadt erst in einer Stunde fährt, mache ich mich bis Großderschau zu Fuß auf den Weg, um erst hier in den Zug einzusteigen.

Ich frage die Schaffnerin, nachdem ich den Zug angehalten habe, – der Zugführer hält hier nur auf Winken – ob sie mir glaubt, dass ich eine Bahncard habe, sonst müsse ich den ganzen Rucksack auspacken. Sie glaubt mir.

Gemütlich bummelt die Eisenbahn, aus einem Wagen bestehend, bis Neustadt.

Hier angekommen, ist die Enttäuschung groß. Mag es daran liegen, dass die Stadt wie ausgestorben erscheint, mag meine körperliche Verfassung dazu beitragen, mir gefällt es hier überhaupt nicht. Ich beschließe jedenfalls, mein Nachtquartier in einem anderen Ort aufzuschlagen.

Auf meinem Weg sehe ich eine Eisdiele. Ich kehre ein und bestelle als Trostpflaster eine große Portion Eis. Meine Frage nach einer Unterkunft in der näheren Umgebung wird erschöpfend beantwortet: "Gleich um die Ecke."

Da kommen vier Radfahrer in die Eisdiele, die ich ebenfalls frage.

Sie nennen mir die gleiche Pension nebenan und schicken mich, nachdem ich zu verstehen gebe, dass es mir in Neustadt nicht so gut gefalle, nach Dreetz zur Pension "Reiterhof." Das ist nur sieben Kilometer weiter.

Ich mache mich also, nachdem ich ja erst zwanzig Kilometer in den Knochen habe, auf den Weg.

Die Pension in Neustadt schied aus, weil in unmittelbarer Nachbarschaft ein Asylantenheim ist. Und da in jüngster Zeit diese Stätten häufig Ziel rechtsradikaler Jugendlicher sind, wollte ich das Schicksal nicht herausfordern.

Die genannten sieben Kilometer schrumpfen glücklicherweise auf vier zusammen.

Unterwegs überholen mich die vier freundlichen Radfahrer, weil sie aus Dreetz stammen, es sind zwei Ehepaare. In weiter Ferne sehe ich sie Rast machen, und zwar in einem Busunterstand. Bevor ich ihn erreiche, machen sich die vier wieder auf den Weg. Sie zeigen immer wieder in den Unterstand und winken zum Abschied.

Ich denke, oder besser gesagt, ich hoffe, sie haben mir etwas Trinkbares hinterlassen. Ich habe richtig vermutet. Eine Dose Bier wartet auf einen durstigen, müden, kaputten Wanderer. Stärkung für die letzten Kilometer.

Nachdem ich so gestärkt nach kurzer Zeit Dreetz erreicht habe, ist die Pension "Reiterhof" schnell gefunden und ich bekomme dort ein Zimmer, besser gesagt eine Ferienwohnung für DM 35,--.

Nachdem ich geduscht habe, mache ich mich auf den Weg zur Telefonzelle und dann zur Gaststätte, aber beides Fehlanzeige. Die Telefonzelle ist kaputt, also wieder einen Kilometer zurück ins Dorf zum Telefon. Das mir empfohlene Gasthaus ist heute geschlossen, weil im Waldstadion ein Fußballturnier stattfindet und der Gastwirt die Beköstigung übernommen hat. Es sind Bierbuden, Würstchenstände und ein Festzelt aufgebaut.

Nach zwei Würstchen und drei Bier spare ich mir den Eintritt ins Festzelt, weil ich die nötige Bettschwere habe.

Es ist 20.06 Uhr, gute Nacht.

11. August 1996

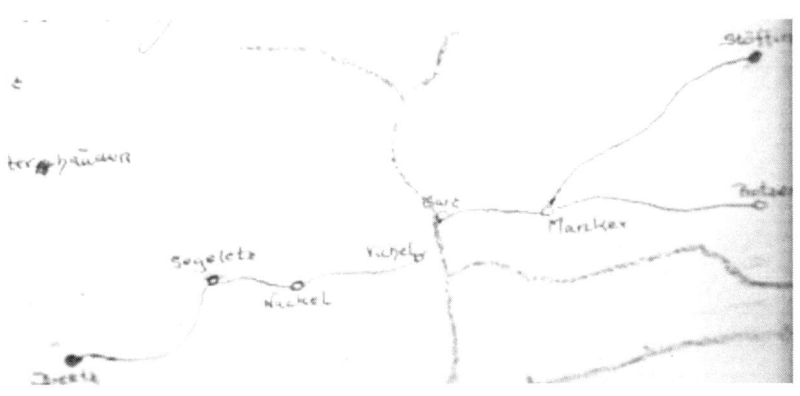

Bevor ich meinen Bericht fortsetze, noch eine Ergänzung zum gestrigen Tag.

Fünfundzwanzig Kilometer haben Spuren hinterlassen. Das linke Schienbein tut weh, beide kleinen Zehen sind wund.

Ich erinnere mich an eine Bekannte vom Niederrhein und ihre Pinkeltheorien.

Ich denke, schaden kann es nicht und ich uriniere in das Waschbecken, um nacheinander beide Füße im eigenen Urin zu nässen, dann mit Klopapier das Schienbein betupfen, fertig. Angenehm war es nicht, aber hoffentlich hilft es.

Heute habe ich bereits neun Kilometer hinter mich gebracht, von Dreetz, wo ich um 7.30 Uhr aufbrach, bis Nackel, diesen Ort erreichte ich um 10.00 Uhr und das ohne Frühstück und ohne Schmerzen. Dafür schmecken die Semmel und das Rührei in einer Dorfschänke jetzt umso besser.

In Nackel erfahre ich vom Wirt und seinen drei Gästen, dass es weder in Viechel noch in Garz, Manker oder Protzen Übernachtungsmöglichkeiten gibt. Die nächste Unterkunft wäre in

Stöffin, ein kleines Hotel. Das schaffe ich nicht, denke ich und mache mich trotzdem auf den Weg.

Kurz hinter Nackel ein endlos neben der Straße verlaufendes Kornfeld. Auch heute, am Sonntag, wird gearbeitet und die Halme zu Bündeln gepresst und abgeworfen.

Der starke Nordostwind bläst eine dicke Staubwolke über die Straße, glücklicherweise nur kurz, während der den Staub verursachende Traktor mir entgegenkommt. Sieh da, rechts von der Straße ein verlassener Herrensitz, sicherlich zu verkaufen. Weiter geht mein Weg.

Nicht Wegbegleiter, sondern Entgegenkommende, sind eine Kuhherde und zwei Bauernbuben. Verwirrt bleiben die Kühe stehen, als sie mich bemerken. Warum wohl? Ich setze meine Wanderung fort. Die Felder werden größer, das Ende ist kaum noch auszumachen.

Dann erreiche ich Manker, ein Dorf, das sich ungefähr einen Kilometer an der Straße entlang zieht. Eine wunderschöne Kirche direkt neben dem Feuerwehrhaus.

Kein Lokal, obwohl die Bierreklame an einem Gasthaus zur ungewollten Verschnaufpause verführt hätte.

Ich will weiter in Richtung Protzen, da kommt ein Junge mit seinem Fahrrad. Ich frage ihn nach dem Weg nach Stöffin. "Da, an dem alten, verkommenen Haus links und dann immer den Plattenweg lang, immer den Plattenweg. Gleich hinter dem Berg sind Sie da."

Ich marschiere los. Rechts ein gemähtes Kornfeld, in weiter Ferne ein Kirchturm, links ein graues Ackerfeld. Der Weg endlos.

Trotz des Plattenweges kommen mir einige Autos entgegen. Der letzte Autofahrer fragt mich nach dem Modellsportflughafen. Ich kann ihm leider nicht helfen.

Zu allem Unglück fällt mir die Trinkflasche aus der Hand und die letzten Wassertropfen zerrinnen auf der Straße. Glücklicherweise tauchen im gleichen Augenblick die ersten Häuser von Stöffin auf.

Nachdem ich einmal gefragt habe, ist mein heutiges Domizil erreicht, eine Nobelherberge. Was das wohl kosten wird? Mir egal, ich bin erschöpft, nicht einmal meinen Namen nenne ich bei der Anmeldung. Hauptsache ich habe ein Zimmer, den Schlüssel und eine Dusche.

Als Erstes wird nicht geduscht, sondern Wäsche gewaschen, dann erst wird der Körper gereinigt, insbesondere die lädierten Zehen.

Frisch gemacht sieht der Tag schon wieder ganz anders aus und ganz besonders nach einem "Märkischen Urbräu". Ein Herings-filet auf Schwarzbrot ist dazu genau das Richtige. Ich glaube, ich bin hier gut aufgehoben.

Ortsbesichtigung ist jetzt angesagt.

Auch in Stöffin ist eine schöne Kirche, in ihrer Architektur an die norwegischen Stabkirchen erinnernd und das, obwohl das Material für das Kirchenschiff nicht Holz, sondern Backstein ist.

Ich schlendere weiter. Linker Hand der Dorfweiher, rechts ein größerer Teich, an dem Angler ihr Glück versuchen.

Dann ein riesiges Kornfeld und die Gebäude der LPG (Land-wirtschaftliche Produktions-Genossenschaft). Bis auf einen Trakt alle Gebäude leer. In dem bewirtschafteten Teil zwei riesige Stahlkessel. Offensichtlich technischer Ersatz für pro-duktive, vierzigjährige Arbeitsmethode.

Fragt sich, was besser ist, Menschen in Arbeit und Brot, oder Technisierung bei Steigerung der Arbeitslosenzahl.

Nun möchte ich telefonieren. Die Telefonzelle ist besetzt, kein Wunder, gerade fallen die ersten Regentropfen, groß wie Markstücke. Dann wird das Häuschen frei. Ich komme meiner versprochenen, lieb gewordenen, täglichen Pflicht nach. Scha-de, dass die Münzen so schnell durchlaufen.

Nun sitze ich wieder in meiner Herberge, wieder vor einem "Märkischen" und warte auf neue Erlebnisse.

Eine Episode am Rande.

Mir gegenüber sitzen ein Münchener, ein Mann aus Trier und ein Sachse, der jetzt, wie die beiden anderen, in Hamburg wohnt. Einer von denen fragt die Wirtin, ob sie mit ihm baden gehe. Sie darauf zu ihm: "Ich bin schon so oft baden gegangen, da erlebst du dein blaues Wunder!"

Gerade kommen drei neue Gäste ins Wirtshaus, Motorradfahrer vom Feinsten. Ehepaar und Kind, zwölf Jahre? Also zwei Motorräder oder eins mit Beiwagen. Sie bestellen drei Tee, es regnet. Der Regen hat aufgehört, die Motorradler ziehen sich an, gute Fahrt! Rechts von mir sitzen zwei Ehepaare. Ich höre, dass sie morgen eine Ballonfahrt vorhaben. Sie soll aber vermutlich ausfallen, weil das Wetter für gute Sicht keine Gewähr bietet.

Einer der vier sagt mir, dass Neuruppin, der Dom und seine Umgebung, richtig sehenswert sind. Also, wenn nichts Außergewöhnliches dazwischenkommt, morgen Neuruppin.

12. August 1996

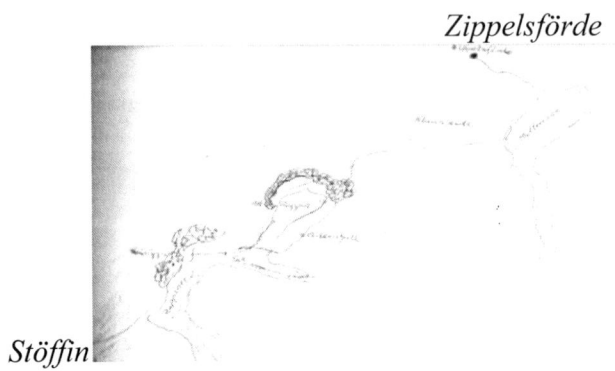

Zippelsförde

Stöffin

Heute bin ich spät dran.
Nach einem ausgiebigen Frühstück mache ich mich auf den Weg.
Ich habe den "Jägerhof" in Zippelsförde als Ziel ausgesucht. Etwa fünfundzwanzig Kilometer liegen also vor mir. Die letzten Regentropfen lassen einen schönen, nicht zu heißen, Tag erwarten. Also weg mit dem Regenumhang und frohen Mutes beginne ich diese Tour.
Oha, die Füße schmerzen doch sehr, sie müssen erst wieder auf Temperatur kommen.
Sechs Kilometer sollen es bis Neuruppin sein. Das trifft sicherlich zu, aber vermutlich bis zum Ortseingangsschild. So ist es. Der Weg in die Stadt zieht sich endlos. Ich frage ein Ehepaar an einer Bushaltestelle, wie lange ich noch bis zur Innenstadt laufen muss. Da schlagen beide die Hände über dem Kopf zusammen. "Dreißig bis vierzig Minuten. Am besten, Sie fahren mit dem Bus, das kostet DM 1,10."
Also warte ich auf den Bus, der auch bald kommt. Ich habe einen Zwanzigmarkschein und zehn Pfennig in ein und zwei Pfennigstücken. Ich ahne, was kommt. Der Busfahrer sieht

meinen Schein. "Ha'm Sie's nicht klein?"

"Ja", sage ich, "zehn Pfennig, wenn das hilft?", und lege ihm die Pfennige hin.

"Nee, die doch nicht, die passen hier doch nicht rinne! Konnten Sie denn nicht vorher wechseln, dort am Kiosk?"

"Ich wusste doch nicht, was das kostet."

"Imma dat selbe, kurz fahren und groß zahlen." Das war's.

Im Zentrum eine eigenartige Stimmung. Ich fühle mich wie verloren. Ich laufe zum Fontane-Denkmal. Als ich glaube, es erreicht zu haben und frage, wo ich es finde, sagt man mir, dass ich genau am anderen Ende der Karl-Marx-Straße das Denkmal entdecke. Ich gebe es auf.

Noch zur Siechenstraße und zum Dom, dann will ich mich erholen und mit dem Schiff in Richtung Rheinsberg fahren.

Die Kirche gefällt mir. Roter Ziegelstein, zwei Türme, kaum Schnörkel, nüchtern, aber erhaben. Das erste Schöne an diesem Tag.

Dann folgt aber schon wieder die Ernüchterung. Das Fahrgastschiff um 14.00 Uhr muss wegen eines Motorschadens ausfallen. Was bleibt mir anderes übrig, als zu laufen, schließlich ist es ja auch ein Wanderurlaub. Von Neu- nach Altruppin geht es eigentlich recht flott. Es ist Mittagszeit, also möchte ich irgendwo einkehren.

Die erste Anlaufstelle ist ein Getränkemarkt mit einer Gaststätte, zweite Möglichkeit ein Hotel "Heute geschlossen."

Jetzt ist es mir egal, ich habe die Nase voll. Ein Eck-Imbiss an einer Straßenkreuzung tut's auch. Volltreffer! Bratkartoffel, Sülze und Salat für DM 6.90, vom Feinsten. Es ist eine Fernfahrerkneipe und die wissen, wo es gut ist.

Als ich zahle und mich nach einer Unterkunft für die Nacht erkundige, wird mir wieder der "Jägerhof" empfohlen. "Dort müssen Sie unbedingt einkehren. Da verkehrten schon die DDR-Bonzen", wird mir hinter vorgehaltener Hand zugeflüstert.

Also marschiere ich los. Zunächst die deutsche Alleestraße entlang, dann rechts ab in die Heide – genau Klaus-Heide – und dann acht Kilometer durch Wald und am Ufer des "Möllensees" entlang.

Die Einsamkeit ist verlockend, keine Menschenseele weit und breit. Also schnell ausgezogen und hinein ins kühle Nass. Ein paar Züge geschwommen, dann die wunden Füße versorgt und so erfrischt werden die letzten zwei Kilometer in Angriff genommen.

Keine Menschenseele weit und breit, so dachte sicherlich auch eine junge Frau, als sie ein erfrischendes Bad nahm. Da kam ich! Nun, sie war leider schon dem See entstiegen und angezogen, heute ist halt nicht mein Tag.

Dann ist der "Jägerhof" in Zippelsförde erreicht. Donnerwetter, die Bonzen wussten, wo es schön ist.

Der Gastraum, ich sitze an der Theke, drei zwölfarmige, schmiedeeiserne Lüster, Durchmesser etwa drei Meter, Jagdtrophäen in Form von Geweihen an allen Wänden und eine Speise- und Getränkekarte vom Allerbesten.

Wildgerichte jeglicher Art selbstverständlich für ein Haus mit diesem Namen.

Ich mache mich frisch und beschließe, heute fürstlich zu speisen. Ich bestelle einen lieblichen Rotwein – Kenner werden sagen, warum keinen trockenen? Der Kellner bringt statt der bestellten Flasche einen Schoppen. Auch gut, wenn er nicht schmeckt, kann ich einen anderen probieren. Dann wähle ich aus der umfangreichen Speisekarte zunächst eine Wildgulaschsuppe, vorzüglich, wie ich nach dem ersten Löffel feststelle. Die Suppe ist mit Pilzen angereichert und einfach ein Genuss. Nach einer Weile wird mir der bestellte Wildsalat mit Speck serviert, dazu noch ein Schoppen von diesem mundenden Rotwein aus der Pfalz.

Die Auswahl des Hauptgerichtes fällt mir besonders schwer.
Ich schwanke zwischen Hirschsauerbraten mit Klößen, Wild-schweinroulade mit Speck und Backpflaumen und Klößen oder Wildschweinrippchen mit Sauerkraut und Klößen. Für Letzte-res habe ich mich entschieden. Meine Wahl war gut.
Nach dem vorzüglichen Mahl überlege ich, ob ich noch einen Obstler trinke. Da ich aber noch Wein im Becher habe und morgen ein anstrengender Tag vor mir liegt, verzichte ich auf den Absacker.
Bevor ich zu Bett gehe, bitte ich noch den Kellner, alle drei Kronleuchter kurz zu beleuchten. Die Wirkung ist zauberhaft.
Dann gehe ich schlafen und der Tag, der nicht gerade erfreu-lich verlief, verabschiedet sich auch so.
Das Bett ist schlimm. Hart und durchgelegen, sicherlich noch aus alten Zeiten. Ich habe eine miserable Nacht vor mir.

13. August 1996

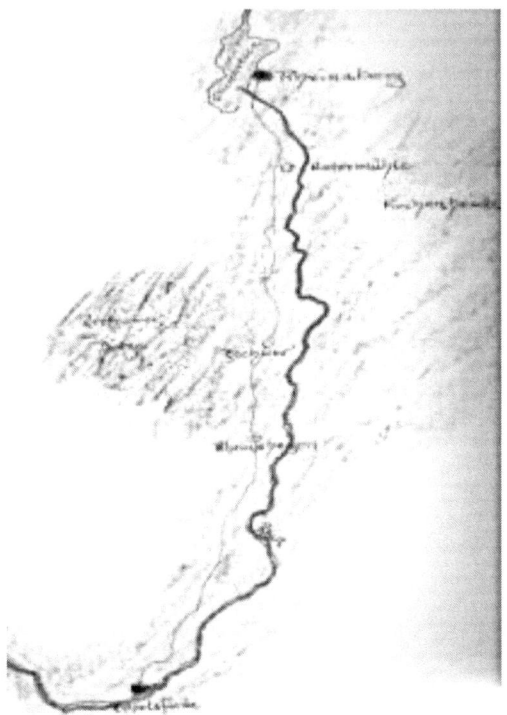

Die Wanderroute ist vorgegeben, es geht von Zippelsförde nach Rheinsberg.

Gut gestärkt nach einem reichhaltigen Frühstück, mache ich mich auf den Weg, quer durch den Wald nach Zechow.

Zuvor erfahre ich noch, dass die wie Hundehütten aussehenden Häuschen mit Spitzdach, früher, also zu DDR-Zeiten, Greifvögel für die Jagd beherbergten. Also ist doch etwas an dem Gerede dran, es sei der Nobelschuppen für die Hochgestellten des Arbeiter- und Bauernstaates gewesen.

Endlich geht es los.

Ich gehe gerade zehn Minuten, da fängt es an zu regnen. Ich muss meinen Regenumhang aus dem Rucksack holen und in strömendem Regen erreiche ich Zechow.

Zielstrebig steuere ich dem "Dorfkrug" zu. Fenster und Türen sprechen Bände. Ohne zu fragen, weiß ich, dass hier niemand mehr wohnt.

Im Bushäuschen warte ich ungefähr dreißig Minuten, bis das schlimmste Wetter vorbei ist. Dann setze ich meinen Weg fort. Der Nieselregen macht mir nichts aus und so erreiche ich gegen 13.00 Uhr "Café Untermühle".

Als ich die Tür öffne und zu spät "kein Eingang" sehe, stehe ich schon mitten in der Küche. Kein Mensch da. Ich ziehe mich leise zurück und bin gerade hinter einem Strauch verschwunden, da höre ich die Küchentür. Gleich darauf ein wehleidiges Mijauen. Jemand ist auf die vor der Tür liegende Katze getreten. Die "Jemand" entpuppt sich als Hausbedienstete, die mir Essen, Trinken und Unterkunft wärmstens empfiehlt.

Ich bestelle und bekomme ein Kotelett, Bratkartoffel, Tomaten und Gurken, deftig aber schmackhaft.

Nachdem sie mir als Preis für eine Übernachtung DM 35,-- nennt, entscheide ich mich, hier zu nächtigen und Rheinsberg von diesem Ausgangspunkt ohne Rucksack aufzusuchen.

Dann kommt die Wirtin. Sie ist schlecht einzuschätzen, derb in der Stimme: "35 DM? Du weißt doch genau, dass Einzelpersonen 40 DM zahlen müssen. Kommen Sie mit, ich beziehe nur schnell das Bett. Nehmen Sie es?"

Ich nehme es und mache mich auf den Weg nach Rheinsberg.

Die Füße schmerzen, es regnet wieder, als ich die Stadt erreiche. Das Schloss schaue ich mir nur von außen an. Da der See in unmittelbarer Nähe ist und ein Fahrgastschiff gerade zu einer eineinhalbstündigen Rundfahrt ablegen will, fahre ich mit. Eine gute Entscheidung.

Die Fahrt beginnt im Grienericksee. Zunächst geht es am Schloss und am Obelisken vorbei. Dann wird gewendet und der Kurs führt zum Rheinsberger See. Hier passieren wir die Remusinsel. Rechter Hand ein Riesenhotel, zehn Stockwerke, zweihundertachtzig Betten. Es soll abgerissen werden, weil die Eigentumsverhältnisse nicht geklärt werden können.

Remusinsel und Rheinsberger See lassen wir hinter uns und fahren durch den Schlabornkanal in den gleichnamigen See. Bis Zechlinerhütte geht die Rundfahrt und von hier wieder zurück. Wir erfahren noch, dass die ganze Märkische Seenplatte bis in den Müritzsee von Rheinsberg erreicht werden kann.

Nach der Rückkehr ein kurzer Abstecher zum Bahnhof, um zu erkunden, wann der Zug nach Neuruppin fährt. Dann geht es zur "Untermühle" zurück.

Ich mache mich frisch und suche dann die Gaststube auf.

Jetzt ist auch der Wirt da, Zopf, Unterhemd und Militärhose vom Kampfanzug.

Ich frage die Wirtin, ob sie länger aufbleibt, weil sie am Nachmittag sagte, sie wolle heute zeitig ins Bett. Sie guckt mich fragend an. Ich erkläre ihr, dass ich eine Flasche Wein trinke, wenn sie zeitig schlafen geht und Bier, wenn sie länger aufbleibt. Sie versteht mich nicht, deshalb erkläre ich es. Wenn sie zeitig zu Bett geht, trinke ich Wein, um länger versorgt zu sein, andernfalls kann ich Bier nachbestellen. Jetzt ist alles geklärt. Ich telefoniere vom Apparat hinter der Theke, weil der Münzautomat defekt ist. Dann kommt mein bereits am Nachmittag bestelltes Abendessen, kalte Platte bestehend aus Brot, Wurst und Käse. Ich bin zufrieden.

Nach geraumer Zeit taut der Wirt auf. Er ist aus Leipzig und hat 1985 die Untermühle gekauft. Nach der Wende kam er auf die Idee, Kajaks und Kanadier zu vermieten. Der Geistesblitz war ein Volltreffer.

Wie er sagt, vermietet er am Wochenende sechzig bis achtzig

Boote. Mietpreis einschließlich Rückholung DM 80,-- pro Boot und die Nachfrage wird immer größer. Haupteinzugsgebiet soll Berlin sein.

Es ist sicherlich ein Erlebnis, den Rhin viereinhalb Stunden im Boot zu erwandern.

Die Paddler sollen danach wie umgewandelt sein.

Schließlich erzählt er mir, wie der Erweiterungsbau vonstatten ging.

Alle Nachbarn haben kostenlos geholfen. Als Dank gab es einen gemeinsamen Grillabend. Heute ist das nicht mehr so. Die Bekannten sind alle viel egoistischer geworden. Man hört aus dem Unterton den Wunsch nach der alten Zeit, natürlich mit den heutigen Errungenschaften. Schließlich schildern mir Wirtin und Wirt noch die Seenplatte nördlich von Rheinsberg verlockend. Außerdem kann mir der Gastgeber wunderschöne Wanderwege empfehlen. Ich brauche nur anzurufen oder vorbeizukommen. Dann verabschieden wir uns und es geht nach einem langen, anstrengenden Tag zu Bett.

14. August 1996

Es sei sinnvoller bis Neuruppin mit dem Bus zu fahren, als den großen Umweg mit dem Zug zu machen, sagen mir die Wirtsleute und die müssen es wissen. Also begebe ich mich zur Bushaltestelle. 9.33 Uhr geht es los.

Geruhsam fährt der Autobus über die Dörfer auf der deutschen Alleenstraße. Gut, dass sich die Besserwisser deutscher Schnellstraßen bisher nicht durchsetzen konnten, sonst gäbe es diese Baumbestände entlang der Straßen nicht mehr.

Nach einer knappen Stunde Fahrzeit ist Neuruppin erreicht.

Ich gehe vom Bus- zum Hauptbahnhof. Unterwegs komme ich an der Stadtsparkasse vorbei. Weil ich mir seit Tagen ständig Kugelschreiber, zum Niederschreiben meiner Erlebnisse, leihen muss, – meine Kugelschreibermine ist aufgebraucht – frage ich am Schalter nach einem Schreibgerät als Werbegeschenk. Ich bekomme einen "Lamy." Stark, was?

Am Bahnhof frage ich nach der Zugverbindung nach Hamm. "Fahren Sie mit dem Bahnbus zum Bahnhof Zoo in Berlin, von dort um 13.16 Uhr mit dem IC bis Hamm." Meine Vorstellung war zwar eine andere, aber warum nicht.

Über die Autobahn geht es nach Tegel, dann Charlottenburg und schließlich Bahnhof Zoo.

Bis zur Abfahrt des IC nach Hamm habe ich noch vierzig Minuten Zeit. Deshalb schnell ins Europacenter, den seit Jahren erwünschten Wohnzimmertisch wieder einmal ansehen, fotografieren, ausmessen und nach dem Preis fragen. Dann zurück zum Bahnhof.

Ich frage die Bahnaufsicht, wo am ehesten ein Sitzplatz ohne Platzkarte zu ergattern ist und erfahre, dass das im ersten Wagen sei. Der Zug fährt ein. Ich bekomme tatsächlich einen Fensterplatz, die Rückfahrt kann beginnen.

Als Reisebegleitung sitzt mir eine etwa vierzigjährige, etwas übergewichtige Frau mit Bluthochdruck gegenüber. Ob das Fenster während der Fahrt geöffnet bleiben könnte, fragt sie. Ich habe nichts dagegen, weil ich nicht in Fahrtrichtung sitze, also den Wind nicht spüre. Ich stelle meine Vermutungen zu dieser Frau an, sie werden bei Weitem übertroffen.

Ich bin nun vier Tage mutterseelenallein durch Wald und Flur gelaufen, nur das Gezwitscher der Vögel, das Summen der Bienen, das Rauschen der Bäume, das Gemurmel der Bächlein hörend, und dann diese egozentrische, nervige Person. Aus der friedlichen Stille in dieses, nie enden wollende, Trommelfeuer einer menschlichen Stimme. Von Berlin bis Hannover steht das Mundwerk nicht still.

Um das Gespräch zu eröffnen – natürlich nur Monolog – bietet sie mir ihre Zeitung an. Ich habe aber noch nicht die erste Seite richtig angeschaut, da beginnt das folgende, fast allein geführte Gespräch, von mir lediglich mit "ja, ja, hm, sicherlich, oh" oder ähnlichen Bekundungen zur Kenntnis genommen.

"Ich hatte gestern Krach mit meinem Freund. Jetzt fahre ich erst einmal für zehn Tage zu einer alten Dame in die Heide. Ich helfe ihr zu Hause, wenn sie da ist, denn ein halbes Jahr wohnt sie ja auf dem Lande. Sie hat das Haus für neunundneunzig Jahre gekauft. Sie war Oberschwester auf einer Suizidstation. Weil ich ihr kostenlos helfe, hat sie mich aufs Land eingeladen. Aber die führt ein Regiment. Da gibt es nur tausend Kalorien am Tag, aber ich fahre dann mit dem Fahrrad ins Dorf und trinke ein Frischbier."

"Wissen Sie, in Zwesten – oh, denke ich, weil mir dieser Ort aus meiner beruflichen Tätigkeit bekannt ist – war ich vier Monate in der psychosomatischen Klinik. Da konnten wir einmal in der Woche ins Konzert, aus therapeutischen Gründen. Kennen Sie Justus Frantz? Den habe ich in Berlin gehört, für zehn Mark. Mein Lieblingssänger ist ja Pavarotti, von der alten Dame übrigens auch. Jetzt höre ich zehn Tage nur Klassisches. Und wissen Sie, dass Picasso ein ganz Schlimmer war? Und während der Kur wurde zum Tanztee Musik der sechziger und siebziger Jahre gespielt. Das war schön!"

"Ach, am liebsten fahre ich ja nach Griechenland. Aber das zweite Mal war nicht mehr so schön. Ich mache das nicht mehr, wiederholt an einen Ort zu fahren, man wird nur enttäuscht. Ach und dann ging die Reisegesellschaft pleite. Aber die deutsche Botschaft hat mir ja so geholfen. Ich habe sogar siebzig Mark Taschengeld bekommen. Natürlich musste ich später alles in Raten zurückzahlen."

"Ach wir sind gleich in Magdeburg. Wissen Sie, Magdeburg ist eine hässliche Stadt. Ich hatte mal einen Bekannten in dieser Stadt. Nein, wie konnte der nur dort wohnen? Ich komme ja aus der Pfalz, aber da dürfen ja nur Männer ins Wirtshaus. Ich habe einmal meinen Bruder dort besucht. Nach einem Stadtbummel kehrte ich in einer Wirtschaft ein. Nur Männer saßen da. Die guckten vielleicht komisch, als ich mir ein Frischbier bestellte. Und mein Bruder machte mir richtige Vorwürfe, als er hörte, dass ich allein in ein Lokal gegangen bin."

Glücklicherweise setzte sich in Braunschweig ein weiterer Fahrgast zu uns. In ihm hatte die "Schnattergans" den Meister gefunden. Er sprach noch schneller als sie und augenscheinlich auch gern. Sein Lieblingsthema war die Ferieninsel Elba. "Zwölfmal war er bereits dort und findet das Urlaubsziel immer wieder faszinierend. Eigentlich sollte er gar nicht mehr darüber sprechen, damit nicht andere auf den Geschmack kommen und ebenfalls nach Elba fahren." Dann wurde die weibliche Reisebegleitung hektisch. Rote Flecken auf Hals und Wangen. Wir näherten uns Hannover. Hier musste sie umsteigen. Schnell noch zur Toilette, dann Koffer, Tasche und noch eine Tasche und sie ward nicht mehr gesehen.

Da der Elba-Fan, übrigens Lehrer, ebenfalls ausgestiegen ist, kann ich die letzte Stunde meiner Reise ganz ruhig ausklingen lassen.

Sechs erlebnisreiche Tage sind, wie die Bahnfahrt, verflogen.
Nur die Erinnerung und die Hoffnung auf ein Neues bleiben.

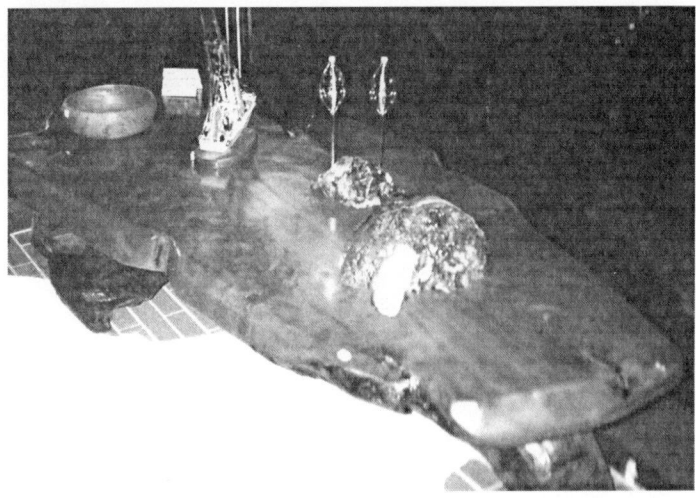

Wanderung vom Oderbruch zur Märkischen Schweiz

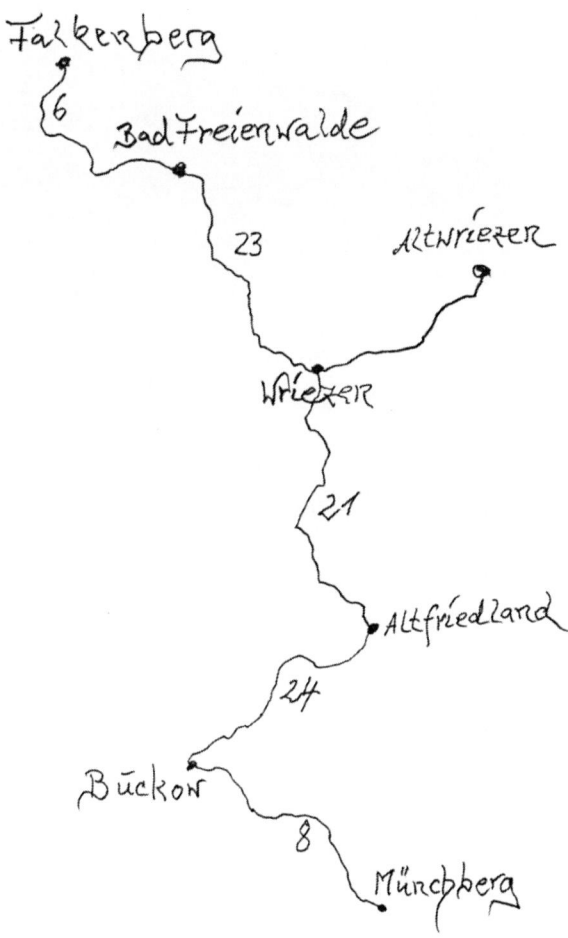

22. Juni 1997

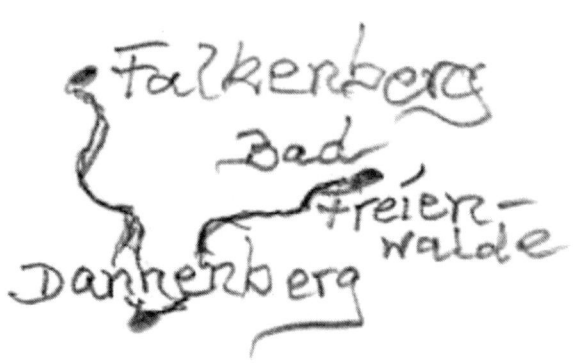

Der Tag beginnt heute sehr zeitig.

Abfahrt ist um 6.09 Uhr in Hamm mit dem ICE nach Berlin. Da ich erst um 5.30 Uhr aufgestanden bin, fällt das Frühstück aus, zumal ich mir vorgenommen habe, im Bordrestaurant den Tag ganz gemütlich mit einem ausgiebigen Morgenmahl zu beginnen.

Nach der Verabschiedung im Bahnhof nehme ich meinen Sitzplatz ein und begebe mich dann nach kurzer Fahrt in den Speisewagen. Hier sind nur zwei Gäste, sodass ich einen Einzeltisch belegen kann.

Ich bestelle ein Schweizer Gedeck, bestehend aus drei Brötchen und einem Hörnchen, dazu Butter, Salami, gekochten Schinken, Käse, Marmelade und Honig. Als Getränk gibt es eine große Tasse Kaffee und ein Glas Orangensaft.

In aller Ruhe genieße ich dieses fürstliche Frühstück, während die Landschaft vorbeifliegt. Das frühe Aufstehen sitzt doch in den Gliedern, sodass ich auf meinen Platz zurückgekehrt, sanft entschlummere.

In Berlin fahre ich vom Bahnhof Zoo mit der S-Bahn durch eine Baustelle, die an der Kongresshalle beginnt und in Lichtenberg noch kein Ende zu sehen ist.

Mein Zug nach Eberswalde fährt weiter bis Stralsund und ruft sofort freudige Erinnerungen an die Hiddenseetour wach. Für einen Augenblick habe ich die verrückte Idee weiter zu fahren, doch der Gedanke wird ebenso schnell wieder verworfen.

Ich verlasse also in Eberswalde den Zug und fahre mit der Bummelbahn nach Bad Freienwalde, um kurz entschlossen bereits in Falkenberg auszusteigen und bereits hier meine Wanderung zu beginnen.

Mein erster Gedanke war, in Falkenberg ein Quartier zu suchen, aber dann entschließe ich mich spontan per pedes bis Bad Freienwalde zu laufen.

Vorbei an der "Ida-Eiche" – einem 600-jährigen Riesenexemplar, vier vielleicht sogar fünf Personen wären vonnöten, um den Stamm zu umfassen.

Cöthen erreichend, muss ich meine Wanderkarte zurate ziehen, weil ich nicht weiß, welche Richtung ich einschlagen muss. Ein Junge, etwa vierzehn Jahre alt, kommt mit seinem Fahrrad angesaust, stoppt und fragt: "Kann ick helfen?"

"Ja, ich möchte zum Gamensee!"

"Immer jeradeaus, die Straße macht dann, da hinten, einen Bojen, Sie jehn einfach jeradeaus." "Komme ich von dort auch nach Bad Freienwalde?"

"Ham Sie een Auto?"

"Nein."

"Dann jehn Sie besser von hier nach Falkenberg und dort rechts, det is kürzer!"

"Danke!"

Ich überlege kurz und entschließe mich, meine Idee umzusetzen, nämlich den Weg zum Gamensee zu nehmen, dann nach Dannenberg und von dort nach Bad Freienwalde zu laufen.

Mein Entschluss war richtig.

Eine traumhafte Landschaft, zauberhafte Blicke über den See entschädigen für die Anstrengung.

Zwei Kilometer weiter, ein kleines Dörfchen mit einem Dorfteich, in dem die Dorfjugend die ersten Angelversuche startet, dahinter eine kleine Kirche. Von Krummenpfahl, so heißt das Dörflein, geht es geradewegs durch den Wald nach Bad Freienwalde.

Sechs Kilometer Waldweg, aber gepflastert. Ich frage mich, ob das Geld nach der Wende – denn der Weg wurde 1990 gepflastert und stößt auch bei vielen Einheimischen auf Unverständnis – nicht besser angelegt werden konnte.

Ich erreiche Bad Freienwalde, Berliner Straße. Obwohl mir der Marsch in den Knochen steckt, lasse ich die angebotenen Zimmer an der Straße links liegen, weil ich mir auf der Hauptstraße eine Unterkunft ausgesucht habe.

Ich frage eine gerade aus einem Auto aussteigende Frau nach der Hauptstraße.

"Da kommen Sie doch gerade her. Watt woll'n Se denn da hinne?"

"Ich suche eine Pension!"

"Watt will er?", fragt ihr Mann aus dem Auto.

"Der Herr sucht auf der Hauptstraße eine Pension."

"Da unten, der, Du weest schon, der vermietet doch och. Komm, ich fahr ihn eben hin."

"Mein Mann fährt Sie zu einer Unterkunft. Er dreht nur eben."

Ich steige ein, wir fahren los. Umsonst, die Herberge ist belegt. Ein gerade anwesender Freund meines Fahrers kennt eine andere Adresse. Wir gehen zu Fuß dorthin.

Die Pension gehört vermutlich einem Taubenliebhaber, nichts für mich, zumal auch ausgebucht.

Mein freundlicher Begleiter hat sich verabschiedet, sodass ich allein meine Suche fortsetzen muss. Ich finde die Hauptstraße und auch eine Pension, aber leider ist niemand zu Hause. Also zurück zur Berliner Straße Nr. 3.

"Wie lange wollen Sie bleiben, nur einen Tag oder zwei? Zwei Tage geht nicht, da kommen schon andere Gäste. Und einen Tag, wissen Sie, da habe ich mehr Arbeit und Kosten, das lohnt sich nicht. Aber gehen Sie doch die Straße weiter rauf, da sind Zimmer frei. Sie finden bestimmt eins."

Ich denke, wenn andere auch so reagieren, bekommst du heute kein Zimmer mehr. Glücklicherweise denken nicht alle so. Pension Wiedemann, Berliner Str. 35 a zum Beispiel. Ein Zimmer für ein oder zwei Tage kein Problem und der Empfang freundlich und herzlich. Solche Gastgeber kann man weiterempfehlen.

Ich dusche, lasse mir das heiße Wasser über den Körper laufen, eine Wohltat. Dann mache ich mich auf den Weg in Richtung Bahnhof, weil mir Herr Wiedemann das Gasthaus wärmstens empfohlen hat. Allerdings mit der Einschränkung, dass der Weg doppelt so weit sei, wie zum Schloss-Café, wo man ebenfalls gut essen kann.

Unterwegs schnell zu Hause angerufen, um zu sagen, dass alles in Ordnung ist.

Da in der Bahnhofsgaststätte kein einziger Gast ist und ich mir verloren vorkommen würde, gehe ich ins Schloss-Café. Hier sind zwar auch nur drei Personen anwesend, aber es sieht gemütlich aus und schließlich habe ich Hunger und Durst.

Ich bestelle Lammkotelett und habe richtig gewählt. Obwohl neue Gäste kommen und die Stimmung gemütlicher wird, zahle ich und gehe in mein Quartier, um nach einem anstrengenden Tag müde ins Bett zu fallen. Gute Nacht.

23. Juni 1997

Nach dem Frühstück ist der erste Weg zum Naturkundehaus.
Nachdem ich das Freilandgelände nur kurz besichtigt habe,
denn ein umfangreiches Programm steht auf der Tagesordnung,
geht es ins Museum. Und jetzt wird es interessant.
Ich erfahre von der, wie sich später im Gespräch herausstellt,
vierzigjährigen Agraringenieurin, dass sie für zunächst ein Jahr
zum Archivieren der Dokumente von Herrn Kretschmann, dem
Gründer der Anlage, eingestellt worden ist.

Trotz dieser Aufgabe, die sicherlich sehr zeitaufwendig ist, erklärt sie mir ohne Aufforderung den Aufbau des Hauses.
Ich bin begeistert.
Ein Blockhaus, unwahrscheinlich funktional gestaltet, kein Zentimeter verschenkt. Von der Veranda, erster Kältepuffer, gelangt man in den Wohnraum, gleichzeitig Küche, Arbeitszimmer und Schlafraum.
Nachdem ich in groben Zügen den Lebenslauf von Herrn Kretschmann erfahren habe und gerade im Begriff bin zu gehen, werde ich gebeten, auch noch die obere Etage zu besichtigen. Dort befindet sich das Kinderzimmer, nachdem Sohn und Tochter die Familie vergrößerten. Zur Südseite, wie selbstverständlich, ein Balkon, auf den wir uns begeben.

Die wärmende Sonne ist angenehm. Da erst geht die wahre Sonne auf. Herr Kretschmann kommt persönlich. Ich werde mit Handschlag begrüßt und erfahre aus seinem Munde in Kurzform seinen Lebenslauf, will sagen, den geringsten Teil eines für eine Idee gelebten Lebens. 83-jährig, geistig komme ich mir danebei wie ein Greis vor. Ganz nebenbei erfahre ich, dass er gestern, also am 22.6.1997, den größten Umweltschützer der Welt zu Gast hatte. Obwohl es schwerfällt, muss ich meinen Besuch, als solchen interpretiere ich meinen Aufenthalt im "Naturkundegarten", beenden und begebe mich zum "Ruinenberg", Fontanes erstem Vorschlag.

Die Wege dorthin immer empfehlenswert, aber die Ziele sind nicht das, was man erwartet.

Statt Fernsicht Bäume, Äste, Zweige, Blätter. Mit etwas Überlegung der Verantwortlichen, aber vermutlich haben diese die von Fontane beschriebenen Aussichtspunkte noch niemals selbst aufgesucht, könnte viel Ärger der so willkommenen Gäste vermieden werden.

Etwas Rückschnitt, etwas Lichtung, etwas Rodung und man könnte, wie einst der Dichter, bis ins Oderbruch schauen und sich an der Weitsicht erfreuen.

Jetzt aber zum beeindruckendsten Teil des Tages, nein, das beeindruckendste Erlebnis war sicherlich das Gespräch mit Herrn Kretschmann, aber das Schönste war der Weg zum Baa-See.

Sechs Kilometer über den "Sieben-Hügel-Weg" liegen vor mir. Wer den Baa-See erwandert, dem kann ich nur das heutige Wetter wünschen. Zunächst Schnürlregen ohne Ende.

Um ehrlich zu sein, ich hätte mir auch den See in dieser Wetterlage gewünscht, aber die düstere Stimmung Fontanes, die meine zweistündige Wanderung begleitete, war zwei Kilometer vor Erreichen des Sees wie weggeblasen.

Hier noch Dunkelheit, richtige Dunkelheit, Regen, senkrecht

vom Himmel, dann plötzlich die ersten Vogelstimmen, erstes Zeichen neuen Erwachens. Der Himmel scheint aufzubrechen, unsichtbar im Blätterwald, dann Nebelschwaden, nein, besser, aufsteigender Dunst und dann,

"Baa!"

So muss der Namensgeber den See erblickt haben.

Sicherlich hat Fontane mit seinen Eindrücken recht, die ich wahrscheinlich eine Stunde vorher und drei Stunden später geteilt hätte, aber wäre er heute mein Begleiter gewesen, seine Beschreibung wäre eine andere.

Ich laufe um den See, keine Menschenseele begegnet mir. Zwei Angler sind die einzigen Personen, die ich sprechen kann. Sie versuchen seit einem Jahr, einen Karpfen zu fangen, ohne Erfolg. Der Karpfen ist schlauer.

Auf dem Rückweg möchte ich den Wilhelmsturm besteigen und die Aussicht genießen. Leider ist dieser nur an Wochenenden und an Feiertagen geöffnet und da auch hier wild wucherndes Laubwerk die Aussicht fraglich werden lässt, muss ich ohne diesen Fernblick meinen Weg fortsetzen.

Nach einer erfrischenden Dusche gehe ich zum Bahnhof in den "Bierexpress", um hier den Abend ausklingen zu lassen.

Die Kneipe ist als kleines Museum eingerichtet, mir gefällt es hier gut. Der Wirt erinnert mich von seiner Aussprache an den Schauspieler Semmelrogge.

Es wird später, als erwartet.

24. Juni 1997

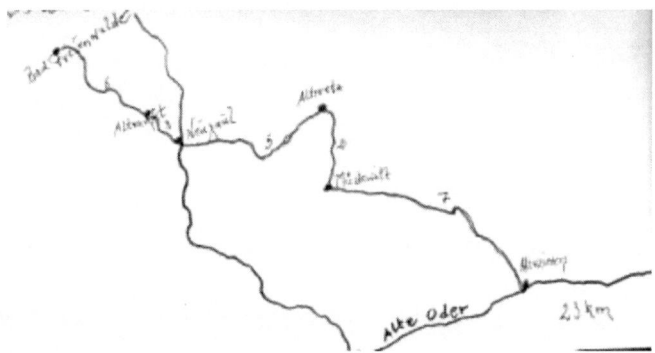

Heute ist mein Ziel Altwriezen.
Da ich bereits telefonisch das Quartier festgemacht habe, kann ich den Tag sorglos angehen. Ich schlage den Weg nach Altranft ein und erfreue mich an dem Waldweg bis dorthin.
Dann beginnt der Regen, sodass ich während des ganzen Tages mal mit, mal ohne Regenumhang laufen muss.
Das Wetter vergällt mir den Schlossbesuch, weshalb ich auf dem Fontaneweg sofort in Richtung Wriezen weitergehe.
In Neugaul frage ich Feldarbeiter nach dem Weg nach Altwriezen.
"Da müssen Sie zurück und über die Oderbrücke" – gemeint ist die alte Oder – sagt eine Einheimische und zeigt mir den Weg.
Die alte Oder ist erreicht, die Brücke überquert, das nächste Problem taucht auf. Welchen Weg soll ich nehmen?
Da kommt Hilfe in einem grünen Wartburg. Ich winke, der Fahrer hält und will mir den Weg beschreiben. Nachdem ich ihm meine Wanderkarte überreicht habe, entschuldigt er sich vielmals, weil er mich in die falsche Richtung geschickt hätte.
Kurz entschlossen bietet er mir an, mit ihm bis Altreetz mitzu-

fahren. Von dort ist der Weg leicht zu finden.

Er macht die Beifahrertür auf, Durchzug im Auto, seine Notizzettel fliegen ins Gelände. Wir sammeln oder besser, jagen die Blätter. Als alle gefunden sind, fahren wir los.

Ganz nebenbei erfahre ich, dass die Bezeichnung "Alt" vor dem Ortsnamen die Orte benennt, die vor der Begradigung der Oder bestanden, während die Vorsilbe "Neu" alle Ortsgründungen danach erkennen lassen. Diese Tatsachen waren mir bekannt. Dann erfahre ich jedoch etwas Neues, nämlich, dass die Ortsnamen mit der Endung "Loose" auf eine Besonderheit zurückzuführen sind.

Alle Gehöfte, die verstreut als Einzelhöfe, keiner Gemeinde zuzuordnen waren, wurden verlost. Diese Ansiedlungen erhielten deshalb die Nachsilbe "Loose." So erreichen wir Altreetz.

Da es Mittagszeit ist, kehre ich in der Gaststätte am Markt ein. Ich bekomme als Gastgeschenk die Plakette "650 Jahre Altreetz", noch zu DDR-Zeiten erstellt.

Nach Sauerbraten, Rotkohl und Kartoffeln mache ich mich auf den Weg über Mädewitz nach Altwriezen.

Unterwegs sticht mir ein Bauernhof mitten im Feld, umgeben von einer Baumgruppe, ins Auge und ich beschließe, ihn zu malen.

Eine Wasserpfütze am Wegrand liefert das notwenige Nass, sodass das Aquarell "Gehöft im Oderbruch" entsteht.

Nachdem ich die Malsachen zusammengepackt, den Rucksack auf dem Rücken und das soeben gemalte Bild zum Trocknen in der Hand habe, mache ich mich auf den Weitermarsch. Ein Radfahrer kommt mir entgegen, grüßt freundlich und fährt weiter.

Nach geraumer Zeit, ich bin inzwischen etwa zwei Kilometer gelaufen, überholt er mich, weil er umgekehrt ist. Wir kommen in ein zwangloses Gespräch, in dem ich erfahre und meine Vermutung bestätigt wird, dass die "Wende" doch vorteilhaft für alle ist. Sicherlich sind die Mieten jetzt höher, dafür ist der Komfort größer oder überhaupt erst da.

Sicherlich ist das Geld weniger, dafür kann man aber in den Geschäften alles bekommen und vor allen Dingen, man kann überall hinfahren. Allein der Gedanke, es zu können, genügt.

Nachdem ich erzählt habe, dass ich bei Hampe in Altwriezen wohne, erklärt er mir sofort den Weg und außerdem erfahre ich, dass mein Vermieter der Kolonialwarenhändler im Ort zu DDR-Zeiten war, also Lebensmittelverteiler im SED-Auftrag, dieses ohne Hintergedanken. Dann die Begegnung mit dem Betroffenen.

Ein biederer, herzlicher, auf den ersten Blick vertrauenerweckender Zeitgenosse. Seine Frau freundlich, ganz auf ihren Mann fixiert. Beide etwa sechzig Jahre alt. Ich werde zu Kaffee und Kuchen eingeladen und nehme natürlich – natürlich, weil ich gern Kuchen esse – dankend an.

Dann geht es erst einmal unter die Dusche und da noch früher Nachmittag ist, beschließe ich, nachdem ich erfahren habe, dass in Altwriezen keine Gaststätte ist, in den nächsten Ort, vier Kilometer entfernt, zu laufen.

Mein Wegbegleiter ist zunächst ein streunender Hund, bis ich ihn mit scharfer und lauter Stimme zur Rückkehr auffordere.

Ich erreiche Neulewin und kehre, nachdem ich gehört habe, dass bis zur Gastwirtschaft "Alter Fritz" noch drei weitere Kilometer zu laufen sind, im Jugendzentrum Neulewin ein, ohne zu ahnen, welche Preise, Preise in positivem Sinne, mich erwarten.

Gestärkt mit Speis und Trank mache ich mich auf den Rückweg, um nach einem anstrengenden Tag, mangels Angebot an Unterhaltung, das Bett aufzusuchen.

25. Juni 1997

Mein Plan, bereits heute weiter zu ziehen, ist dahin, weil mein Gastgeber für mich ein Fahrrad besorgt hat. Also wird eine Radtour entlang der Oder gestartet. Über Altwustrow geht es nach Zollbrücke, so genannt, weil hier ein Grenzübergang war.

Bevor ich aber zur Oder komme, sichte ich ein besetztes Storchennest mit Jungen. Ich fotografiere Meister Adebar und seinen Nachwuchs und fahre dann zur Oder, um auch hier die ersten Schnappschüsse zu machen.

Dann geht es entlang der Oder, unterwegs unzählige Störche.

Es geht weiter. Über Groß-Neuendorf komme ich zur Bockwindmühle. Leider ist diese nur am Wochenende zu besichtigen.

In der Nähe ist die Gaststätte "Zur Linde."

Hunger und Durst lassen mich einkehren.

Ich bestelle ein Oderbruchgericht, nämlich "gedünstete Gurken und Kartoffeln" für DM 5,80.

Nachdem der Wirt erfahren hat, dass ich auf den Spuren von

Fontane wandele, versucht er, mir Anlaufstellen, die interessant sind, an die Hand zu geben. Dabei übersieht er aber, dass ich mit dem Fahrrad unterwegs bin. Die aufgezeigten Entfernungen sind nur mit dem Auto zu schaffen. Gestärkt schwinge ich mich auf den Sattel und beschließe, nachdem ich Letschin hinter mir gelassen habe, das Abendessen heute selbst zu gestalten. Ich kaufe im Supermarkt von Neulewin zwei Brötchen, zwei Krakauer, ein Stück Käse und eine Flasche Moselwein und da ich gerade in der entsprechenden Stimmung bin, mache ich einen kleinen Umweg und kehre noch in Neulietzegöricke beim "Feuchten Willi" ein. Die letzten Kilometer sind geschafft, ich auch, also wird sofort das Abendessen gemacht. Bei klassischer Musik und der Flasche Mosel lasse ich es mir schmecken. Dann wird die Niederschrift im Tagebuch gemacht, dabei stelle ich fest, dass diese heute sehr kurz ausgefallen ist. Mit dem Fahrrad legt man halt mehr Kilometer zurück, aber erlebt nicht so viel. Mit dieser Erkenntnis wird um 21.30 Uhr das Bett aufgesucht.

Oder bei Gieshof Zelliner Loose Aquarell mit Oderwasser

26. Juni 1997

Der Rucksack ist gepackt, das Frühstück eingenommen.
Ich verabschiede mich von den Gastgebern und gehe zur Bushaltestelle, um bis Wriezen mit dem Autobus zu fahren. Von hier geht es über Vevais nach Kunersdorf.
In Kunersdorf besuche ich die Kirche, aber wie fast überall ist auch hier das Gotteshaus verschlossen. Zwei Frauen, die ebenfalls in den "Dom" wollten, empfehlen mir, die Grabstätten derer von Itzenplitz, auf dem zur Kirche gehörenden Friedhof, aufzusuchen. Ich folge diesem Rat und bin von dem guten Zustand der Gräber überrascht.
Anschließend besuche ich noch den von Lenné angelegten Park, um dann meinen Marsch fortzusetzen. Ich mache einen Abstecher über Katharinenhof. Unterwegs will ich eine Autofahrerin nach dem Weg fragen. Sie denkt vermutlich, dass ich mitfahren möchte, und braust davon.

Nun, ich finde auch ohne ihre Hilfe den Weg.

Dann aber verlaufe ich mich dermaßen, dass ich schließlich nicht mehr weiß, wo ich mich befinde. Um eine kleine gedankliche Pause zu bekommen, erklimme ich einen Hochsitz, um auszuspannen.

Nach geraumer Zeit beschließe ich, den Weg gefühlsmäßig fortzusetzen, nicht immer ein weiser Entschluss. Dann sehe ich eine Radfahrerin mit einem Schäferhund, die mir entgegenkommt.

Meine Frage, ob der Hund beißt, wird verneint, er sei ja noch jung. Als ob ein junger Hund nicht beißen könne. Dann frage ich nach dem Weg nach Altfriedland.

Obwohl sie, wie sich später herausstellt, die Gegend schlechter kennt als ich, – sie ist hier zu Hause – folge ich ihrer Beschreibung und komme in Gottesgabe heraus. Von hier aus muss ich notgedrungen auf der Hauptverkehrsstraße bis Altfriedland laufen.

Im ersten und einzigen Gasthaus am Platze habe ich morgens schon angerufen, sodass ich bereits erwartet werde. Mein Zimmer wird mir gezeigt, Wasser und Toilette sind auf dem Flur. Dafür entschädigt ein Storchennest auf dem Schornstein des Nachbarhauses.

Beim ersten Bier erfahre ich, dass pünktlich um 21.00 Uhr der Waschbär am zweiten Baum mit seinen zwei Jungen erscheint. Soll ich das glauben?

Ich mache mich zunächst auf einen kleinen Erkundungsgang und stelle fest, dass man an den Kietzer See nicht herankommt, weil zwischen dem Dorf und dem See ein Graben, ähnlich dem Graben an einer Wasserburg, angelegt ist. Ich wandere deshalb in weitem Bogen um den See herum, bis ich endlich ans Wasser gelange. Der Weg hat sich gelohnt und entschädigt mit vielfältigen Eindrücken, trotz des ständigen Regens.

Auf dem Rückweg besuche ich noch die Fischteiche, wo ich

Fischreiher, Wildgänse, Enten und einen Seeadler zu sehen bekomme. Nun aber heißt es, schnellstens in mein Gasthaus zurückzukehren, denn heute soll der Waschbär eher kommen, weil die Sonne nicht scheint.

Während ich zu Mittag Zander gegessen habe, bestelle ich jetzt Rehrücken und bekomme ihn auch serviert, obwohl das Gericht nicht auf der Abendkarte steht.

Es ist 20.45 Uhr, der Wirt wird unruhig, immerhin warten inzwischen weitere Gäste auf das Schauspiel.

Mich entschädigt unterdessen das köstliche Essen, da kommt Unruhe in die Gesellschaft.

Und tatsächlich, da ist wirklich ein Waschbär, possierlich, wie er immer wieder im Baumloch, etwa zwei Meter über dem Erdboden, verschwindet.

Nicht so, wie ich jetzt in meinem Loch (Zimmer) verschwinde. Gute Nacht!

27. Juni 1997

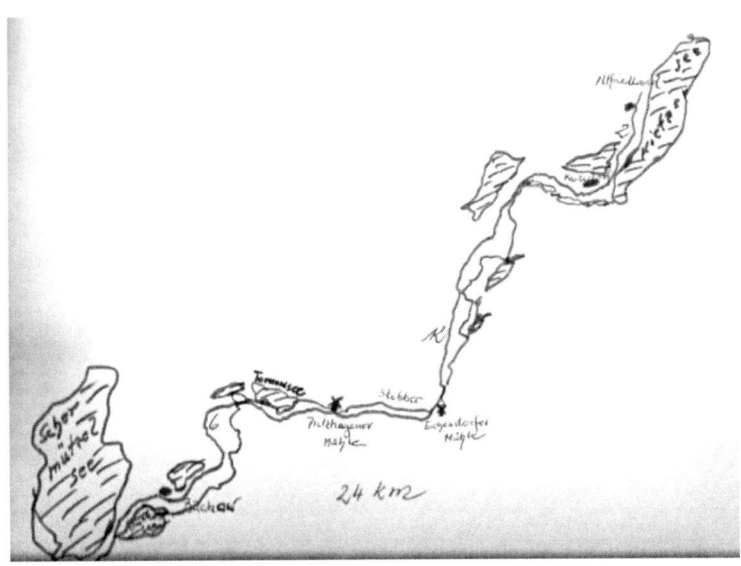

Die Toilette ist besetzt, ich muss warten. Zwei Handelsvertreter geben sich die Klinke in die Hand, doppelte Wartezeit.
Dann kann ich endlich Wasser lassen und meine Morgentoilette verrichten.
Nach dem Frühstück schultere ich den Rucksack und verlasse das Gasthaus "Zur Wende." Draußen Rucksack runter, Regen-

umhang raus, weiter geht's.

An der Kreuzung treffe ich eine Frau, die mein Problem erahnt. Sie erklärt mir den zu nehmenden Weg sehr genau und vermutlich habe ich auch sehr gut zugehört, denn bis kurz hinter Karlsdorf komme ich zurecht; dann aber muss ich rechts und links verwechselt haben. Ich laufe in die verkehrte Richtung, glücklicherweise nur einige Hundert Meter, da hält ein Auto. Ich wollte doch gar nicht fahren, trotz des Regens.

"Sind Sie der Wanderer nach Buckow? Meine Frau hat es mir erzählt. Sie sind verkehrt. Sie müssten in die andere Richtung laufen." Also kehrt Marsch und der richtige Weg wird gefunden.

An der Eichendorfer Mühle teilt sich der Weg nach Münchhofe und zur Pritzhagener Mühle. Ich wähle die zweite Möglichkeit, etwa 4,5 Kilometer. Immer neue, reizvolle Ausblicke. Dann eine Schafherde und schließlich Nordlandrinder mit einem Bullen. Vor dem kann man Angst bekommen. Sein Brunftruf – auf einer zweiten, getrennten Weide steht der Nebenbuhler – furchterregend.

Ständig von Regenschauern begleitet, erreiche ich die Pritzhagener Mühle und kehre ein, weil ich Durst habe.

Der Wirt, ein markanter, aber wortkarger Bursche, zapft wortlos ein Bier, zeigt mir an der Preistafel, was ich bezahlen muss, und reicht mir mein Getränk. Hier geht alles in Selbstbedienung, sowohl das Holen als auch das Wegbringen.

Ich bin der einzige Gast, wahrscheinlich wetterbedingt, aus dem Lautsprecher ertönen Freddy-Quinn-Songs, ununterbrochen.

Nachdem mein erster Durst gelöscht ist, schaue ich mich im Gastraum um. Hier ist ein Sammler zu Hause. Ausgestopfte Tiere der heimischen Region, vom Waschbären bis zum Fischotter, sind vorhanden, außerdem eine recht umfangreiche Biertulpensammlung. Eine Urkunde über die Besteigung eines

5885 Meter hohen Berges in Kanada nimmt den besten Platz ein. Stephan Behrend ist diese Urkunde verliehen.

Eine weitere Bildersammlung zeigt und ich erkenne auf einem Bild den Wirt, eine Safarigruppe in Chile. Jetzt wird mir seine Wortkargheit auch klar und die Musik aus den Lautsprechern.

Durch das Tal der Stobber, mit einem Abstecher zum großen Tornowsee erreiche ich Buckow und beschließe, in einem besseren Hotel zu übernachten, weil meine Stimmung den Tiefpunkt erreicht hat.

Ich laufe bis zum Hotel "Buchenfried" am Scharmützelsee. Der erste, oberflächliche Eindruck ist gut, aber schon der zweite Blick revidiert dieses Bild.

Das Radio im Zimmer ist kaputt. Eine Nachttischlampe leuchtet nicht. Im Badezimmer fehlt ein Spiegel.

Die Rezeption, gleichzeitig als Bar gedacht, ist zwar gelungen, aber wegen der gleichzeitig dort befindlichen Bügelwäsche und des Bügelautomaten ungemütlich.

Ich mache mit dem Schiff eine Fahrt über den Scharmützelsee bis zum Strandbad und laufe von hier zum Hotel zurück, um gut und gemütlich zu Abend zu essen.

Hätte ich besser irgendwo in Buckow gegessen.

Ich finde einen Fensterplatz mit Blick auf den See und bestelle einen Geflügelcocktail und als Hauptgericht Bratkartoffel und Sülze, weil der Hirschbraten abends nicht auf der Karte steht.

Der Geflügelsalat wird gebracht, sieht köstlich aus, ist schmackhaft, aber dann, knirsch, knirsch, Sand im Salat.

Nun, ich denke, das kann vorkommen und verzehre das Gereichte.

Dann kommt das Hauptgericht, wieder mit Sand, ebenso im dazu gereichten Salat. Ich beschwere mich beim Kellner und lasse das Essen zurückgehen. Er will mir ein neues Gericht servieren, aber mir ist der Appetit vergangen.

Mir wird ein großes Bier kostenlos als Entschädigung gereicht, aber das Essen muss ich bezahlen.
Jetzt beschließe ich, meine Wanderung morgen zu beenden und gehe, übel gelaunt, zu Bett.

28. Juni 1997

Das Frühstück soll ab 8.00 Uhr bereitstehen, also stehe ich um 7.30 Uhr auf und mache mich geruhsam fertig.

Ich bin der erste Gast, das Frühstücksbüfett ist zur Hälfte eingedeckt, nach und nach werden Wurstplatte, Joghurtbecher, Milch und Obst gebracht.

In der Zwischenzeit habe ich mein Frühstück, Brötchen, Käse und Marmelade, der Kaffee wurde nachgereicht, fast beendet.

Ich zahle, auch dabei gibt es Probleme, weil die Bedienung kein Wechselgeld hat. Schließlich lasse ich das "gastliche" Haus hinter mir.

Ich denke, ich habe Zeit genug, um den Bus nach Strausberg zu erreichen und schlendere deshalb gemütlich in der Morgensonne Richtung Bushaltestelle. Dabei überlege ich, ob es nicht schön wäre, bei diesem herrlichen Wetter bis zum Bahnhof Münchberg über Waldsieversdorf zu laufen. Zeitlich müsste es zu schaffen sein, sodass ich den Gedanken in die Tat umsetze.

Ein herrlicher Waldweg führt von Buckow nach Waldsieversdorf. Von hier wandere ich zwischen dem kleinen und großen Däbersee bis zur Bahnlinie und dann, die letzten zwei Kilometer, bis zum Bahnhof Münchberg.

Durchgeschwitzt erreiche ich Berlin, wo es mit der S-Bahn zum Bahnhof Zoo geht.

Die Umstellung von der Waldesruhe in eine voll besetzte S-Bahn ist schon gewöhnungsbedürftig, noch schlimmer aber der Lärm am Bahnhof Zoo.

Auf der Bahnhofstoilette ziehe ich mich um und gehe zum Gleis 3, wo der ICE Friedrich Harkort gerade bereitgestellt wird. Leider können die Plätze noch nicht eingenommen werden, weil sich die Zugtüren nicht öffnen lassen.

Schließlich geht es, mit fünf Minuten Verspätung, Richtung Heimat und damit dem Ende meiner Wanderung entgegen.

Wanderung in der Saale-Unstrut Region

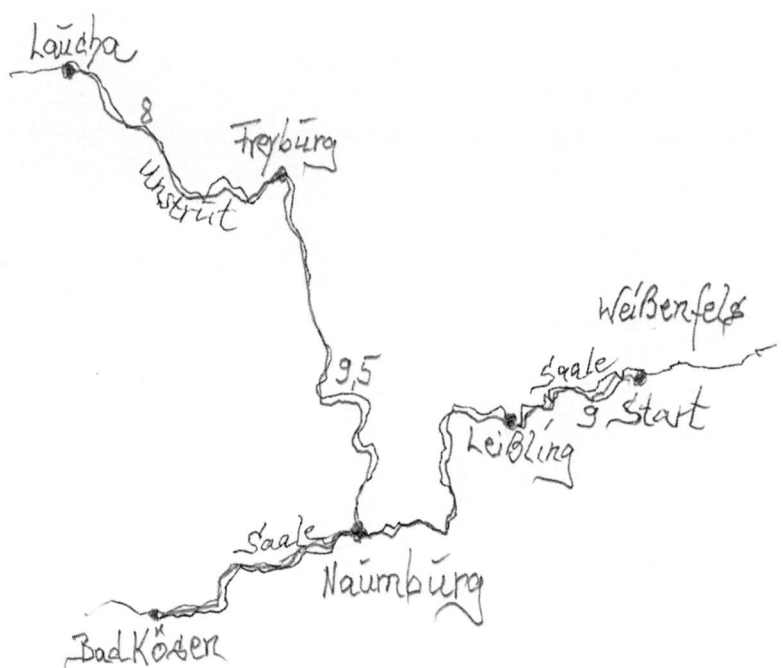

Die letzten beiden Jahre im 20. Jahrhundert konnte ich keine Wanderung machen, weil 1998 mit Freunden eine Bootsfahrt auf Havel und Spree und 1999 mit den gleichen Personen ebenfalls eine Bootsfahrt auf dem Shannon in Irland statt des Wanderns neue Erlebnisse brachte.

23. September 2000

Aber jetzt ist wieder eine Wanderung geplant, allerdings weiß ich am Samstagmorgen noch nicht, dass ich am späten Nachmittag dieses Tages im ICE nach Berlin sitze.
Auf meinem Schoß liegt aufgeschlagen der Reiseführer "DDR – durch Stadt und Land."
Darin habe ich zwei Ziele in die engere Wahl gezogen.
Zum einen, das Saale-Unstrut-Gebiet und zum anderen die Gegend um den Scharmützelsee.

Während das Saale-Unstrut-Gebiet nicht nur wegen der guten Weine, sondern auch wegen der historischen Sehenswürdigkeiten – man denke nur an den Naumburger Dom – verlockend für eine Wanderung ist, besticht der Scharmützelsee und seine Umgebung durch seine reizvolle Landschaft.
Wohin mich meine Füße schließlich führen werden, weiß ich nicht. Ich lasse mich einfach treiben.

24. September 2000

Heute ist der erste Wandertag.
Ich habe mich entschlossen, zur Saale zur fahren, folglich benutze ich das Angebot der Deutschen Bahn, "Schönes Wochenende."

Das hat zur Folge, dass ich einen kleinen Umweg fahren muss, weil mit dieser Fahrkarte nicht alle Züge benutzt werden dürfen.

Es geht über Genthin, Magdeburg und Halle nach Weißenfels, wo ich nach vier Stunden Fahrzeit aussteige.

Bisher bin ich noch keinen Schritt gewandert. Spontan entschließe ich mich deshalb, nicht in Weißenfels zu bleiben, zumal es mir hier auch nicht so recht gefällt, sondern bis Naumburg zu laufen.

Im Bahnhof von Weißenfels guckt mich eine junge Frau ungläubig an, als ich sie nach dem Wanderweg nach Naumburg frage. Sie würde diese Strecke nicht zu Fuß machen wollen erklärt sie und fügt erläuternd hinzu, dass man ja mit dem Auto eine gute Viertelstunde fahren muss.

In der Stadt spricht mich ein Ehepaar an und fragt mich nach meinem Ziel. Wir kommen ins Gespräch und sie schlagen mir vor, nur bis Leißling zu laufen, aber immer an der Saale lang. Ich bin ihnen für diesen Ratschlag dankbar und marschiere los.

Untrainiert fallen die ersten Kilometer doch recht schwer, zumal eine gewisse Unzufriedenheit über die Wahl des Zieles nicht zu leugnen ist. Die Zugfahrt durch das riesige Industriegebiet von Leuna hat mich doch mehr deprimiert, als ich zugestehen will. Hinzu kommt, dass auch die gesamte Gegend entlang der Bahnstrecke kaum zu einem Wanderurlaub einlädt. Sehr viele, unbewohnte Häuser, leer stehende Fabrikgebäude und trostlose Landstriche lassen mich an meinem Vorhaben zweifeln.

Aber in Leißling angekommen, beschließe ich, bis Naumburg weiterzulaufen, weil mit jedem Schritt meine Stimmung heiterer wird. Ich laufe mir sozusagen den Frust von der Seele.

Glücklicherweise frage ich am Bahnhof nach der Entfernung bis Naumburg und da noch achtzehn Kilometer Fußmarsch vor mir lägen, entscheide ich mich für die Zugfahrt.

Ich habe noch eine Stunde Zeit, bis dieser Zug kommt und bin schon auf dem Weg in den Ort, als mir die freundliche Bahnhofsbeamtin – es gibt auch nette, freundliche, denkende Beamte – nachgelaufen kommt und mir zuruft: „Ihr Zug fährt in zwei Minuten!"

Ich habe den nächsten fahrplanmäßigen Zug ausgesucht, weil meine Uhr fünf Minuten vorgeht und deshalb die Bahn schon abgefahren sein musste.

Nach dreizehn Kilometern in den Knochen muss ich zugeben, diese weite Strecke hätte ich nicht geschafft. Jeder Schritt in Naumburg ist eine Qual und trotzdem zwinge ich mich, mehrere Hotels aufzusuchen und nach den Preisen zu fragen. Aber ein Hotel ist teuerer als das andere, deshalb suche ich weiter.

Schließlich finde ich eine kleine Pension in der Freyburger Straße. Klein aber fein und die Gastgeberin ist eine liebenswerte Person.

Schnell wird geduscht, frische Sachen werden angezogen und ab geht's ins Städtchen.

Es ist Zeit für das Abendessen. Ich finde aber nicht so recht, was mir gefällt. Die "Alte Schmiede" hat geschlossen und die "Stadt Aachen" erscheint mir zu kultiviert für den heutigen Abend.

Aber was sehe ich da?

In einer Seitengasse, neben dem Hotel "Stadt Aachen" am Ende der Gasse, eine Leuchtreklame. Ich kann die Schrift nicht entziffern, muss also näher heran.

"Zillestube", verkündet das Schild und die Preise auf der Speisekarte setzen mich in Erstaunen. Das sind Preise wie zu alten Zeiten.

Hier bin ich richtig, hier kehre ich ein.

Einige Gäste sind anwesend und zu meinem Erstaunen, hier im Osten – wie in Westdeutschland üblich – an jedem Tisch zwei Personen.

Der Wirt kommt, stellt fest, dass ich allein bin und schaut verzweifelt zum großen Tisch. Dieser ist frei, hat aber siebzehn Plätze. Sicherlich komme ich mir da etwas verlassen vor, das erkennt auch der Wirt. Da beschließt, zur sichtbaren Erleichterung des Gastronomen, ein Ehepaar zu zahlen.

Jetzt nehme ich meine nähere Umgebung in Augenschein, nachdem ich zuvor die Geschichte der Gaststätte in der Speisekarte gelesen habe.

Das Lokal ein großer Raum. Was sofort ins Auge fällt, ist der riesige Tisch in der Mitte. Dann die vielen Zillezeichnungen, mit denen die Wände bestückt sind. Vervollständigt wird die Räumlichkeit durch rustikale Tische und Stühle sowie Pokale, Bierflaschen, Lampen und viele, viele kleine Kleinodien.

Die Speisekarte enthält fast ausschließlich heimische Gerichte, ganz nach meinem Geschmack. Ich bestelle eine Fettbemme und als Hauptgericht Roulade mit Rotkohl und Klößen, dazu noch ein Bier, groß natürlich und genieße.

Der Heimweg führt mich am Dom vorbei, wo ich eine gute Viertelstunde verweile. Keine Menschenseele stört den nächtlichen Frieden.

25. September 2000

Heute beabsichtige ich, durch das Saaletal nach Bad Kösen zu wandern.

Allerdings mache ich vorher auf Empfehlung des Zillestubenwirtes eine Domführung mit und kann nachträglich nur meine Dankbarkeit für diesen guten Rat ausdrücken.

Sehr eindrucksvoll wird die Geschichte des Domes dem Besucher nahegebracht.

Ob es die Geländer aus jüngster Zeit, das Kreuz in der Krypta aus dem 12. Jahrhundert, die aus einem einzigen Steinblock geschlagenen Figuren oder die Glasfenster im Ostteil des Domes sind, alles wird anschaulich und verständlich erklärt.

Dann beginnt die Wanderung oder besser gesagt, soll beginnen. Ich muss zunächst den Weg in der Wanderkarte erkunden. Schon ist ein aufmerksamer Junge an meiner Seite und bietet mir seine Hilfe an. Wie er sagt, soll ich über Schulpforte laufen. Hier mache ich einen Abstecher zum Zisterzienserkloster Pforta. Dann führt mich mein Weg zur Saale, um vom Fährhaus, am Saaleufer entlang, bis Bad Kösen zu gehen.

Mir schließt sich eine Walnusssammlerin an und wir führen ein nettes und interessantes Gespräch. Dabei erfahre ich, dass ihr Sohn in Rostock zu Hause ist, ihre Tochter in Dortmund wohnt und ihre Enkelin in Menden bei einer Großbank arbeitet, aber nicht mehr lange, denn sie wechselt nach Frankfurt, wo sie die Auslandsabteilung England übernehmen soll.

Meine Begleiterin ist begeisterte Sängerin, hat im Naumburger Dom Soloparts gesungen und ganz nebenbei stellen wir fest, dass der Domkantor Eisenberg unser gemeinsamer Schwarm ist.

Wie im Fluge haben wir Bad Kösen erreicht und verabschieden uns.

Ich suche das Hotel "Schöne Aussicht" und kehre dort ein, einer Empfehlung folgend, die ich nicht bereue.

Frau Ilona Fritz, die Inhaberin des Hotels, ist freudig überrascht ob der übermittelten Grüße von einem gemeinsamen Bekannten aus Hamm und damit ist sofort ein persönlicher Kontakt hergestellt.

Ich erfahre, dass sie drei Kinder, zwei Söhne und eine Tochter, hat. Ein Sohn ist bei der Bank beschäftigt und am Hotelbetrieb gar nicht interessiert. Der andere Sohn ist Mädchen für alles und hat zwei goldene Hände. Alles, was er anpackt, gelingt. Er geht der Mutter im Hotel zur Hand. Die Tochter hilft ebenfalls im Hotel mit und studiert.

Frau Ilona selbst ist begeisterte Russlandreisende. Sie hat dort Freunde und ist von der russischen Mentalität angetan. Ihre Freunde haben ihr auch geraten das eigene "Ich" in den Vordergrund zu stellen und diesen Rat versucht sie zu verwirklichen, obwohl es nicht immer gelingt.

Kloster "Pforta"

26. September 2000

Das Hotel "Schöne Aussicht" bleibt nur als Name in Erinnerung, denn das ganze Saaletal liegt in dichtem Nebel, fotografieren also zwecklos.

Erst nach einer guten Stunde Laufens in Richtung Freyburg reißt der Nebel auf und ein sonnenreicher Tag verheißt Gutes.

Ein Radfahrer, Vollbart, Mitte vierzig, hält unvermittelt an und erkundigt sich nach meinem Ziel und woher ich komme.

Seine Art und seine Ausdrucksweise lässt in mir die Vermutung aufkommen, es handele sich um einen Pater, vor allen Dingen, weil das Zisterzienserkloster in Sichtweite ist. Und seine Verabschiedung bestätigt mich geradezu in meiner Vermutung. "Gott beschütze Sie auf Ihrem Weg", sind seine Grußworte. Ich denke noch lange an diese Begegnung.

Über Klein- und Großjena erreiche ich Freyburg. Ich bin enttäuscht, wie eigentlich auf der gesamten Wanderung.

Ob Weißenfels, Naumburg, Bad Kösen und jetzt Freyburg, überall noch sehr viele Häuser im Zustand zur Zeit der Wende will mir scheinen, denn wenn das renovierte Bausubstanz sein soll, wie muss es dann vorher ausgesehen haben.

Vieles ist verwahrlost, vieles verkommt, weil kein Mensch sich darum kümmert und viele Immobilien stehen zum Verkauf, aber finden keinen Käufer.

Ich muss aus der Stadt raus, weil sie mich erdrückt und finde ein kleines Hotel mitten in einem Weinberg, die "Sonnenuhr."

Die Sonne strahlt vom blauen Himmel, der Wein mundet, die müden Knochen können ausruhen, was, müder Geselle, will man mehr.

Drei Stunden später.

Ich habe einen leichten Sonnenbrand, während ich den Wein gut vertragen habe, glaube ich. Endlich aus den durchgeschwitzten Sachen raus und unter die heiße Dusche. Dann die

Unterwäsche gewaschen und in die Weinberge gehängt.
Es geht dem Abend zu, hoffentlich werden Hemd und Höschen noch trocken.

Obwohl der zu erwartende Sonnenuntergang und meine Stimmung dazu einladen, draußen zu verweilen, entscheide ich mich für die Räumlichkeiten im Hause.

Die Beschreibung meines Abendessens will ich auf die Vorspeise beschränken, weil ich eine wahre Köstlichkeit ausgewählt habe. "Weinlaubblätter nach Art des Hauses, mit Hackfleisch gefüllt, an Weißweinsoße, dazu Kartoffeltaler."

Ich genieße, trinke und lasse meine Gedanken baumeln.

27. September 2000

Auch heute ist dichter Nebel über dem Tal, aber offensichtlich drängt die Sonne schneller durch und es verspricht ein wunderschöner Tag zu werden.

Ich schlage den Weg Richtung Laucha ein. Diesen Ort habe ich als mein Tagesziel ausgesucht. Vorbei an der Rotkäppchen-Kellerei führt der Wanderweg oberhalb der Weinberge nach Zscheiplitz.

Ein wunderschöner Ausblick von jedem Punkt, den man anläuft, leider etwas vom Dunst getrübt.

Ich lerne die Weissenburg kennen, lese, dass Napoleon mit 110 000 Soldaten die Unstrut überquerte und dann den Verfolgern ihr Vorhaben unmöglich machte, indem er die Brücke abbrennen ließ.

Leider kann ich die Kapelle nicht besichtigen, sie ist verschlossen.

Ich wähle deshalb den Weg über die Kalköfen und welche Überraschung, hier blüht wilder Enzian und da Gebirgsnelken und dort Orchideen. Letztere aber nur noch am Fruchtstand und an den Blättern zu erkennen. Ihre Blütezeit ist schon längst Vergangenheit. Ich habe mir jedoch sagen lassen, dass hier mehr als zehn verschiedene Sorten beheimatet sind.

Ich gehe dem Wanderzeichen nach, um nach Weischütz zu gelangen, allerdings nicht weit. Plötzlich beenden ein Stoppschild und ein elektrischer Weidezaun meinen Weg.

Ich habe die Schafherde schon von den verschiedenen Aussichtspunkten beobachtet, ohne mir aber vorstellen zu können, dass ein Wanderer auf halbem Wege zur Umkehr gezwungen wird.

Diese Sperre hätte man sinnvollerweise auch am Anfang des Weges aufstellen können. Mir bleibt nichts anderes übrig, als den beschwerlichen Gang bergauf zurückzugehen.

Nur, wo geht es lang? Da kommt die Auskunft schon angelaufen, ein etwa zehnjähriger Junge. Ich frage ihn nach dem Weg nach Weischütz.

Er überlegt und dann sprudelt es aus ihm heraus. "Sie gehen jetzt erst einmal geradeaus und dann, wenn das Kopfsteinpflaster kommt, links den Quaderweg noch zwei Kilometer."

Ich bedanke mich und will losmarschieren, da geht der Redeschwall weiter.

"Halt, halt, das ist noch nicht alles. Sie müssen aufpassen, da hat die Schafherde hingeschissen, dass Sie nicht reintreten. Sie wissen, der Schäfer ist da. Dann, wenn der Weg sich gabelt, links und schon sehen Sie Weischütz."

Trotz der hervorragenden Beschreibung habe ich den Quaderweg verfehlt und muss notgedrungen auf der Landstraße meinem Ziel entgegengehen.

Auch kein Fehler, denn Apfel- und Birnenbäume säumen den

Weg und sind eine willkommene Einladung, um Hunger und Durst zu stillen.

Von der Unstrutbrücke in Weischütz sind es noch zwei Kilometer bis Laucha, ein Klacks.

Es geht schnurgerade auf den Kirchturm von Laucha zu und dann ist die Stadt erreicht.

Stadtmauer, dahinter Häuserzeilen und die Kirche machen einen ansprechenden Eindruck auf mich und trotzdem stimmt etwas nicht. Ich schlendere durch die Straßen. Wie überall ist auch hier die Nachkriegsgeschichte sichtbar. Doch hier in Laucha ist noch etwas anderes auffallend, hier stinkt es, und zwar im ganzen Ort. Woran mag das liegen?

Ein eigenartiger Geruch, muffig, als sei monatelang nicht gelüftet worden. Dann kommt mir die Erleuchtung. Hier ist doch eine Glockengießerei und eindrucksvoller können die Zeilen aus Schillers Gedicht "Das Lied von der Glocke" nicht sein.

Das Lied von der Glocke

Fest gemauert in der Erden
steht die Form, aus Lehm gebrannt.
Heute muß die Glocke werden,
Frisch, Gesellen! Seid zur Hand.

*

Ziehet, ziehet, hebt!
Sie bewegt sich, schwebt,
Freude dieser Stadt bedeute,
F r i e d e sei ihr erst Geläute.

Weil es in Laucha nur ein Hotel gibt, wird mir vom Verkehrsverein der Ort Tröbsdorf empfohlen, ein kleines Dörfchen mit
zwei Unterkunftsmöglichkeiten. Dort angekommen, beschließe
ich, sofort umzukehren, weil ich vermutlich der einzige Gast
des Dorfes bin.
Bis Kirchscheidungen muss ich allerdings per pedes gehen,
obwohl ich kaum noch laufen kann. Erst von dort kann ich mit
der Unstrutbahn zurück nach Freyburg fahren, einer eingleisi-
gen, urgemütlichen Bimmelbahn, die zwischen Naumburg und
Artern verkehrt.
Der Fahrschein wird in der Bahn gelöst, aber das ist nicht so
einfach, vor allen Dingen dann, wenn man siebzehn Kilometer
Fußmarsch in den Knochen hat.
Den Fahrschein erhalte ich von einem Automaten, also muss
ich erst einmal auskundschaften, wie das Ding funktioniert.
Nach einigem Suchen habe ich herausgefunden, dass ich die
Nummer 710 eingeben muss und erfahre den Preis für das Ti-

cket. Ich muss DM 3,-- zahlen und zücke meine Geldbörse.

Da ich aber meine Brille im Rucksack habe und infolgedessen die Geldstücke nicht erkennen kann, werfe ich wohl Groschen statt der drei Mark in den Schlitz. Es erscheint der Spruch "Wir können auch wechseln!", was wohl einen unwahrscheinlich geistvollen Blick in mein Gesicht zaubert, sodass mir der einzige Fahrgast zu Hilfe kommt.

"Sie müssen die Zielzahl eingeben!"

"Ich weiß, aber ich habe keine drei Mark!"

"Dann fahren Sie doch so!"

Das möchte ich dann aber doch nicht riskieren und frage die freundliche Frau, ob sie mir zehn Mark wechseln kann. Sie kann und ich bekomme meinen Fahrschein.

Die Zugfahrt dauert nicht lange. Jetzt muss ich nur noch in Freyburg eine Unterkunft bekommen.

Ich habe Glück und erhalte das letzte Einzelzimmer in der "Unstrutperle."

Das Zimmer ist klein, aber genügt meinen Ansprüchen. Doch dann geht es los.

Ich bin zunächst der einzige Gast und weil die Temperatur angenehm ist, entscheide ich mich, draußen zu sitzen.

Ich bekomme die Weinkarte und bestelle ein Glas Winzersekt. Dieser wird in der Karte sehr empfohlen und auch als Glas angeboten.

"Ich bedaure, den kann ich nicht als Glas servieren, da muss ich ja den Rest der Flasche wegschütten. Sekt wird jetzt kaum getrunken."

Also bestelle ich einen Schoppen Silvaner.

Ich probiere ihn, er schmeckt mir und damit die Wirtin nicht so häufig laufen muss, bestelle ich sofort eine ganze Flasche.

"Ja, aber den gibt es nur als Literflasche."

Demzufolge entschließe ich mich, im Stillen eine Weinprobe zu machen und Schoppen verschiedener Sorten zu probieren.

Ich setze mich abseits von den Tischen mit Bänken auf einen Stuhl, weil ich hier bequemer, sprich angelehnt sitzen kann, ohne zu ahnen, dass ich von hier den besten Überblick habe. Und dabei stelle ich fest, dass das Geld in diesem Haus knapp sein muss. Jedes Mal, wenn ein Gast die Toilette verlässt, geht die Wirtin auf das Örtchen und löscht das Licht aus.

Wenn jemand den Weinkeller besichtigt hat, geht sie das Licht ausmachen.

Mein Abendessen, das ich bestellen will, ist nicht vorrätig, es sei heute Mittag ausgegangen. Kurz entschlossen bestelle ich ein Schinken- und ein Käsebrot, damit kann ich sicherlich keinen Fehler machen. Meine Vermutung gibt mir recht und außerdem schmeckt es mir.

Dann begebe ich mich in den Weinkeller, nachdem bereits zwei Gäste heruntergegangen sind.

Ich bin angenehm überrascht und wie ich in den Gesichtern ablese, die beiden anderen Gäste auch. Das haben wir nicht vermutet. Doch leider fehlen weitere Besucher, denn Gemütlichkeit und Stimmung sind erst gegeben, wenn solch ein Lokal gut besucht ist.

Aber wir brauchen nicht lange zu warten, da kommt ein Berliner und der ersetzt zwanzig Gäste. Stimmgewaltig, redegewandt, großkotzig und um keine Antwort verlegen.

Und dann kommt das Gespräch zwischen ihm und der Wirtin auf Betten und das ist interessant.

"Französische Betten sind ja nur etwas für junge Leute, aber seit wir in Frankreich waren, haben wir uns daran gewöhnt und jetzt fehlen sie uns zu Hause sogar."

Daraufhin erzählt die Wirtin, dass sie zwar kein französisches Bett habe, aber im Bett immer ihrem Lebensgefährten hinterher kriecht, sodass ein Bett ausreichen würde.

Dann sind bei dem Berliner die Hunde Gesprächsstoff. "Auch ein Hund hat Anspruch auf artgerechte Haltung. Es kann doch

nicht angehen, dass, wenn er zweimal mit dem Schwanz we-
delt, das Zimmer zu klein ist. Oder gucken sie die Wohnungen
in Berlin an, zwei Zimmer, aber drei Hunde. So'n Hund ist
doch ein ganz armes Schwein."
Und nun ist er plötzlich schlafen gegangen und es ist still.
Zwei Männer sitzen an der Theke, sie schweigen.
Ein Ehepaar sitzt flüsternd in der Ecke und ich sitze am Tisch
und schreibe. Die Wirtin ist in der Küche.
Obwohl um 21.00 Uhr geschlossen werden sollte, bekommt ein
herzlich begrüßter neuer Gast noch das gewünschte Essen. Pri-
vilegien müsste man haben.
Ich habe die nötige Bettschwere und zahle.
Dann mache ich noch einen Rundgang durch die nächtliche
Stadt. Die Bürgersteige sind hochgeklappt.

28. September 2000

Ich möchte heute einen ganz geruhsamen Tag einlegen. Das fängt mit dem Frühstück an. Es beginnt ausnahmsweise eine halbe Stunde später. Allerdings ist diese Zeitverschiebung nicht ganz freiwillig zustande gekommen, sondern wurde von der Wirtin vorgegeben.

Da die Pension ausgebucht ist, werde ich zu einem Ehepaar an den Tisch gesetzt und die Probleme von gestern setzen sich fort.

Die Butter fehlt, ich habe kein Messer, Marmelade, Wurst und Käse muss ich von meinen Tischnachbarn erbitten. Dabei kommen wir ins Gespräch und es stellt sich heraus, dass die weibliche Person aus Darmstadt kommt, während ihr männlicher Begleiter bei ihr zu Besuch weilt und in Australien zu Hause ist, also kein Ehepaar.

Dann, nachdem ich das Morgenmahl fast beendet habe, bringt die Pensionswirtin für alle Gäste gekochte Eier, aber keiner mag mehr ein Ei und sie ist sauer.

Ich bezahle und mache mich startklar.

Mein Plan ist, mit einem Unstrutschiff bis Naumburg zu schippern und dort den Tag gemütlich ausklingen zu lassen.

Da dieser Dampfer aber erst um 12.15 Uhr startet, habe ich noch genügend Zeit zur Besichtigung der Neuenburg.

Ich mache mich also auf den Weg und komme schweißgebadet bei der Burg an. Trotzdem besteige ich auch noch den Burgturm, allerdings ohne Rucksack. Den deponiere ich beim freundlichen Pförtner.

Dieser Aufstieg hat sich schon allein wegen des gewaltigen Uhrwerkes, das in der dritten Etage unter der Kuppel zu bewundern ist, gelohnt.

Nach einem gemütlichen Abgang von der Burg mache ich im Brauhaus von Freyburg Pause, um hier auf das Schiff zu warten.

Bei einem Schoppen Müller Thurgau vergeht die Zeit wie im Fluge, zumal ein guter Geist des Hauses bemüht ist, mich zu unterhalten.

Da es Zeit wird, die Ankunft des Schiffes nicht zu verpassen, begebe ich mich zum Anleger und setze mich auf die unterste Stufe. Mit langsamer Fahrt nähert sich die "Unstrutnixe" dem Anleger, fährt aber an diesem vorbei, um vor dem Wehr zu wenden.

Auf dem Schiff genehmige ich mir ein Stück Kuchen. Die Kellnerin, gleichzeitig Schiffsjunge, Kassiererin, Auskunftei, also Mädchen für alles, bedenkt mich mit einem besonders großen Stück. Sehe ich so verhungert aus?

Nach vierzig Minuten haben wir den Blütengrund in Naumburg, wo die Unstrut in die Saale mündet, erreicht. Ein zauberhaftes Fleckchen, hier gedenke ich zu verweilen.

Da mir aber noch mehrere Steinreliefs, die ein unbekannter Künstler in die Weinbergmauer mit Hammer und Meißel geschlagen hat, als sehenswert empfohlen werden, mache ich mich die wenigen Schritte auf den Weg.

Die biblische Geschichte in, ich glaube, zwölf Bildern ist tatsächlich beeindruckend, aber gleichzeitig enttäuschend, denn die Kunstwerke befinden sich auf einem Privatgrundstück und man kann sie nur aus der Ferne betrachten.

Zurückgekehrt studiere ich die Speise- und Getränkekarte und bin überrascht. Nicht nur wegen des Angebotes und der zivilen Preise, sondern auch wegen der Aufmachung.

Die gesamte Karte ist in Sächsisch geschrieben und das liest sich so ulkig, dass ich die Kellnerin spontan frage, ob ich ein Exemplar bekommen könne.

Wie sich herausstellt, wird dieser Wunsch häufiger an sie herangetragen, sodass sie sich mit entsprechenden Mehrdrucken eingedeckt hat.

Ich habe mich für "Hefeglösse mit Bährn" entschieden, obwohl mich auch die "Kartoffelbuffer mit Abbelmuhs" gereizt hätten. Aber da ich seit dem Tode meiner Großmutter – und das ist dreiunddreißig Jahre her – nicht mehr Hefeklöße mit Blaubeertunke gegessen habe, ist meine Entscheidung nur zu verständlich. Dazu einen Schoppen Kerner.

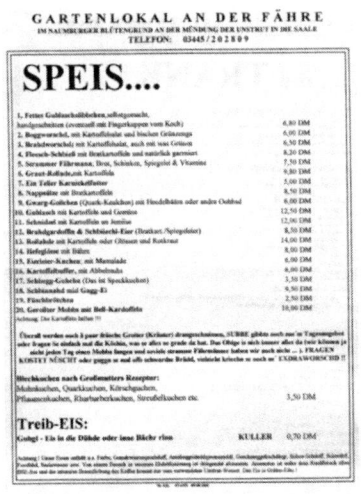

Drei Stunden sitze ich in der warmen Herbstsonne, döse vor mich hin und beobachte das Treiben des Fährmannes.

Am späten Nachmittag mache ich mich auf den Weg zum Bahnhof Naumburg, denn ich möchte heute noch über Berlin mit dem "Guten-Abend-Ticket" nach Hause fahren.

Die Schalterbeamtin erklärt mir, dass ich mit dieser Fahrkarte in der zur Verfügung stehenden Zeit mein Vorhaben nicht durchführen kann. Ich solle besser über Halle fahren und dort umsteigen.

Aber, ob die diversen Kerner, Müller Thurgau oder Silvaner mein Denkvermögen eingeschränkt haben, oder ein anderer Grund mich unbedingt Berlin als Ziel wählen lässt, die Beamtin hat trotz aller Überredungskünste keine Chance.

In Berlin angekommen, muss ich nachträglich eingestehen, einen Fehler gemacht zu haben, aber er ist nicht mehr zu reparieren.

29. September 2000

Und den nächsten Fehler mache ich am Freitagmorgen.

Nachdem ich fünfundzwanzig Minuten für den Fahrschein am Schalter im Bahnhof "Zoologischer Garten" angestanden habe, erfahre ich, dass am Freitag frühester Reisebeginn für das "Guten-Abend-Ticket" 19.00 Uhr und nicht, wie von mir angenommen, 14.00 Uhr ist. Nun, ich versuche, das Beste aus meinem Fehler zu machen und fahre zum Potsdamer Platz.

Das ist gigantisch, was hier entstanden ist.

Das Sony-Haus, der Filmpalast, die Arkaden, das Mercedes-Gebäude, Wahnsinn, was hier in kurzer Zeit aus dem Boden gestampft wurde.

Ich habe viel zu wenig Zeit, um alles in Muße aufnehmen zu können, denn ich möchte zurück zum Bahnhof Zoo laufen und das sind einige Kilometer.

Ich schlendere durch diesen beeindruckenden neuen Bezirk von Ostberlin zur Flaniermeile "Unter den Linden." Durch das "Brandenburger Tor" gelange ich in den Tiergartenbezirk und schließlich, über die Budapesterstraße, zum Bahnhof.

Und nun sitze ich im Zug nach Hamm und erfahre kurz vor Hannover, dass das Bordrestaurant geschlossen wird.

Egal, warum soll auch diese Wanderung ohne Missklang enden. Nach einiger Zeit sind die weniger schönen Erlebnisse ohnehin in Vergessenheit geraten und zurück bleiben nicht zu wiederholende Eindrücke. Allerdings werde ich keine Wanderung mehr erst auf der Anreise im Zug planen, sondern gründlich und sehr genau vorbereiten und ich weiß, dass die nächste Wanderung nicht mit solchen negativen Überraschungen belastet sein wird.

Wanderung von Grünau nach Zernsdorf

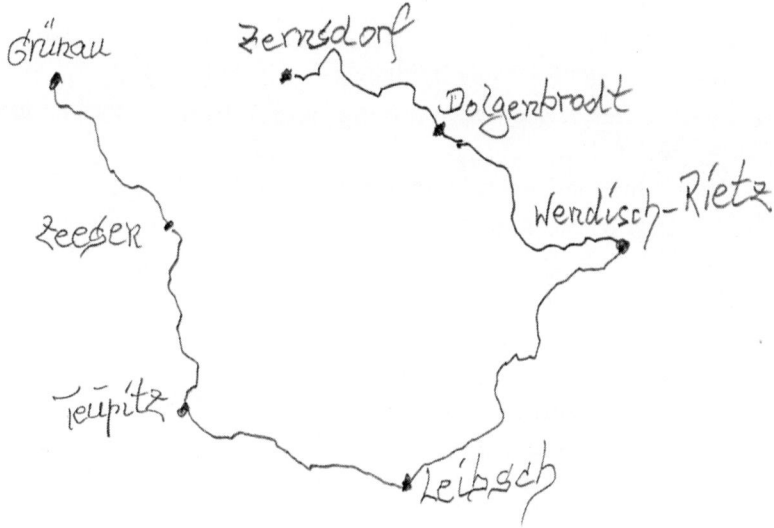

Planung

1. Tag
Ausgangspunkt soll **Berlin-Grünau** an der **Dahme** sein. Entlang der **Dahme** bis zum **Langer-See** (4,5 km) über **Schmöckwitz** (1,5 km) nach **Zeuthen** (4 km) und weiter nach **Königs-Wusterhausen** (7,5 km). Sofern es die Zeit und die Kondition erlauben, geht es noch weiter bis **Zeesen** (3 km).

2. Tag
An diesem Tag soll **Teupitz** das Ziel sein (ca. 20 km).
Von oder über **Zeesen**, entlang am **Pätzer Vorder- und Hintersee** (9 km), soll es nach **Groß-Köris** (6 km) gehen, um von hier am westlichen Ufer des **Teupitz-See** die gleichnamige Stadt (6,5 km) zu erreichen.

3. Tag
Es geht zunächst in östlicher Richtung nach **Märkisch-Buchholz** (11 km) und dann
am **Dahme-Umflut-Kanal** entlang bis **Köthen** und weiter nach **Leibsch** (9 km).

4. Tag
Heute ist der **Scharmützel-See** das Ziel. Von Leibsch geht es am **Neuendorfer-See** entlang nach **Alt-Schadow** (7,5 km) und dann weiter vorbei am **Blocks-Berge, Grubensee, Springsee, Glubigsee** nach **Wendisch-Rietz** (10,5 km). Damit ist der südlichste Zipfel vom **Scharmützel-See** erreicht.

5. Tag
Nach einer Schiffsfahrt über den See geht es über **Groß-** und **Kleinschauen** über den **Kolberg** nach **Dolgenbrodt** (19,5 km).

6. Tag

Am **Dolgensee** entlang bis **Gussow** (3 km), weiter nach **Bindow** (3 km) und dann am südlichen Ufer vom **Krüpelsee** und **Kümniksee** nach **Zernsdorf** (9 km).

7. August 2001

Nach der Koppelung von zwei Zügen soll der ICE in Hamm um 15.38 Uhr abfahren.

Vier Kinder und drei Frauen verabschieden mich am Bahnhof. Dann setzt sich der Zug in Bewegung und ich lasse die Familie zurück.

Berlin ist schnell erreicht. Mit der U-Bahn geht es bis Rudow, um von hier nach Berlin-Grünau zu laufen.

Allerdings muss ich bald erkennen, dass die Strecke doch zu weit ist, zumal Regen einsetzt.

Ich beschließe also, mit Bus und S-Bahn an mein Ziel zu kommen.

Während der Fahrt frage ich eine junge Frau, ob sie wisse, wo in Grünau eine Pension oder ein Hotel sei. Sie verneint meine Frage, empfiehlt mir aber, mich im S-Bahnhof in Grünau zu erkundigen. Das mache ich dann auch und habe Glück.

Die von mir befragte Kioskverkäuferin überlegt noch, da kommt eine Kundin und fragt, ob ich eine Unterkunft suche. Sie vermiete Zimmer.

Kurz entschlossen gehe ich mit ihr und habe ein Dach über dem Kopf.

Sie empfiehlt mir noch ein griechisches Restaurant, sodass auch das Abendessen geklärt ist. Kurz frisch gemacht und schon geht es los.

Beim Griechen beschließe ich, draußen zu sitzen, obwohl ich fast der einzige Gast bin. Als es anfängt zu regnen und ich

deshalb dem Kellner sage, dass ich das Essen im Hause ein-
nehmen möchte, damit er nicht durch den Regen laufen muss,
bringt mir das Pluspunkte in Form eines Uso ein. Da die letzten Gäste zahlen, beschließe ich, mich ebenfalls zu verabschieden, zahle deshalb und suche mein Nachtquartier auf.

8.August 2001

Wenn der Tag so wird wie das Frühstück, dann muss es ein
zauberhafter Tag werden.
Sieben Wurstsorten, drei Käse, zwei Marmeladen, vier verschiedene Brötchen, Ei, Tomate, Gurke und Kaffee und das
alles für DM 5,--.
Ich fülle meine Wanderflasche mit Kaffee auf, dann will ich

los. Will, aber es geht nicht, weil es in Strömen regnet.

Also die Regensachen aus dem Rucksack, angezogen und los geht es. Ich werde zwar vom Regen nicht nass, aber da ich unter der Regenhaut schwitze, dass das Wasser in Strömen fließt, bin ich nasser, als wenn ich die Regensachen nicht angezogen hätte.

Um 11.00 Uhr lässt der Regen nach, die Sonne wagt sich hervor, sodass ich nun in kurzer Hose und Hemd meine Wanderung fortsetzen kann. Leider ist die Wegstrecke bis Wildau immer neben der Hauptverkehrsstraße, weshalb nicht die rechte Freude aufkommt.

In Neue Mühle frage ich in der Sparkasse nach dem Weg und werde bis auf die letzte Kleinigkeit unterrichtet und mit guten Wünschen verabschiedet. Was die netten Damen in der Sparkasse nicht wissen konnten, dass alle mir genannten Quartiere belegt sind. Folge: Zusätzliche drei Kilometer laufen und das nach bereits achtzehn gelaufenen. Nun, schließlich finde ich in „Mony's Bistro" Unterkunft und Verpflegung und habe gut und lange geschlafen.

9.August 2001

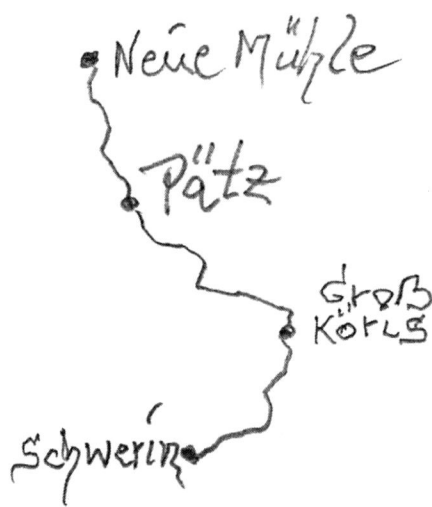

Heute soll Teupitz das Ziel sein. Nach einem bescheidenen, aber teuren Frühstück mache ich mich auf den Weg.

Ich beabsichtige, zunächst nach Pätz zu laufen, aber leider führt dieser Weg immer neben der Hauptstraße entlang. Ich verlasse also meine vorgesehene Route und komme in Pätz-Dorf ans Ostufer vom Pätzer Hintersee. Hier empfiehlt mir eine freundliche Dorfbewohnerin einen Weg durch den Wald immer am See entlang. Für diesen Tipp bin ich der Unbekannten nachträglich dankbar. Ein wunderschöner, einsamer Weg, am Wasser entlang. Das lädt geradezu zum Baden ein.

Ist das herrlich! Die brennenden Füße, die kaputten Glieder, der müde Geist, alles wird wohltuend erfrischt und das Ganze ohne Badehose. Wo kann man sich das ungestört erlauben?

In Groß-Köris verweile ich an einer Flussbrücke, weil Boots-
fahrer um Durchfahrt gebeten haben. Also wird der ganze Ver-
kehr gestoppt, die Brücke wird hochgezogen und die Boote
können passieren. Allerdings geschieht das sehr gemütlich, ein
kleiner Plausch mit der Brückenwärterin gehört bei Entrich-
tung des Obolus selbstverständlich dazu.

Dann will ich weiter, aber hätte ich bloß nicht die Pause eingelegt. Nach neunzehn Kilometern dauert es lange, bis die Füße
und die Knochen wieder so richtig wollen.
Deshalb beschließe ich, in Schwerin zu übernachten.
Meine Nachfrage im „Dorfkrug" lässt nichts Gutes verheißen,
alle Quartiere im Dorf sollen belegt sein. Aber ich könne ja im
„Haus am See" fragen, vielleicht ist dort etwas zu machen.
Das „Haus am See" liegt etwas im Hintergrund. Eine etwa
dreißig Meter lange Zufahrt wird von einem großen Eisengit-
tertor von der Straße getrennt.
Ich klingele und warte. Schließlich bewegt sich etwas in der
Ferne. Dann kommt zuerst ein Bernhardiner gefolgt von einer
Frau. Sie fragt nach meinem Begehr und als sie hört, dass ich
nur eine Nacht bleiben möchte, hellt sich ihr Gesicht auf.
Ja, das geht. Sie zeigt mir die Unterkunft; es ist ein Wohn-
Schlafraum mit Küche, Dusche und Toilette. Einschließlich
Frühstück kostet es DM 45,--.
Wenn ich wolle, könne ich zum Ausgleich noch Boot fahren,
sagt sie beiläufig. Und das mache ich dann auch. Ein Ruderboot mit Außenbordmotor und schon geht's los, nachdem ich
mich schnell frisch gemacht habe.
Leider habe ich aber zu Beginn meiner Bootsfahrt nicht auf
dem Himmel geschaut. Nach zwanzig Minuten fallen die ersten Tropfen. Ich kehre zwar um, aber kann es nicht verhindern,
dass ich trotzdem bis auf die Haut nass werde. Egal, es hat
dennoch Spaß gemacht.

Nachdem ich umgezogen bin und der Regen aufgehört hat, beschließe ich, doch noch nach Teupitz zu laufen.

Ich gehe also am „Dorfkrug" vorbei und stelle fest, dass auf der linken Straßenseite auch ein See ist. Links und rechts der Straße Grundstücke bis zum Wasser. Eine traumhaft schöne Lage, wahrscheinlich auch traumhaft hohe Preise.

Plötzlich ist die Straße zu Ende. Ich frage einen Autofahrer, der gerade vor seinem Grundstück hält, wie ich nach Teupitz komme.

„Da müssen Sie bis zur Hauptstraße zurückfahren" und als er hört, dass ich zu Fuß bin, schüttelt er ungläubig den Kopf.

Ich gehe gemütlich zurück und betrachte in aller Ruhe das Wasser, die Sonne und die Wolken, da werde ich gefragt, ob ich mitfahren möchte. Es ist der Autofahrer, den ich vor seinem Grundstück angesprochen habe. Er fährt zurück nach Groß-Ziethen und kann mich bis zur Hauptstraße mitnehmen.

Ich bedanke mich für diese freundliche Geste, erkläre ihm aber, im „Dorfkrug" noch essen zu wollen, was ich dann auch mache. Allerdings verbringe ich vorher am Anleger des Hauses noch eine geruhsame Stunde bei einem halben Liter und beobachte das Treiben auf dem See und den Sonnenuntergang.

Dann genieße ich das Abendessen, Wels mit Bratkartoffeln und süßsauren Gurken. Schließlich schlendere ich zufrieden zum „Haus am See", wo bereits Ruhe eingekehrt ist.

10. August 2001

Obwohl ich bereits angekündigt habe, dass ich heute meine Wanderung abbreche – einmal schmerzen die Füße und der Rücken tut weh, zum anderen ist die ausgewählte Wanderstrecke auch nicht ideal – beschließe ich, heute trotzdem noch bis Märkisch-Buchholz zu laufen.
Ich stehe zeitig auf, frühstücke als Erster und mache mich Punkt 9.00 Uhr auf den Weg. Dabei habe ich Glück.
Ich habe einen Waldweg gefunden, fernab vom üblichen Autoverkehr.
Alle mir bekannten Wanderlieder singe ich aus voller Brust, sodass plötzlich ein Reh verschreckt die Flucht ergreift. Warum wohl?
In Halbe lasse ich den Bahnhof links liegen, da ich ab Mär-

kisch-Buchholz den Zug benutzen will. Doch wie groß ist meine Überraschung, als ich hier, nach fünfzehn Kilometern angekommen, feststellen muss, dass es in diesem Ort gar keinen Bahnhof gibt.
Ja, Karten müsste man lesen können. Also wieder vier Kilometer zurück zum Bahnhof in Halbe.
Doch da naht die Rettung in Form eines Autobusses. Nach einer Mittagspause von
45 Minuten führe dieser nach Königs Wusterhausen.
Daher entblöße ich auf dem Marktplatz von MB meinen Oberkörper, trockne ihn vom Schweiß der anstrengenden, aber schönen Wanderung und ziehe frische Klamotten an.
Schließlich beginnt die Rückfahrt mit Bus und Bahn.
Und jetzt bin ich selbst ein wenig überrascht und stolz. Stolz über die vollbrachte Leistung. Donnerwetter, diese Strecke in drei Tagen zu Fuß gemeistert. Hut ab!
Fazit aber: Die nächste Wanderung muss von der Tagesstrecke kürzer ausfallen, das Gepäck muss leichter sein und als Grundlage muss eine Wanderkarte die Wegstrecke begleiten.

Trotz allem, nochmals, Hut ab vor dieser Leistung!

Abbruch!

Wanderung von Märkisch Buchholz nach Dolgenbrodt

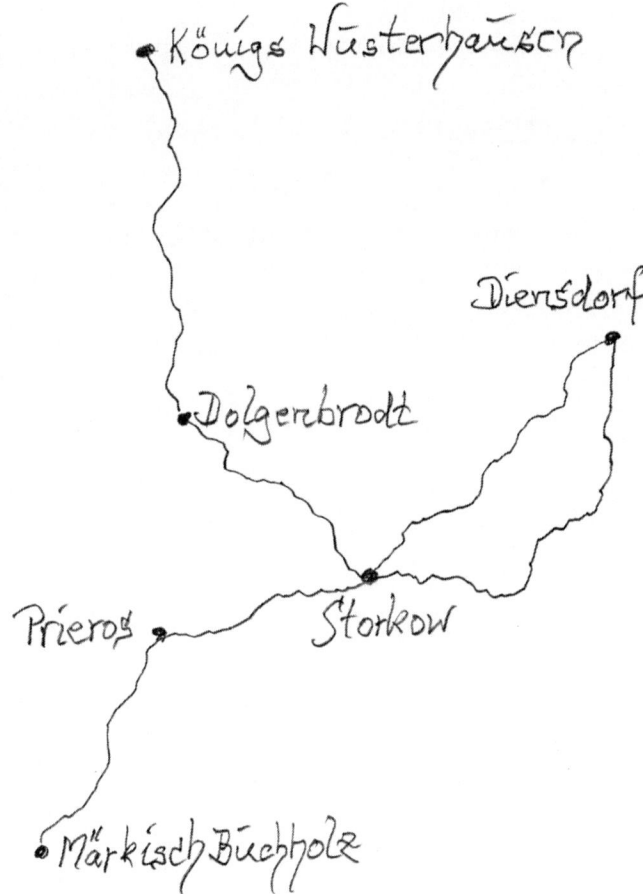

Planung

1. Tag
Es geht von Märkisch-Buchholz, wo im August 2001 die Wanderung abgebrochen wurde, am Dahme-Umflut-Kanal entlang zur Hermsdorfer Mühle (6 km). Weiter in nördlicher Richtung nach Prieros (6 km).

2. Tag
Vom Streganzer See geht es über den Hauptwanderweg Kap Arkona-Zittau bis Streganz
(7 km), dann über den örtlichen Wanderweg nach Selchow (4 km) und weiter zum Fischerhaus Köllnitz am großen Schauener See (4 km).

3. Tag
Über Groß Schauen (2 km) am Ortsrand von Storkow vorbei bis
zum Dolgensee und hier in südlicher Richtung nach Wendisch-Rietz (9 km). Vom Südzipfel des Scharmützelsees zum kleinen Glubigsee (3 km).

4. Tag
Den Hauptwanderweg über Diensdorf (7 km) zum Anleger nach
Bad Saarow-Strand. Überfahrt über den Scharmützelsee.

5. Tag
Auf dem örtlichen Wanderweg nach Reichenwalde (4 km), weiter durch den Storkower Forst nach Storkow (6 km) und dann nach Philadelphia oder Karlslust (je 3 km).

6. Tag
Von Philadelphia nach Wolzig am Wolziger See (6 km) und

durch das Landschaftsschutzgebiet nach Dolgenbrodt (8 km).

7. Tag
Von Dolgenbrodt am Dolgensee entlang nach Bindow-Süd (6 km). Weiter bis Kablow und dann nach Zernsdorf (9 km).

Samstag, 25. Mai 2002

Zugfahrt

Um 8.08 Uhr beginnt die Reise mit dem Wochenendticket für 28 Euro. Das bedeutet längere Fahrzeit, öfter umsteigen, aber preisgünstiger und erlebnisreicher fahren.

Auf der Fahrt bis Bielefeld begleitet mich eine chinesische Familie.

Folgendes Frage-Antwort-Spiel belausche ich.

„Wie heißt es? Lass mich oder lass mil albeiten?"

„Lass andele albeiten!"

Sonntag, 26. Mai 2002

Von Märkisch-Buchholz nach Prieros, 24,8 km

Die Wanderung beginnt.

Da ich zunächst mit der S-Bahn bis Königs-Wusterhausen muss und dann weiter mit dem Bus nach Märkisch-Buchholz, stört mich im Augenblick der Regen noch nicht.
Die Fahrkarte ist schnell am Automaten gezogen, denke ich, doch dieser nimmt meinen 20-Euro-Schein nicht an. Also hurtig zum Kiosk und Geld wechseln. Aber das ist nicht so einfach.
Ich muss erst warten, bis ein Kunde etwas kauft. Dann habe ich mein Kleingeld, die Fahrkarte und Glück.

Der Anschlusszug Papestraße fährt bis Königs-Wusterhausen. Hier angekommen, steht der Bus nach Märkisch-Buchholz schon an der Haltestelle und obwohl noch zwanzig Minuten Zeit sind, setze ich mich schon hinein, denn es beginnt wieder zu regnen.

In Märkisch-Buchholz ausgestiegen, muss ich in einem Haltestellenunterstand das Regenzeug anziehen.

Ich frage einen Kirchgänger nach dem Weg nach Prieros, und zwar an der Dahme entlang, und erhalte eine umfassende Streckenbeschreibung.

Bis zur Hermsdorfer Mühle verläuft alles wie beschrieben; allerdings steht in den Schuhen inzwischen das Wasser, die Hosenbeine sind nass vom hohen Gras und Hemd, Hosenbund und Unterwäsche vom Schweiß.

An der Hermsdorfer Mühle begehe ich einen Fehler, indem ich mich nach dem Wegweiser richte. Nachdem ich etwa vier Kilometer gelaufen bin, erfahre ich von einem Autofahrer, dass ich in die verkehrte Richtung gegangen sei und wieder zurück müsse. Und nun begehe ich den zweiten Fehler. Statt wirklich zurückzugehen, versuche ich, eine Abkürzung zu finden, die sich als doppelte Wegstrecke herausstellt. Schließlich bin ich nach eineinhalb Stunden wieder an der Schleuse Hermsdorfer Mühle. Glücklicherweise kann ich hier ein menschliches Wesen nach dem richtigen Weg fragen.

Ich erreiche Prieroser Mühle und werde laut von einem Fenstergucker begrüßt. Während der Zurufe über die Entfernung von etwa dreißig Metern erfahre ich, dass ich im Gasthaus „Zur Linde" gut essen und unterkommen kann.

Auf dem Weg zur „Linde" komme ich am Tourismusbüro vorbei und weil gerade jemand vor der Tür steht, frage ich nach einem Quartier. Dabei stellt sich heraus, dass der mir empfohlene Gasthof belegt ist, aber ich bekomme in der Pension Schröder Unterkunft für 25 Euro ohne Frühstück.

Bei der Pension angekommen, werde ich von Herrn Schröder empfangen und nachdem er meinen Leidensweg vernommen hat, zum Saunagang eingeladen. Ich lehne aber dankend ab, weil ich zu erschöpft bin, und gehe stattdessen in die Badewanne. Das heiße Bad ist wohltuend und Balsam für meine müden Knochen.

Frau Schröder ist bereit, mir für fünf Euro am nächsten Morgen ein Frühstück zu bereiten und so kann ich frischgemacht, mit zu Hause für 22 Cent telefoniert, in das Gasthaus „Zur Linde" gehen. Weil kein Gast im ansprechenden Wirtsraum ist, setze ich mich an die Theke und wie sich später herausstellt, bin ich an diesem Ort bestens platziert.

Es dauert nicht lange und der erste Gast kommt, begrüßt mich mit Handschlag und setzt sich ebenfalls an die Theke. Als nächster Besucher kommt meine Fensterbekanntschaft mit Hallo „Ach, da ist ja der Regenwanderer!" Nach und nach kehren weitere fünf Einheimische ein, die mich alle mit Handschlag begrüßen.

Nach einigen Gläsern Bier bestelle ich „Flugente" und habe gut gewählt. „Hoffentlich ist sie noch nicht weit geflogen?", sagt mein Fensterfreund und entpuppt sich im Gespräch als fahrender Sägewerkbesitzer. Dabei gibt er mir einige gute Tipps für meinen Besuch in Storkow.

Auch so ist die Unterhaltung recht amüsant und nachdem er hört, dass ich über die Literatur Fontanes zu meinen Wanderungen gekommen bin, erzählt er noch manch nette Episode.

Dann zahle ich 14,65 Euro für Flugente und 4 oder 5 Bier und schlendere gemütlich zu meinem Quartier. Im Bett sehe ich durch das Fenster den Sonnenuntergang (???) und schlafe ein. Es ist etwa 21.00 Uhr.

Montag, 27. Mai 2002

Von Prieros nach Storkow, 21,5 km

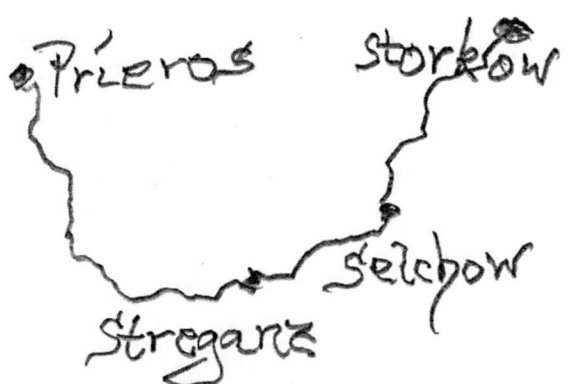

Um 7.00 Uhr stehe ich auf, dusche, ziehe mich an, stelle fest, dass die Schuhe immer noch nass sind und höre, dass das Frühstück vor die Tür gestellt wird. In aller Ruhe verzehre ich das

reichhaltige Morgenmahl und bin zufrieden.

Schließlich mache ich mich um 8.00 Uhr auf den zweiten Tagesmarsch. Durch die Eichholzer Heide führt der Waldweg nach Streganz und weiter nach Selchow. Hier wird mir der Pfad zum Aussichtsturm durch die Wiesen empfohlen. Folge, nasse Schuhe und Füße und Hosenbeine.

Ich besteige den Turm und habe Glück.

Drei Spaziergänger verlassen gerade den Ausguck, sodass mir die Höhe allein gehört. Ich ziehe Schuhe, Strümpfe und Hose aus und lege alles zum Trocknen in die Sonne. Dann wird von diesem Stillleben ein Erinnerungsfoto gemacht und ich entschließe mich für das erste Aquarell.

Der Weg führt weiter zum Fischerhaus Köllnitz. In diesem Hotel wollte ich eigentlich übernachten, aber da es erst Mittagszeit ist, beschließe ich, bis Storkow zu laufen.

Am Großen Schauener See mache ich Rast, bevor ich die letzten Kilometer für heute in Angriff nehme.

In Storkow angekommen, frage ich in einer „Schuster-Bar" nach der Zimmervermittlung und bekomme sofort vom Schuster selbst ein Quartier, „Die Storchenklause", als gute und preiswerte Unterkunft genannt. Ich überlege nicht lange, sondern mache mich auf den Weg dorthin. Ein Zimmer ist noch frei, 34 Euro mit Frühstück, also bleibe ich.

Nach einer ausgiebigen Dusche spaziere ich, nach einem Bier an der Theke, in die Altstadt, um die mir von meiner „Fensterbekanntschaft" genannten Sehenswürdigkeiten in Augenschein zu nehmen. Und tatsächlich, die Altstadt wird, was vielen Westdeutschen ein Dorn im Auge sein muss, saniert. Das alte, große Kopfsteinpflaster wird von Grund auf erneuert. Klasse!!! Und dann die Zugbrücke. DDR-Beton wurde abgerissen und wie vor zwei Jahrhunderten die alte, aus Holz gebaute Zugbrücke wiederhergestellt. Sehenswert und mutig vom Bürgermeister.

Jetzt wird es aber Zeit, zur „Storchenklause" zurückzukehren, denn nach 21 Kilometern sind die Knochen doch müde.

Ich gehe in den Gastraum, nicht in den Wintergarten und habe mich richtig entschieden. Hier hält sich der Wirt überwiegend auf und findet Zeit, mir den Weg nach Wendisch-Rietz am Scharmützelsee zu beschreiben. Ein an der Theke sitzender Gast ergänzt die Beschreibung und morgen wird es sich zeigen, ob ich alles im Gedächtnis behalten habe.

Zum Schluss noch ein Teil eines Zwiegespräches zwischen einem Pärchen und dem Wirt:

„Wir hätten gern zweimal das Eisbein!"

„Mit Brot?"

„Hm, hm!"

„Sie können's auch mit Bratkartoffeln haben!"

„Ja, einmal mit Bratkartoffeln und Sauerkraut!"

„Das ist dabei!"

„Und Senf!"

„Ja, ist auch dabei!"

„Und Messer und Gabel!"

„Jau!!!"

Dienstag, 28. Mai 2002

Von Storkow nach Diensdorf am Scharmützelsee, 16 km

Die ersten Schritte fallen schwer, aber mit jedem Meter wird es besser. In Karlslust sind die Knochen wieder geschmeidig. Am Storkower See entlang, erreiche ich Schloss Hubertushöhe. Ich stelle fest, dass dieses Anwesen gleichzeitig Hotel ist und beschließe auf meinem Rückweg eventuell hier zu übernachten. Ich frage nach dem Preis für Einzelzimmer und erhalte zur Antwort, „Im Kutscherhaus 130 Euro, im Schloss 160 bis 330 Euro!" Damit hat sich der Schlossaufenthalt erledigt.

Weiter geht es, über den Knüppelweg nach Wendisch-Rietz. Im Informationsbüro erfahre ich, dass das Hotel am Glubigsee 70 Euro kosten soll, also entscheide ich kurzerhand, meine Wanderung sofort in die vorgegebene Richtung um den Scharmützelsee fortzusetzen.

Ich möchte bis zum Hotel „Waldfrieden" laufen, um dort zu übernachten. Hinweisschilder weisen mir den Weg durch Wiese und Wald immer am See entlang. Doch am Tor der Hotelanlage angekommen, erlebe ich eine tolle, umwerfende, niederschmetternde Überraschung in Form einer Mitteilung:

„Das Hotel ist geschlossen!"

Was bleibt mir anders übrig, als in den sauren Apfel zu beißen und meinen Marsch fortzusetzen, zunächst bis Radlow und weil in diesem Ort keine Unterkunft angeboten wird, bis Diensdorf.

In dieser Gemeinde ist die Touristikinformation am Ortseingang – übrigens eine gute Idee – und ich werde freundlich und liebenswürdig an die „Pension Henkel" verwiesen. Zur Debatte steht noch das Hotel „Haus am Meer", aber offensichtlich erkennt die freundliche Dame meine körperliche Verfassung und empfiehlt mir die Pension. Hier angekommen, werde ich vom Hausherrn begrüßt und auf mein Zimmer geleitet.

Nachdem ich mich frisch gemacht habe, will ich einen Erkundungsgang durch das Dorf unternehmen, komme aber nur bis zum Aufenthaltsraum, wo ich von Herrn Henkel abgefangen werde.

Seine Frau wäre gerade angekommen und möchte mich willkommen heißen. Also trinke ich ein Bier, erfahre, dass ich gegenüber im „Piccolo" gut essen könne und im Strandkiosk eine schöne Aussicht auf den See habe.

Nach der Begrüßung durch Frau Henkel marschiere ich los, so

gut es noch geht. Ich laufe durch den Ort, erkundige mich im „Haus am Meer" nach dem Übernachtungspreis, erfahre, dass das Einzelzimmer 36 Euro mit Frühstück kostet und gehe zum Strandkiosk.

Da die ersten Regentropfen fallen, begebe ich mich in den kleinen Kioskraum und höre von der Wirtin, draußen sitze der Bürgermeister und dass sie deshalb raus müsse, um gut Wetter zu machen.

Der Bürgermeister verabschiedet sich aber recht bald und da der Regen stärker wird, kommen die beiden anderen Gäste ebenfalls herein. Einer von den beiden muss sich aber abseits setzen und weil er kein Bier mehr bekommt, geht er murrend nach Hause. Auf der Straße grölt und pöbelt er lautstark. Er werde nie mehr dieses Lokal betreten. Sie bekäme keinen Pfennig mehr von ihm.

Mir wird es ungemütlich, also zahle ich und gehe ins „Piccolo" zum Abendessen. Ich bin der einzige Gast und auf die Frage, wo ich herkomme und meine Antwort, aus Hamm, erfahre ich, dass die Wirtin aus Dortmund kommt, bei Tengelmann in Hamm, Gronau, Ibbenbüren, Thüringen, Cottbus und Berlin gearbeitet hat und nach 22 Jahren nicht mehr gebraucht wurde. Daraufhin hat sie ihr Hobby „Kochen" zum Beruf gemacht und das Piccolo eröffnet.

Meinen Hinweis, dass Herr und Frau Henkel sie empfohlen haben, nimmt sie mit Skepsis auf und ich erfahre, dass Frau Henkel vorher das Lokal eröffnet hat, aber nach zwei Monaten aufgab. Dann stand das Haus drei Jahre leer. Eigentümer ist die Gemeinde Diensdorf. Herr Henkel ist im Gemeinderat und konnte den Nachmieter aussuchen. Nun will er für die gesamte Einrichtung den Neuwert erhalten. Das möchte natürlich die Dortmunderin nicht bezahlen, also liegen sie miteinander im Clinch.

In der Pension unterhalte ich mich noch mit Herrn Henkel,

erfahre aber über diese Angelegenheit nichts. Stattdessen höre ich, dass der Alki der erste Studierte aus diesem Ort war und außerdem viele Ländereien besaß, aber alles durch den Suff durchgebracht habe.

Inzwischen ist er 74 Jahre alt, seine Saufkumpel alle dahingeschieden und er von der Großzügigkeit der Dorfbewohner abhängig.

Nachdem wir uns noch ausgiebig über die „Vorzüge" der ehemaligen DDR unterhalten haben und ich die notwendige Bettschwere schon lange erreicht habe, gehe ich um 22.00 Uhr schlafen.

Mittwoch, 29. Mai 2002

Von Diensdorf nach Storkow, 28 km

Um 8.30 Uhr mache ich mich auf den Weg um den Scharmützelsee nach Bad Saarow-Strand. In der Nacht muss es kräftig geregnet haben, entsprechend sind die Wege.

In Pieskow mache ich die erste Station an der Kirche, leider ist sie geschlossen. Weiter geht die Route nach Bad Saarow. Dort alles gepflegt, überall wird der Rasen geschnitten, offensichtlich ABM-Maßnahmen.

Weiter geht der heutige Marsch durch Bad Saarow-Dorf, Alte-Eichen, immer am See entlang. Ein Hinweisschild weist mir den Weg nach Reichenwalde 2,8 km, da ich aber unbedingt „Café Dorsch" aufsuchen möchte, gehe ich weitere vier Kilometer am See entlang und bereue es nicht.

Ein entzückendes kleines Café mit vorzüglicher Küche. Der Kühnle-Bootsführer hat nicht übertrieben. Ich erfahre hier, dass in Alte-Eichen ein wunderschönes Hotel sein soll und nachdem telefonisch von Frau Vater ein Zimmer reserviert wurde, laufe ich die vier Kilometer wieder zurück.

Ich setze mir eine Preisgrenze – 50 Euro – weit über dem, was ich sonst zu zahlen bereit bin. Als ich im Hotel in Alte-Eichen den Zimmerpreis von 69 Euro gesagt bekomme, hat sich der Aufenthalt erledigt. Auf der anderen Seite bedeutet das, weitere drei Kilometer bis Reichenwalde zu laufen.

In diesem kleinen Dörfchen muss ich im „Schulgasthof" erfahren, dass im Ort keine Übernachtungsmöglichkeit besteht. Der Gastwirt ist aber hilfsbereit und vermittelt mir ein Zimmer in der Pension „Zum Weinberg" in Storkow. Das seien nur fünf Minuten von hier. Was der Gastwirt nicht sagte, mit dem Auto. Also nochmals drei bis vier Kilometer, dann ist endlich das heutige Ziel erreicht. Ich bin gut untergebracht, das Abendessen hätte besser sein können, aber wer will „Café Dorsch" schlagen. Müde und erschöpft, nach einem alles in allem gelungenen Tag, gehe ich zu Bett und schlafe auf der Stelle ein.

Café Dorsch

Donnerstag, 30. Mai 2002

Von Storkow nach Dolgenbrodt, 18,6 km

Der Morgen fängt gut an.

Das Frühstück, verglichen mit dem Abendessen, ist gut. Die Bedienung ist unwahrscheinlich bemüht und innerhalb von einer Viertelstunde kenne ich ihre ganze Familie. Die Mutter ist vor einem Jahr an Krebs gestorben, der Vater ist schon fünf Jahre tot und ihr Sohn hatte schon zwei Mopedunfälle auf dem Weg zur Arbeit.

Sie selbst ist im Hauptberuf bei der Stadt als Putzfrau in der Schule beschäftigt und macht nebenbei in der Pension "Zum Weinberg" das Frühstück für die Gäste und hält die Zimmer in Ordnung. Ihre Schwester ist Hotelfachfrau und führt das neu eröffnete Hotel am Glubigsee.

Für den Weg gibt sie mir noch ein Ei, einen Apfel und eine Nektarine mit und ich muss mir noch unbedingt ein Brötchen machen. Das fällt dann auch entsprechend aus, zwei Käsescheiben, dazwischen Schinken und Gurken.

Dann geht der Marsch los. Ein wunderschöner Wanderweg durch die Luchwiesen nach Philadelphia. Diesen Weg hat mir ein Radfahrer empfohlen, der mich schon während meines ersten Aufenthaltes in Storkow beobachtet hat. Von Philadelphia führt die Strecke durch Kiefernwald nach Wolzig und von hier nach Dolgenbrodt.

Unterwegs bin ich der Frühstücksfrau dankbar. Die Stärkung tut gut. Ich erreiche das „Café am Dolgensee" und erfahre, dass hier auch Zimmer vermietet werden. Die Chefin will zwar nicht so recht, aber schließlich kann der Koch vor Ort bleiben, sodass ich eine Unterkunft habe, nicht die beste, aber es geht.

Nach einem Spaziergang zum Langer See, setze ich mich auf die Terrasse, genieße den bestellten Wein und komme mit dem

Koch, der gleichzeitig Kellner ist, ins Gespräch. Es stellt sich heraus, dass er Kurde ist, aber jeden, der für Krieg ist, als Verbrecher bezeichnet. Seine Weltanschauung ist, alle können miteinander leben ohne Gewalt.

Inzwischen habe ich das Abendessen bestellt, Feigen im Lammschinken mit orientalischer Safransoße, Fucinelli mit Lachsstreifen und zum Abschluss eine Käseplatte.

Während das Essen zubereitet wird, sitze ich mit einem Glas Wein auf einer Bank an der Dahme und betrachte das Treiben der Enten, Wasserhühner und Fischreiher. Gerade kommt eine Ente auf mich zugeflogen und watschelt jetzt stracks auf mich zu.

Ich schlendere zur Terrasse zurück und genieße die Vorspeise, in einer köstlichen Safran-Honig-Milch-Soße mit einer scharfen orientalischen Wurst angereichert. Den Abschluss bildet die Käseplatte.

Ich nehme sie mit auf den Balkon und bei einem Viertel Wein und einem herrlichen Sonnenuntergang klingt dieser Tag gemütlich aus.

Freitag, 31. Mai 2002

Von Dolgenbrodt nach Königs-Wusterhausen, 20,5 km

Nach dem Frühstück nehme ich die letzte Tagesroute in Angriff.

Ein wunderschöner Tag ist gerade angebrochen. Ich finde einen Weg durch die Felder bis Bindow und von dort an der Dahme und dem Krüpelsee entlang bis Senzig.

In Senzig beschließe ich, auch noch bis Königs-Wusterhausen zu laufen und besteige hier erst den Zug nach Berlin. In der Hauptstadt angekommen, beginnt es zu regnen. Ich überlege, ob ich zum Wolfgang, zur Monika oder zur Ulrike gehe, verwerfe aber schließlich alles und beschließe, nach Hause zu fahren. Am Fahrkartenschalter erfahre ich, dass alle „Guten-Abend-Tickets" ausgebucht sind. Nach kurzer Überlegung – soll ich zum Wolfgang? – komme ich zu dem Schluss, sofort den nächsten Zug zu nehmen. Und so sitze ich jetzt im ICE auf dem Wege nach Hause und beende damit die Wanderung.

Zum Abschluss noch eine Episode aus dem ICE:
Eine ausländische Familie, offensichtlich aus Russland, sitzt mit zwei kleinen Kindern in meiner Nähe. Die Mutter liest während der überwiegenden Zeit den Kindern Märchen vor, allerdings in einer Lautstärke, dass einige Fahrgäste die Augen zum Himmel richten.
Ich auch!

Wanderung 2003 von Templin nach Fürstenberg

12. Mai 2003 18,6 km

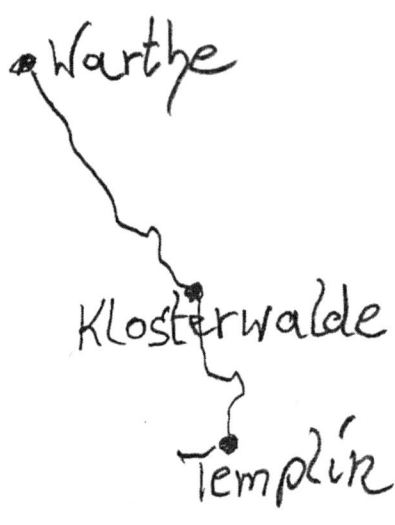

Ja, das ist der erste Tag.

Um 8.15 Uhr geht es mit der S-Bahn in Lichtenrade los. Das Wetter zieht sich, wie vorhergesagt, zu und die ersten Tropfen fallen gegen das Abteilfenster.

Weil ich zwei Züge eher gefahren bin, habe ich in Oranienburg eine gute Stunde Aufenthalt, sodass ich gemächlich eine Runde um den Bahnhofsplatz machen kann.

Dann fährt schließlich der Regionalexpress aus Berlin-Lichtenberg ein und die Fahrt nach Templin wird fortgesetzt.

Eine gemütliche Fahrt. Viele Haltestellen sind lediglich Bedarfshaltestellen, heißt, – wer aussteigen will, muss sich beim Zugführer melden.

Wenn tatsächlich ein richtiger Bahnhof, wovon es bis Templin vier gibt, angefahren wird, sind 10 bis 15 Minuten Aufenthalt vorgesehen. Dann ist schließlich Templin erreicht.

Weil es noch immer regnet, muss ich notgedrungen meine Regensachen anziehen, aber nur für kurze Zeit. Nach einer Viertelstunde lichtet sich die Wolkendecke und die Sonne wagt sich hervor.

Am Prenzlauer Tor suche ich die Pionierbrücke und erfahre von einer Spaziergängerin, dass diese Brücke wegen Baufälligkeit abgerissen werden musste.

Infolgedessen bleibt mir nichts anderes übrig, als um den Mühlenteich zu laufen. Dann beginnt ein wunderschöner Wanderweg am See entlang.

Immerhin sind es bis Warthe 18 Kilometer und weil ein Hinweisschild die Gaststätte „Zu den drei Eichen" auch als Pension vorstellt, beschließe ich, nur bis Warthe zu laufen.

In Warthe angekommen, kehre ich im Gasthaus „Zu den drei Eichen" ein und erfahre, dass seit Jahren keine Zimmer mehr vermietet werden. Man habe die Reklameschilder leider bisher nicht geändert.

Allerdings bemüht sich die freundliche Gastwirtin, vielleicht auch ein wenig aus schlechtem Gewissen, mir eine private Unterkunft zu besorgen.

Dieser Versuch gelingt schließlich und ich erhalte Unterkunft bei Familie Löschmann. Ich weiß zwar noch nicht wie teuer die Übernachtung ist, aber es ist ein Ferienhaus am See und die Gastgeber sind freundlich. Zwei junge Burschen werden extra für eine Nacht ins eigene Haus umquartiert, damit ich das Reich für mich habe.

Zum Abendessen gehe ich in das schon bekannte Gasthaus.

Ich bestelle Zander in Gurken-Dill-Soße. Der Fisch ist zwar etwas scharf gesalzen, aber der Hunger und die Gewissheit, dass verliebte Köche gern etwas großzügiger salzen, lassen mich diesen Ausrutscher verzeihen.

Ein Gast betritt das Lokal, setzt sich an den Stammtisch und

155

bekommt unaufgefordert einen Cognac und ein Bier.

Dann setzt sich der Wirt dazu und nach einer Viertelstunde haben beide immer noch kein Wort gesprochen. **Das sind echte Mecklenburger!**

Nach einem weiteren Bier zahle ich 16,25 Euro und gehe zu meinem Domizil.

Hier versuche ich, zu Hause anzurufen. Fehlanzeige! Ich befinde mich, wie ich später erfahre, in einem Funkloch. Wenn ich Glück habe, würde ich oben am Berg, das ist zehn Meter höher, Verbindung bekommen.

Meine Frage nach der Telefonzelle wird mit einem Achselzucken beantwortet, also muss ich es ausprobieren.

Ich habe Glück, denke ich. Es ist ein Münzautomat. Ich werfe also meine Münzen ein, aber leider werden sie nicht angenommen. Mein Versuch bei der Störungsstelle ist auch erfolglos, weil die Nummer der Telefonzelle unleserlich ist.

Folglich begebe ich mich auf den Berg und habe jetzt wirklich Glück. Die Verbindung kommt zustande, sodass wenigstens ein Lebenszeichen ankommt. Ich muss sechs bis sieben Versuche unternehmen, um alles zu berichten und dann geht es ins Bett, weil der Tag doch ganz schön geschlaucht hat.

13. Mai 2003 22,8 km

Morgens 8.00 Uhr Frühstück. Frau Löschmann fragt, ob ich allein essen wolle, oder mit an den Familientisch möchte. Ich entscheide mich für das Letztere und habe die richtige Wahl getroffen.

Die Küche ist zwar klein, aber deshalb bekommt jeder eine Aufgabe zugewiesen. Ich muss die Brötchen verteilen. Es gibt Wurst, Käse, Ei, Marmelade und Honig.

Nachdem sich die anderen drei, das sind der Hausherr und zwei hilfreiche Geister, die das Anwesen wieder auf Vordermann bringen sollen, zurückgezogen haben, bleiben Frau Löschmann und ich noch am Frühstückstisch sitzen.

Es stellt sich heraus, dass sie früher Lehrerin war und auch jetzt noch für die Volkshochschule tätig ist. Sie hat zwei Töchter und einen Sohn und lebt seit 1965 in Warthe, nachdem das Ehepaar einen Urlaubsaufenthalt hier herrlich fand.

Eine Stunde ist wie im Fluge vergangen und ich muss an meinen Aufbruch denken, leider bei strömenden Regen.

Die alte Eiche, die große Lärche – 50 m hoch und ein Umfang von 4,35 m – ,

die Lärchenallee 2300 m lang, sind meine Anlaufziele auf dem Weg nach Carwitz.

Ich finde sie alle, aber dann laufe ich in die verkehrte Richtung und merke es erst nach zwei Kilometern, macht 4000 Meter mehr laufen.

Ich erreiche Thomsdorf nach 18 km und beschließe, hier Quartier zu nehmen. Leider ist heute Ruhetag, also doch noch drei Kilometer bis Carwitz wandern. Hier setzt der große Regen ein, Unterkunft zunächst Fehlanzeige. Im „Haus Seeblick" ist niemand anwesend, aber eine Telefonnummer ist angebracht. Hier solle man sich melden. Im Ort ist in einem Privathaus ein Zimmer frei, aber leider ist keiner zu Hause. Ich rufe schließlich im „Haus Seeblick" an und es stellt sich heraus, dass es von Feldberg aus betreut wird. Nach etwa 15 Minuten erhalte ich meinen Schlüssel und kann mich frisch machen.

Die Empfehlung in der Fischerhütte „Zum Hecht" zum Abendessen einzukehren, stellt sich als Volltreffer heraus. Idylle pur. Wenn das Essen auch so ist, muss es himmlisch schmecken.

Es schmeckt himmlisch.

Ich habe Maräne bestellt, ein Fisch, der nur noch in den mecklenburgischen Gewässern gefangen wird.

Während des Essens belausche ich ungewollt ein Gespräch vom Nebentisch zwischen meiner Bedienung und der Köchin. Letztere ist mit den Nerven sichtlich am Ende. Warum?

Nun, am Nachmittag war das Fernsehen da, NDR 3, Pottkieker. Der Regisseur muss ein mieser Typ gewesen sein. Jedenfalls die Köchin ist Linkshänderin und die Aufnahmen erfolgten von der linken Seite. Deshalb verlangte der Fernsehmann, dass sie mit rechts arbeitet. Es ging alles gut, bis der verarbeitete Fisch aus der Schüssel in den Topf geschüttet wurde, denn diese fiel ebenfalls in den Topf und folglich spritzte die Suppe auf den Herd. Es zischte, qualmte und stank fürchterlich. Die Köchin konnte sich nicht beruhigen.

Nachdem ich mir die notwendige Bettschwere angetrunken habe, – in der Pension gibt es nichts mehr, weil kein Personal da ist – mache ich mich auf den Heimweg.

17 €
4 Lübzer a 1,80 €
Maräne 9 €

Beim Anrufen das bereits bekannte Problem. Erst nach mehreren Versuchen von verschiedenen Positionen, kommt die Verbindung zustande. Das Notwendige ist schnell gesagt und es geht in die Falle.

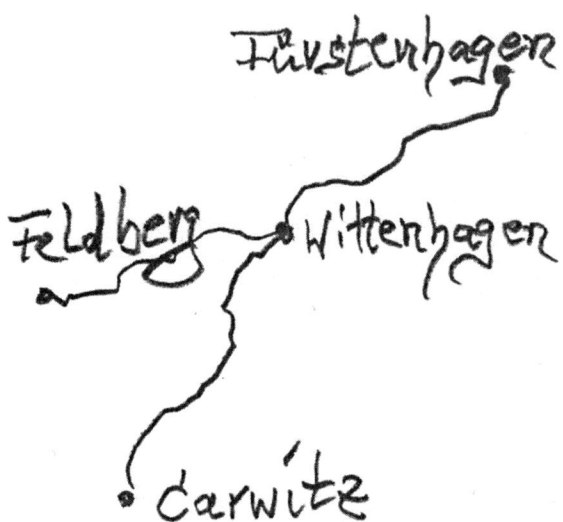

Erste Überraschung, die Sonne scheint. Zweite Überraschung, ich bekomme doch ein Frühstück und was für eins.

Dann geht es los, zunächst nach Wittenhagen und hier zur achteckigen Kirche aus Feldstein. Erstaunlich, die Kirche ist offen, aber der ganze Raum kahl und trostlos. 12 einfache Stühle und ein derber Tisch, der als Altar dient, das ist die ganze Einrichtung.

Deshalb geht es sofort weiter nach Fürstenhagen. Um ein Foto zu machen gehe ich etwas ins Gelände und siehe da, ein Fischadler schwebt majestätisch davon. Jetzt müsste ich mein Teleobjektiv haben.

In Fürstenhagen führt mein erster Weg zur Kirche, eine Komposition aus Back- und Feldstein. Leider ist die Tür verschlossen. Im danebenliegenden Gasthof „Alte Schule" erhalte ich den Schlüssel und damit den Zutritt ins Kircheninnere. Hier kann ich die herrlichen einmaligen Fenster des zeitgenössischen russischen Künstlers **Vystopov** bewundern und fotografieren. Ein Kleinod für eine Dorfkirche. Dann geht es über Wittenhagen zurück, weil der Wanderweg nach Feldberg noch nicht hergestellt ist.

In Feldberg wähle ich den Uferweg am „Schmalen Luzin" entlang. Sicherlich wunderschön zu laufen, aber jedwede Aussicht ist versperrt, weil die Bäume ihr Laub bis ins Wasser überhandnehmen lassen.

In Feldberg beginnt die Zimmersuche und entpuppt sich wieder als Problem.

Schließlich finde ich Unterkunft im „Haus Seenland." Das Anwesen ist von den jungen Besitzern liebevoll hergerichtet worden und vermittelt Atmosphäre und Gemütlichkeit.

Meine Frage nach einem guten Speiselokal wird mit einem Zeigefinger in Richtung über den See beantwortet und ich erhalte zusätzlich den Hinweis, dass ich mit dem Ruderboot rüberfahren könne. Dieses Angebot ist zwar verlockend, aber ich gehe doch lieber zu Fuß zum „Fischereihof Frankin." Meine Entscheidung war sehr klug, denn der See erweist sich als tückisch, mal ist er spiegelglatt, mal wellig und aufgewühlt.

Ich wollte heute eigentlich keinen Fisch essen, aber nach dem Studium der Speisekarte kommt nichts anderes infrage. Vier verschiedene Arten selbst gefangener Fisch dazu Kartoffelsalat und gemischter Salat. Und nun lerne ich Unterschiede in der Zubereitung kennen. Während in Carnitz beim Fischer die Maräne gut, aber nicht außergewöhnlich war, ist sie hier eine wirkliche Delikatesse. Jetzt noch einen Doppelkümmel und die Welt ist in Ordnung. Leider gibt es keinen Kümmel, also wähle ich einen Tollense Kräuterschnaps und bin auch zufrieden. Dann mache ich mich auf den Weg zur Pension, kehre aber noch zum Absacker im „Irish Pub" ein. Das war ein Fehler.

Ein Lokal mit einem Tisch und 16 Stühlen, die bei Bedarf noch erweitert werden können. Vier Biersorten werden angeboten, es gibt nur Kerzenlicht, ein offener Kamin, der, wenn es draußen kalt ist, immer brennt und heute ist der Fernseher an, weil Juve gegen Real spielt.

Ich trinke Guinness und bekomme einen großen Topf. Überwiegend sind es Jugendliche, die hier einkehren und die Probleme sind vielfältig. Ganz auffällig ist ein Typ, der mit einem Elektroroller ankommt, den er offensichtlich gerade neu erstanden hat.

Als Erstes wird sofort eine Runde für alle geschmissen und dann auf den Putz gehauen. Plötzlich geht die Tür auf und ein weibliches Wesen tritt ein und zieht sogleich eine Flappe, als sie ihren Lover, Gemahl, Lebensgefährten, oder was er auch sein mag, sieht. Auf der anderen Seite wird sie von ihm auch nicht gerade höflich oder freundlich empfangen. Nach und nach füllt sich der Treffpunkt, obwohl ich zwischenzeitlich der einzige Gast war. Trotzdem zahle ich und suche meine Unterkunft auf, um zu Bett zu gehen.

Beim Schließen des Schlafzimmerfensters fällt mir auf, dass die Kirche angestrahlt wird. Das bedeutet, nochmals auf die Straße und zur Kirche, um dieses Lichtspiel im Bild festzuhalten. Eine halbe Stunde später liege ich im Bett und schlafe einem weiteren ereignisreichen Tag entgegen.

15. Mai 2003, 26,5 km

Der Tag fängt gut an, traumhafte Morgensonne erhellt das Zimmer durch das Dachfenster. Die Morgentoilette ist rasch erledigt und deshalb beschließe ich, schnell zu Hause anzurufen, weil mir die Angaben für die Ahnenforschung in Lychen noch fehlen.

Dann warte ich auf das Frühstück, immer noch unschlüssig, bleiben oder weiterwandern.

Das Frühstück kommt und die Entscheidung ist gefallen. Ich wandere schon heute nach **Lychen**. Natürlich nicht auf dem direkten Wege, das wäre zu einfach. Es geht über die **„Heiligen Hallen"**, und dieser Umweg hat sich gelohnt.

Ein Buchenwald, unvorstellbar. Durch Verordnung des Kurfürsten zu Mecklenburg darf seit dem 19. Jahrhundert in diesem größten, zusammenhängenden Wald nichts mehr durch Menschenhand verändert werden. Die ältesten Buchen sind 350 Jahre alt. Wenn ein Baum durch Sturm oder Alter fällt, bleibt er liegen, wo er hingestürzt ist. Nur der Weg für die Besucher wird freigeschlagen.

Immer wieder verlocken neue, noch schönere, faszinierendere, beeindruckendere Ausblicke zum Verweilen und Fotografieren. Es ist wie in einer Kathedrale, die 50 Meter hohen Buchen wirken wie Säulen in einem gotischen Gotteshaus. Hier könnte das herrliche Loblied von Joseph Freiherr von Eichendorff über den Wald entstanden sein.

Dann ist diese einmalige Naturkonzeption durchwandert und es geht weiter in Richtung Lychen. Und dann kommt der erste Regenschauer. Ich suche in einer Garageneinfahrt Unterschlupf, wo schon zwei Personen unterschiedlichen Geschlechts Schutz gesucht haben. Sie beschreiben mir den Weg nach Lychen ausführlich und so kann ich nach dem Platzregen problemlos weitermarschieren.

In Mechow, dieses Dorf habe ich nach sechs Kilometern Waldwanderung erreicht, bewundere ich die Wehrkirche. Hier weist mir die einzige Dorfbewohnerin, die zu dieser Mittagsstunde unterwegs ist, einen Weg, für den ich ihr dankbar bin.

Abseits der Straße führt der Pfad nur durch Wald. Und dann kommt die nächste Überraschung, ein Hagelschauer von 40 Minuten Dauer. Unter einer alten Buche finde ich ein einigermaßen „trockenes" Plätzchen, wo ich außer meinem Regenumhang, den ich schon seit geraumer Zeit trage, auch meine Regenhose mit viel Mühe und unter Verrenkungen anziehen kann. Und wie aus heiterem Himmel der Hagelschauer kam, scheint plötzlich wieder die Sonne.

Inzwischen habe ich die Lychener Gewässer erreicht und nach kurzer Zeit auch die Stadt.

In der Touristeninformation wird mir das Hotel „Waldhaus Grünheide" angepriesen, weil es bereits auf dem Weg nach Fürstenberg liegt. Auch diese Empfehlung erweist sich als Glücksfall. Ein Haus mitten im Wald, mir gefällt es.

Nur die Küche mit ihrer Speisekarte sagt mir nicht zu. In jedem Prospekt wird die bodenständige Kochkunst mit Pflaumen gerühmt. Seit einer Woche suche ich sie nun, diese hochgepriesene, gelobte und empfohlene Gastronomie und höre jetzt, dass morgen ein solches Gericht auf dem Küchenzettel steht.

Notgedrungen wähle ich, aus der Vielzahl der schmackhaften Angebote, Lammbraten. Meine Wahl hätte nicht besser sein können. Das Fleisch zergeht auf der Zunge. Durch Zufall ist der Hotelbesitzer anwesend und da ich eine Williamsbirne als Verdauungsschnaps bestelle und diese nicht verfügbar ist, empfiehlt er mir Zwetschgenwasser aus der Eifel und wartet gleich mit einer Geschichte dazu auf:

Auf einer Männertour in die Eifel bezogen sie in einem Gasthof Quartier. Der Gastwirt brannte den Schnaps für sein Lokal selbst und da dieser Zwetschgenbrand so vorzüglich mundete, war die ganze Truppe am Abend sternhagelvoll. Doch, oh Wunder, am nächsten Morgen hatten alle wieder einen klaren Kopf.

Bevor ich zu Bett gehe, frage ich die Bedienung noch nach den mir durchgegebenen Straßen. Es sind alle bekannt, also kann ich getrost und beruhigt einschlafen.

16. Mai 2003, 18,9 km

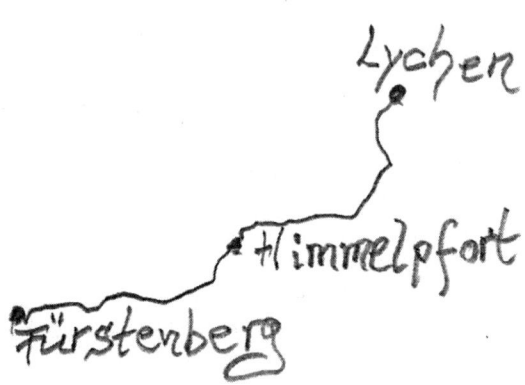

Ich bekomme wegen eines Übermittlungsfehlers ein Frühstück
für zwei Personen und so gehe ich doppelt gestärkt auf Ahnenforschung. Allerdings erweist sich dieses Vorhaben als äußerst
schwierig, um nicht zu sagen, als undurchführbar.
Während es keine Probleme bereitet, die Straßen auszukund-
schaften, sind die angegebenen Hausnummern unauffindbar.
Doch einmal habe ich Glück.
In der Stabenstraße klingele ich an einem Haus, weil ich wis-
sen möchte, was der gewaltige Ziegelbau in unmittelbarer
Nachbarschaft – mir kommt er wie ein Gefängnis vor – einmal
gewesen ist.
Eine betagte, grauhaarige Frau öffnet und beantwortet meine
Frage sofort. Nach ihrer Auskunft handelt es sich um die ehe-
malige Mühle von Lychen.
Wir kommen ins Gespräch und es stellt sich heraus, dass dieses
Haus, in dem die Greisin wohnt, früher die Nummer 102 hatte,

also wenigstens ein Teilerfolg. Der Name Sprung war ihr bekannt, aber ich hatte das Gefühl, nicht besonders angenehm.

Zur Cäcilienstraße bin ich nicht gekommen, weil diese Straße außerhalb in Hohenlychen liegt, wo früher in vier Krankenhausblöcken an Tausenden von Frauen unmenschliche Versuche vorgenommen worden sein sollen. Nach den „Behandlungen" wurden die Frauen nach Ravensbrück transportiert und dort im Konzentrationslager vergast, verbrannt und die Asche in den angrenzenden See verstreut.

Da die Suche nach den Straßen doch recht zeitaufwendig und auch anstrengend war, beabsichtige ich, heute mit dem Schiff nach Fürstenberg zu fahren. Leider verkehrt zu dieser frühen Stunde noch kein Wasserfahrzeug, sodass ich wohl oder übel laufen muss.

Bis Himmelpfort schaffe ich es, dann gebe ich auf und frage zwei Frauen, die vor einem Haus einen Plausch halten, nach dem Bus. Eine davon bietet mir spontan an, mit ihr und ihrem Mann nach Fürstenberg mitzufahren. Und so werde ich bis vor den Bahnhof gebracht.

Und nun sitze ich im ICE nach Hamm und während ich die letzten Erlebnisse niederschreibe, versinkt die Sonne am Abendhimmel.

Wieder einmal geht eine Wanderwoche durch einen Teil von Ostdeutschland zu Ende.

Wanderung
rund um Rügen

22. Mai 2004, 9,5 km

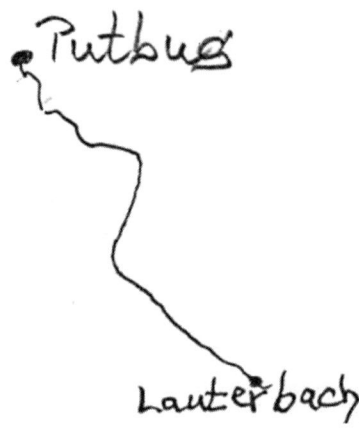

Fünf Uhr morgens. Ich rechne damit, dass in Hamburg die ersten Werder-Fans zum Spiel nach Rostock meinen Weg kreuzen, aber dass das schon in Hamm um diese frühe Morgenstunde beginnt, ist erstaunlich.

Nun, wenn es zu bunt wird, ändere ich kurzfristig mein Reiseziel und fahre in die Schorfheide. Ich lasse mich selbst überraschen. Ich habe mich für die Bahnfahrt und wieder für das Schöne Wochenendticket entschieden. Fünfmal umsteigen, aber eine gemütliche Reise. Der Zug fährt gerade in Neubeckum ein, es ist 5.31 Uhr, die Sonne geht auf, der Ginster blüht.

Obwohl immer mehr Fußballanhänger zusteigen und in Hamburg eine regelrechte Völkerwanderung in blau und weiß zum Zug nach Rostock einsetzt, gehe ich mit der Menschenmasse mit und bekomme sogar einen Sitzplatz. Der Abfall in den Zügen von Hamburg nach Rostock und von Rostock nach Stralsund ist unbeschreiblich.

Leere Bier- und Schnapsflaschen, Dosen, Zigarettenkippen, Zeitungen, ja selbst Essenreste liegen auf dem Boden. Die Toiletten sind ekelerregend.

Ich frage mich, warum die Deutsche Bahn das hinnimmt.

Sicherlich spielt der Fahrpreis – **5 Personen für 28 Euro hin und zurück** – eine entscheidende Rolle, aber wenn ich das erkenne, schaffe ich das Ticket zu Fußballspielen ab, oder der DFB bzw. die betroffenen Vereine zahlen eine Reinigungspauschale an die Deutsche Bahn. Das, ein Gedanke am Rande.

Dann werde ich im Zug von Stralsund nach Samtens belehrt, dass der Fußmarsch nach Garz wenig Interessantes verspricht. Ich solle bis Bergen fahren und von dort nach Putbus oder bis Lauterbach. Von Putbus besteht ein schöner Wanderweg nach Lauterbach.

Letzteres habe ich dann gemacht und nicht bereut. Zwar ist es schwierig, eine Unterkunft zu bekommen, – im Seglerheim soll ich ein Zimmer beziehen, das schon belegt ist, – aber schließlich finde ich ein Hotel und Überraschungen positiver wie negativer Art.

Zunächst das positive Erlebnis:

Ich sitze allein an einem Tisch. Da der Speisesaal des Hotels gut besetzt ist, fragt ein einzelner Herr mich, ob er sich zu mir setzen darf. Nach geraumer Zeit kommen wir ins Gespräch und ich weiß nicht warum, auch auf den „Rasenden Roland" zu sprechen und dass er pleite ist, dann die Überraschung.

Der neue Besitzer, der die Schmalspurbahn gekauft und in den Bankrott getrieben hat, ist ein Oldtimersammler und wollte nur die Lokomotiven für sein Museum haben. Allerdings hat er vergessen, den Kaufpreis für die Bahnlinie zu bezahlen. Um die Kosten für die Unterhaltung zu reduzieren, wurde kurzerhand der Fahrbetrieb Putbus – Göhren eingestellt und damit wirklich kein Zug weiterhin verkehren konnte, wurde der Bahnkorpus unterhöhlt. Daraufhin stellte das Land Mecklenburg-Vorpommern Insolvenzantrag, damit nicht weiterer Schaden angerichtet werden konnte.

Und schließlich das positive Ergebnis. Der alte Besitzer ist zurückgekehrt, der Kaufvertrag wurde rückgängig gemacht und ab Montag verkehrt wieder der „Rasende Roland", aber was beeindruckend war, als die Kellnerin meinen Gesprächspartner fragte, was aus der Bahn wird und sie diese erfreuliche Nachricht erhielt.

Es flossen Tränen, Gänsehaut auf den Armen als Reaktion auf diese Mitteilung. Nun muss man wissen, dass fünfzig Arbeitskräfte und zusätzlich fünfundzwanzig Saisonkräfte mit ständiger Zusage auf Beschäftigung im Folgejahr vom Unternehmen abhängig sind. Außerdem gehört der „RR" zur Insel, wie das Ei zum Huhn.

Nebenbei habe ich erfahren, dass die Lokomotiven alle sechs Jahre nach Meiningen zur Inspektion (TÜV) müssen und die Kosten für eine Lok 450.000 Euro betragen. Dazu werden die Lokomotiven mit dem Tieflader nach Meiningen transportiert, weil die Beförderung mit der Deutschen Bahn dreifache Kosten verursachen würde. Allerdings trägt das Land Dreiviertel der Gebühren.

Jetzt die negative Geschichte:

Völlig schlaftrunken um 21.50 Uhr ins Bett gefallen und sofort eingeschlafen. Dann, irgendwann in der Nacht, ein grausamer Gesang von Volltrunkenen. Aber nicht genug damit, zwei der Betrunkenen aus Bremen (keine Fußballfans) haben das Zimmer neben mir. Und dann geht's los. Einer will das Handy, um Elli anzurufen. Der andere gibt aber das Handy nicht heraus. Der Streit schaukelt sich hoch, bis Gegenstände fliegen. Dann ist Ruhe. Ich denke, für den ersten Tag ziemlich ereignisreich.

23. Mai 2004, 28,4 km

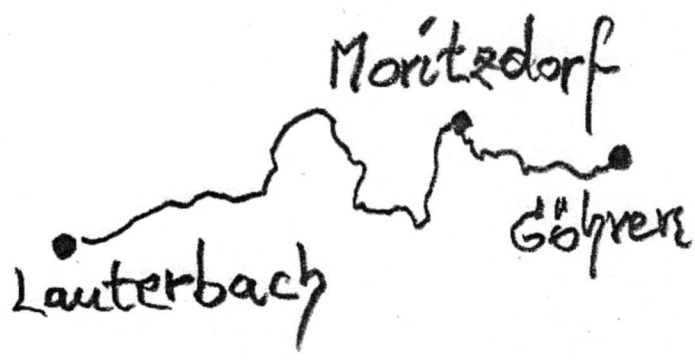

Beim Frühstück frage ich die Bedienung nach einem Wanderweg bis Moritzdorf und das war gut. Sie beschreibt mir einen
Weg entlang der Küste, der sich als bezaubernd herausstellt.
Die Honeckerinsel Vilm immer im Blickfeld, schlängelt sich
der Weg durch Wald und Flur an der Steilküste entlang, land-
einwärts immer das Jagdschloss Granitz in Sicht.
In Seedorf mache ich in der Seglerklause Mittagspause und
wieder habe ich Glück. Die Wirtin beschreibt mir einen Weg
nach Moritzdorf nur für Wanderer, unbeschreiblich schön. Auf
einem Teilstück wird vor Kreuzottern gewarnt, ohne dass ich
aber eine sichten kann.
In Moritzdorf lasse ich mich übersetzen, um auf der anderen
Seite nicht nach Baabe, sondern in Richtung Lobbe zu gehen.
Da ich inzwischen fast zwanzig Kilometer marschiert bin, spie-
le ich in Middelhagen mit dem Gedanken, ein Quartier zu suchen. Aber weil ein freundlicher Dorfbewohner mir unaufgefordert den Weg nach Göhren beschreibt und man den Kirchturm auch schon am Horizont sehen kann, beschließe ich wei-

terzulaufen.

In Göhren erweist sich die Zimmersuche wiederum als schwierig.

Doch schließlich finde ich schneller als erwartet ein Hotel. Ich bin so geschafft, dass ich den Preis für Zimmer, Wäschepaket und Kurtaxe nicht mehr ausrechnen kann, sondern die Dame an der Rezeption bitte, das für mich zu tun.

Nachdem ich geduscht habe, geht es mir zwar etwas besser, aber die Knochen spüre ich doch. Immerhin habe ich achtundzwanzig Kilometer zurückgelegt.

Ortsbesichtigung wird deshalb gestrichen und ich gehe sofort zum Essen. Die Empfehlung im Hotel ist gut gewesen, aber für Einzelpersonen gibt es keinen Platz. Ich darf mich zu drei Personen an den Tisch setzen. Im Laufe der Unterhaltung stellt sich heraus, dass der Herr aus Hamburg ist, während die Damen, vermutlich die Schwester des Herrn und ihre Freundin, aus Wien kommen.

Ich bestelle Hornfisch und bin vom köstlichen Geschmack angetan, von den sehr vielen Gräten allerdings weniger. Nach einer angeregten Unterhaltung, bei der mir der Besuch vom Jagdschloss Granitz geradezu als Muss angepriesen wird, verabschiede ich mich und beabsichtige, in einer kleinen Kneipe noch einen Absacker zu trinken.

Etwa fünfzig Meter vom Hotel finde ich das Richtige, kehre ein und bleibe.

Sicherlich hat der lange Marsch dazu beigetragen, dass ich nach vier Bier leichte Probleme bekomme und deshalb beschließe, mein Bett aufzusuchen. Ich liege noch nicht ganz in den Federn, da träume ich schon den Schlaf der Gerechten. Ein ereignisreicher, aber anstrengender Tag hat damit seinen Abschluss gefunden.

24. Mai 2004, 10,5 km

In Anbetracht der Tatsache, dass mir noch sämtliche Knochen
den gestrigen Marsch in Erinnerung rufen, wird heute ein ge-
ruhsamer Tag eingelegt. Ich beschließe, mit dem „Rasenden
Roland" bis zum Jagdschloss Granitz zu fahren, den Turm zu
besteigen und dann nach Sellin oder Binz zu laufen.
Nach einem gemütlichen Frühstück mache ich mich in aller
Ruhe startklar und begebe mich zum Bahnhof der Schmalspurbahn. Eine Stunde Wartezeit bis zur nächsten Abfahrt sind Balsam für meine geschundenen Knochen. Schließlich wird das
Nahen des Zuges durch einen Pfeifton angekündigt. Und dass
der Ausfall dieser Attraktion bei Einheimischen wie bei Touris-
ten eine Lücke hinterließ, zeigt die Belegung der Waggons mit
Reisenden. Auch die Beschäftigten sind froh und glücklich und
nehmen mit Schwung und Begeisterung den ersten Arbeitstag
an.
Dann beginnt die Fahrt, dem Tagesrhythmus angepasst, gemütlich. Ein Mitreisender, wie sich herausstellt aus Nürnberg, will
mir anhand der Bahngeleise den Unterschied zwischen Ost und
West, oder zwischen volkseigenem Ruin und kapitalistischer
Profitgesellschaft erklären. Während also unter Ostherrschaft
die Nähte der Geleise von Hand geschweißt wurden, werden

diese unter kapitalistischer Herrschaft hochmodern unter Zuhilfenahme von High-Tec-Technik nahtlos verschweißt.

Ich muss sagen, mir sind die handgeschweißten Geleise, speziell bei dieser Nostalgiebahn, mit den Erinnerungen an meine Kindheit – Zug fahren heißt ta-tack-ta-tack-ta-tack – lieber.

Dann ist die Station „Jagdschloss" erreicht und der erste Marsch beginnt.

Am Jagdschloss angekommen, Besichtigung und Aufstieg, aber ohne Rucksack, den kann ich an der Kasse abstellen. Der Rundblick vom Turm ist zwar interessant, aber leider nicht so gut, weil es etwas diesig ist. Außerdem weht ein starker, frischer Wind, sodass ich schnell den Turm verlasse, meinen Rucksack hole und zur Bahnstation abwärts laufe.

Dort angekommen, eine Überraschung, der nächste Zug fährt in eineinhalb Stunden. Das bedeutet bis Binz, weil Sellin weiter ist, laufen; wie sich herausstellt, entlang der stark befahrenen Bundesstraße.

Angesichts der schlechten Erfahrungen bei der Zimmersuche in Göhren begebe ich mich in Binz sofort zur Zimmervermittlung und habe Glück. Ein Doppelzimmer im „Hotel Granitz" ist frei und weil ich es allein belege, muss ich nicht 72, sondern nur 52 Euro zahlen. Ich begebe mich zu meinem Domizil und bin zufrieden.

Da der Nachmittag gerade angefangen hat, – ich habe für 20.00 Uhr für das Abendessen einen Tisch bestellt – schlendere ich zur Promenade, nehme ein Sonnenbad in einem Strandcafé, um dann doch etwas durchgefroren zum Hotel zurückzukehren.

Schließlich ist die Zeit für das Abendessen gekommen und wie sich herausstellt, war die Vorbestellung von Nöten. Einige Besucher müssen wieder gehen, weil kein Platz frei ist.

Und das hat seinen Grund, das Essen ist vorzüglich.

Trotzdem verlangen der gestrige Tag und die Strapazen ihren Tribut.

Folglich begebe ich mich recht zeitig gegen 21.00 Uhr zu Bett und habe auch keine Probleme einzuschlafen.
Auch ein Tag, der nicht so anstrengend ist, kann früh zu Ende gehen, weil die Folgen des Vortages noch nachwirken.

25. Mai 2004, 18,6 km

Ich habe mich entschlossen, mit dem Schiff von Binz nach Sassnitz zu fahren und von dort, an der Küste entlang, bis Lohme zu laufen. Deshalb muss ich mich etwas beeilen, denn das Linienschiff legt um 9.30 Uhr ab und wartet bestimmt nicht.
Am Anleger angekommen, stellt sich heraus, dass die Abfahrt erst um 10.00 Uhr ist, sodass die Hast nicht nötig gewesen wäre. Im Nachhinein aber muss ich erkennen, dass der Fußmarsch besser gewesen wäre, weil er mich an Prora vorbeigeführt hätte, einer Ferienstadt für 20.000 Menschen, 1936 durch die Or-

ganisation „Kraft durch Freude" (KdF) begonnen, aber niemals vollendet.

Diese monumentale Anlage hätte ich gern gesehen. Nun, jetzt ist es leider nicht mehr zu ändern. Ich erreiche Sassnitz und der Fußmarsch beginnt.

Von den Eindrücken auf diesem Weg bin ich fasziniert, wenn nicht überwältigt, aber die Anstrengungen, bergauf, bergab, treppauf, treppab, hätten nicht sein müssen.

Am Parkplatz vom Königsstuhl werde ich von einem jungen Fräulein angesprochen, die mir eine Empfehlung für ein Restaurant in Lohme geben will. Meine Frage, ob auch Hotelzimmer angeboten werden, wird bejaht und sie ruft auch sofort an und fragt nach, ob ein Zimmer frei sei. Es ist frei.

Leider habe ich nicht nach dem Preis gefragt und wie sich später herausstellt, zu meinem Glück. Es handelt sich nämlich um das erste Haus am Platze.

In Lohme angekommen, suche ich es trotzdem auf, um den Preis zu erfragen. 69 Euro sind für mich zu teuer.

Trotzdem frage ich, ob nicht am Preis etwas zu meinen Gunsten zu verändern wäre, weil mein Budget als Wanderer knapp bemessen ist. Frau Schneider fragt ihren Chef, der offensichtlich das ganze Gespräch verfolgt hat. Der Preis wird auf 49 Euro reduziert, weil das Zimmer doch sehr klein ist. So die Begründung.

Es ist wirklich klein. Um ins Badezimmer zu kommen, muss der Hocker unter den Schreibtisch geschoben werden. Tisch und Stuhl fehlen, weil kein Platz dafür da ist. Das Bad ist dafür sehr großzügig.

Für den Abend habe ich wohlweislich einen Tisch bestellt, weil in diesem Haus bereits Theodor Fontane von der Veranda beim Abendessen den Sonnenuntergang beobachtet hat.

Ich bekomme einen schönen Einzeltisch mit Blick zum Horizont, wo die Sonne untergehen wird.

Bis dahin ist es aber noch Zeit.

Ich sitze noch nicht lange, da kommt der Hotelier und erkundigt sich nach meinem Befinden. Ich bedanke mich für seine Großzügigkeit und erfahre, dass solche Entscheidungen in seinem Ermessen liegen. Dann genieße ich das Abendessen, dreieinhalb Stunden, bis der letzte Sonnenstrahl im Meer versunken ist.

Auf diesen schönen Tag und Abend genehmige ich mir noch einen Rostocker Doppelkümmel und ein Lübzer und gehe dann zufrieden zu Bett.

~ *Melancholie* ~

Sonnenuntergang,
teils Wolken verhangen der Himmel,
noch zitronengelb,
der Horizont schon leuchtend orange.

Wie schreitet es fort?
Warte es ab!

Jetzt ist der Himmel glühend orange,
purpurn der Horizont,
fast rot!

So ist das Leben!
Gerade noch freudig erregt,
einen Augenblick später,
tot.

Jano

26. Mai 2004, 20,8 km

Das Frühstück ist hervorragend.

Frohgelaunt mache ich mich auf den Weg. An der Rezeption sagt man mir, dass es einen Küstenweg nach Glowe gibt, aber dieser sehr schwer zu finden sei. Und so ist es auch, ich entdecke den Weg nicht.

Deshalb frage ich in einem Hause nach der Route und erfahre, dass direkt dieser Wiesenpfad nach Glowe führt. Ob ich falsch gelaufen bin oder einen Wegweiser übersehen habe, ich weiß es nicht, jedenfalls komme ich nach 3,5 Kilometern wieder dort heraus, wo ich in den Feldweg eingestiegen bin.

Letztendlich entschließe ich mich, bis Glowe mit dem Bus zu fahren und von dort nach Breege zu laufen. Ich wähle den Dammweg am Bodden entlang und muss bereits am Beginn der Wanderung meine Regensachen anziehen, weil ein Hagelschauer niederprasselt. Drei Stunden dauert dieses Unwetter, mal heftiger Wolkenbruch, dann wieder Landregen. Die wasserdichten Schuhe sind durchnässt und auch durch die wetterfesten Sachen dringt Feuchtigkeit, aber im Laufe der Tour trocknet die Ausrüstung wieder.

Dann habe ich Breege erreicht und von Radfahrern erfahre ich, dass der Weg nach Juliusruh kürzer ist als nach Breege, folglich laufe ich noch nach Juliusruh.

Hier muss ich in der Touristikinformation zur Kenntnis nehmen, dass fast alle Häuser ausgebucht sind. Aber ich solle zum „Hotel Atrium" gehen, dort bekomme ich auf jeden Fall ein Zimmer. Das kann nur zwei Gründe haben, teuer oder Kaschemme. Beides trifft nicht zu, weil es ein Hotel für Behinderte ist. Ob ich so kaputt aussehe?

Egal, ich habe meine Unterkunft, zwar doch teuer, aber heut ist mir das schnurz und piepe.

Nachdem ich ausgiebig geduscht habe, sieht die Welt schon

wieder ganz anders aus.

Ich mache noch einen kleinen Gang zur Ostsee und begebe mich dann im Hotel mit einem Glas Saft ins Musikzimmer, um eine SMS nach Holland zu schicken, wo Weib, Tochter und Joel in Urlaub sind. Ich frage die einzige anwesende Dame, ob es sie stören würde, wenn ich das Handy benutze.

„Wenn es nicht zu laut ist, nicht!"

Ich schreibe also meine SMS, die anwesende Dame hört auf zu lesen und verlässt den Raum.

Das Abendessen ist gutbürgerlich, aber nicht außergewöhnlich und weil ich müde bin, wird dieser Abend auch nicht lang.

27. Mai 2004

Nach dem Frühstück schnüre ich mein Ränzlein und nachdem ich nach dem Weg gefragt habe, beginnt der Marsch.

Entgegen den Wettervorhersagen begleitet mich herrlicher Sonnenschein. Rapsfelder, so weit das Auge blicken kann, zur Linken, zur Rechten die Ostsee. Dann erreiche ich das Hünengrab in Nobbin und sehe zum ersten Mal in weiter Ferne Kap Arkona.

Ich will gerade eine idyllische Aufnahme machen, da wird die friedliche Stille durch eine, auf Fahrrädern anbrausende, Schulklasse unterbrochen. Schließlich werde ich gefragt, ob ich die ganze Klasse auf dem Großsteingrab aufnehmen kann, während mir gleichzeitig von mehreren Schülern die Fotoapparate überreicht werden.

Dann sausen sie davon. Im gleichen Augenblick erscheinen sechs Radfahrer auf der Bildfläche, einer besonders „angenehm", weil er ein Radio als Geräuschkulisse mitführt. Es stellt sich heraus, dass sie von Rostock bis Usedom radeln wollen. Für mich ist der Hinweis wertvoll, dass in Putgarten im Hotel „Kap Arkona" Zimmer frei sind. Dann radeln sie davon und ich schreite in entgegengesetzter Richtung weiter.

An einem Bauernhof vorbei führt der Weg nach Vitt, einem kleinen romantischen Hafenörtchen, kurz vor Kap Arkona.

Auf dem Kap besteige ich den alten Wehrmachtsturm und genieße die beeindruckende Aussicht. Dann bewundere ich die Künstlerwerkstatt in der Turmspitze, ein herrlicher Arbeitsplatz. Schließlich begebe ich mich auf den Weg nach Putgarten.

Weil gerade die Kleinbahn zum Parkplatz Putgarten losfahren soll, lasse ich mich verführen und fahre mit.

Wie in den vergangenen Tagen auch heute das gleiche Problem. Hotel „Kap Arkona" angeblich ausgebucht. Was tun?

Ich entscheide, mit dem Zubringer nach Vitt zu fahren und dort nach einem Quartier zu suchen.

Aber auch in Vitt alles ausgebucht, zumal in den dreizehn reet-gedeckten Häusern kaum noch Zimmer vermietet werden. Nachdem ich unten im Hafen einen geräucherten Butterfisch gegessen habe, besichtige ich die Kapelle des Fischerdörfchens und dann bleibt mir nichts anderes übrig, als zurück nach Putgarten und weiter zu Fuß nach Altenkirchen zu laufen.

Auf halber Strecke habe ich Glück, ein Landgasthaus, gleich-zeitig Hotel in Nabbin, hat noch ein Zimmer frei.

Wie sich später herausstellt, bin ich der einzige Gast. Hotel und Restaurant werden getrennt bewirtschaftet. Während das Hotel ein Sachse, der aber schon 30 Jahre auf Rügen lebt, betreibt, hat das Restaurant ein Nordfriese aus Amrum gepachtet. Of-fensichtlich verstehen sich aber beide sehr gut.

Nachdem ich geduscht habe, setze ich mich ebenfalls in den Garten, der aber mehr ein Park ist, und lausche dem Gespräch der „Einheimischen." Dabei erfahre ich, dass das Hotel von Oktober bis jetzt geschlossen war, weil der Sachse eine Auszeit genommen hat. Das nutzte die Konkurrenz, um die Negativ-trommel zu rühren.

Um mir die Beine zu vertreten, laufe ich nochmals zur Ostsee-küste und welche Überraschung, ich komme am Hünengrab heraus.

Hier male ich spontan zwei Aquarelle und kehre dann zufrie-den zum Hotel zurück, wo die Crew immer noch im Garten sitzt. Ich geselle mich dazu und es beginnt eine angeregte Un-terhaltung über die Unterschiede zwischen Ost und West.

Dann wird es kühl und da ich langsam Hunger verspüre, bietet sich der Gastronom an, für mich etwas zu zaubern. Ich willige ein und bekomme ein saftiges Steak mit Bratkartoffeln und Salat. Köstlich, immerhin hat er früher im „Schloss Spyker" gekocht.

Da ich ja der einzige Gast bin und die anderen in der Hotelhalle zusammenhocken, frage ich, ob ich mich dazu setzen darf, was freundlich begrüßt wird.

Ich stelle fest, dass eine weibliche Person mehr am Tisch sitzt und wie sich herausstellt, ist es die Gattin des Hoteliers. Aber nicht nur das, sie ist gleichzeitig Landrätin und in der PDS-Hierarchie ziemlich weit oben, denn sie war stimmberechtigte Auserwählte für die Bundespräsidentenwahl.

Von diesen Tagen in Berlin hat sie natürlich sehr viel zu erzählen, sodass die Zeit wie im Fluge vergeht. Schließlich sind aber alle sehr müde, weshalb beschlossen wird, die Runde aufzulösen.

28. Mai 2004, 19,1 km

Ich begebe mich zur Bushaltestelle, um bis Altenkirchen zu fahren. Von hier geht dann die Wanderung los. Ich werfe einen Blick in die Dorfkirche, wo morgen die Don Kosaken singen, dann führt mich der Weg über herrliches Kopfsteinpflaster zunächst nach Breege.

Weil ich mit der Wittower Fähre übersetzen möchte, wird mir die Nebenstraße über Wiek empfohlen, die sich auch als landschaftlich sehr schön herausstellt.

Ein besonderes Erlebnis erwartet mich am Dorfteich in Wiek, wo drei Jungen zwei Blindschleichen gefangen haben und ich darf sie bereitwillig fotografieren. Das nutze ich auch in verschiedenen Positionen aus, zumal ich mir die Aufnahme einer Schlange immer gewünscht habe. Dann aber muss ich weiter, denn der Weg ist noch weit. Es geht bis zur Wittower Fähre am

Bodden entlang, mit wunderschönen Ausblicken zum und über den Bodden. Das Übersetzen ist kein Problem und da gerade ein Bus ankommt und ich ohnehin vorhabe, bis Gingst mit dem Verkehrsmittel zu fahren, steige ich ein. Leider muss ich in Trent aussteigen und vierzig Minuten auf die Anschlussverbindung warten. Zeit genug, um im Biergarten den Flüssigkeitsverlust wieder zu ergänzen. Dann ist die Wartezeit zu Ende und ich registriere, dass Endstation Waase auf Ummanz ist. Warum nicht bis dorthin? Kurz entschlossen wird nachgelöst, mit dem Risiko, falls keine Unterkunft gefunden wird, zurücklaufen zu müssen.

Und es fängt auch schlecht an.

In Waase kein Zimmer zu bekommen, aber freundlicherweise ruft eine nette Kellnerin in Tankow in der Pension „Zum Kranich" für mich an und hier ist noch ein Zimmer frei. Der damit verbundene Nachteil, nochmals 3,5 Kilometer laufen.

Aber ich habe gerade die ersten Meter in Angriff genommen, da hält ein Auto und der Fahrer fragt mich, ob ich mitfahren wolle. Es ist ein PKW von der Pension. Auf meine Frage, woher er wisse, dass ich zu seiner Pension wolle, vernehme ich undeutlich „Inselfunk."

Das Haus liegt ganz einsam im „Kranichparadies." Ich bin erschöpft, bestelle deshalb nach dem Duschen sofort das Abendessen und bin um 20.00 Uhr in der Falle.

29. Mai 2004, 27,8 km

Nach dem Frühstück, heute erst um 8.30 Uhr, weil um diese Zeit in Tankow der Tag beginnt, mache ich mich auf den Weg, um Ummanz zu verlassen und die Wanderung auf Rügen fortzusetzen. Der Himmel ist zwar noch bedeckt, aber die Wettervorhersagen sind vielversprechend.

Über Lieschow, Klein- und Groß-Kubitz führt der Weg nach Unrow und Landow, wo das Verhängnis beginnt. Ich frage einen Holzhacker, ob ich auf dem richtigen Weg nach Dußritz bin.

Ob er mich falsch verstanden hat oder ob ich mich undeutlich ausdrückte, jedenfalls werde ich in die verkehrte Richtung geschickt, was zur Folge hat, dass ich fünf Kilometer weiter laufen muss. Am Ende lande ich in Dreschvitz.

Hier muss ich notgedrungen umdisponieren und die Hauptstraße entlang nach Samtens laufen. Ein gefährliches Unterfangen, weil es sich um eine stark befahrene Bundesstraße handelt.

An ein Hotelzimmer ist hier nicht zu denken, deshalb fahre ich mit dem Zug nach Stralsund, aber auch hier entweder kein Zimmer zu bekommen oder zu astronomischen Preisen. Der Grund für das völlig ausgebuchte Rügen ist, wir haben Wochenende und Ferienanfang in Berlin.

Kurz entschlossen löse ich ein „Schönes-Wochenendticket" und fahre nach Berlin, denn ab 15.00 Uhr verkehrt kein Zug mehr in Richtung Hamburg. Aus der Eisenbahn rufe ich bei Monika an, ob ich bei ihr übernachten kann, was kein Problem ist. Ich bitte sie, bei Ingrid anzurufen, weil aus dem Zug keine SMS gesendet werden kann.

Auf den Gedanken, zu Hause anzurufen, bin ich erst später gekommen. Ich führe das auf die Anstrengungen des fast dreißig Kilometermarsches zurück.

Wie angekündigt, erreiche ich Lichtenrade gegen 21.30 Uhr und bin froh, Rucksack und durchgeschwitzte Klamotten ablegen zu können. Eine Flasche Bier ist für mich noch da, genug, um bis zum Schlafengehen und bis zum Ende des Pokalfinalspiels auszukommen.

30. Mai 2004

Heute ist der letzte Tag der Wanderung angebrochen. Wandern ist nicht mehr, nur noch Zug fahren.

Nach dem Pokalspiel bin ich gespannt, wie voll der Regional-express wird. Wahrscheinlich haben alle Fußballfans noch einen dicken Kopf, sodass kaum einer in der Lage sein wird, zu fahren.

Ich werde zur S-Bahn gebracht und will das Ticket mit einem Fünfzig-Euroschein lösen. Fehlanzeige, dieser Schein wird nicht angenommen. Ich muss also wieder die Treppe runter und im Kiosk den Geldschein wechseln lassen.

Wieder beim Automaten, muss ich feststellen, dass zwei ältere Frauen vergeblich versuchen, einen Fahrschein zu bekommen. Ich drängele mich dazwischen und ziehe meinen Fahrausweis, allerdings mit zeitlichem Aufwand, weil ein Fünf-Euroschein nicht angenommen wird. Inzwischen kommt die S-Bahn, die Frauen schimpfen, steigen ohne Fahrschein ein und ich schäme mich ein wenig.

Dann bin ich am Bahnhof Zoo angelangt.

Ich suche mir eine Stelle aus, an der weniger Fans versammelt sind und habe Glück. Ich erwische einen Sitzplatz und kann meine Erlebnisse vom Vortag niederschreiben. Da werde ich von einem Mitreisenden darauf angesprochen, diese Nieder-schrift in zwanzig Jahren zu machen. Mein erster Gedanke, ich weiß nicht warum, das ist ein ehemaliger SED-Funktionär. Dieser Eindruck bestätigt sich, als mir eine Einladung zu einem Vortrag über SED-Gedankengut überreicht wird.

Ich lehne freundlich ab, weil ich dann nicht in Berlin bin.

Jetzt sitze ich nach dem ersten Umsteigen in Magdeburg im Zug nach Braunschweig. Neben mir drei Werderfans, aber an-genehme Typen. Sie diskutieren darüber, was alles bei Werder Bremen verbessert werden könnte, schlafen letztendlich aber vor Übermüdung ein.

So, jetzt das letzte Mal umgestiegen. Noch eine Stunde und mein Zuhause ist wieder erreicht.

Resümee: Ein anstrengender, erlebnisreicher, schöner, aber sehr teurer Wanderurlaub.

Rügen eine bezaubernde Insel. Die Gastgeber aber häufig nicht bereit, eine Einzelperson für eine Nacht zu beherbergen.

Einzige positive Ausnahme das „Panorama Hotel" in Lohme, wo sogar der Preis von 69 auf 49 Euro reduziert wurde. Lobens- und nachahmenswert.

Wanderung
von Bautzen nach Görlitz

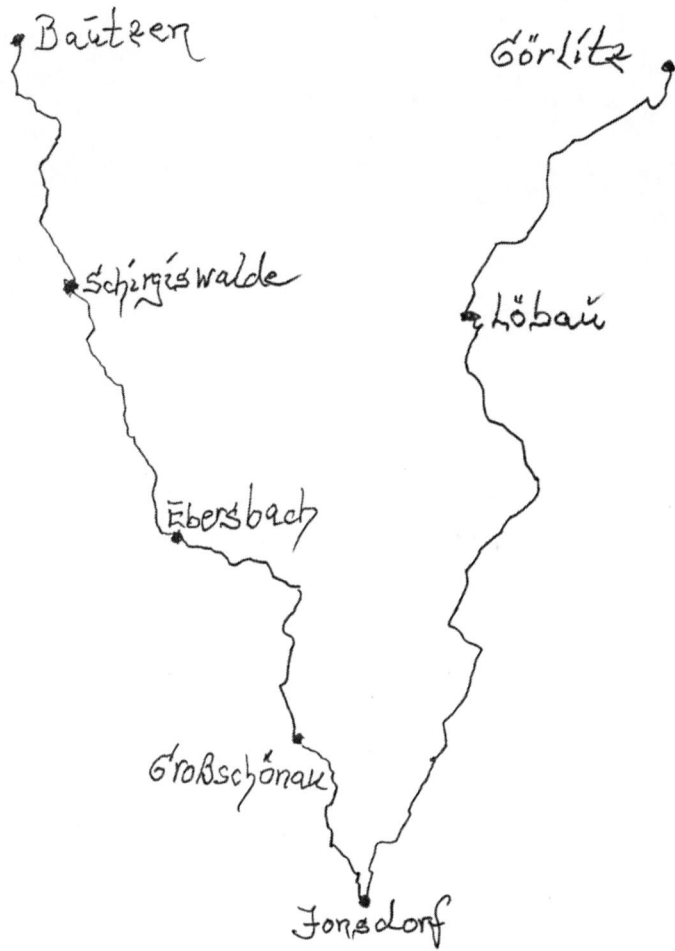

Planung

1. Tag
Zugfahrt Berlin-Bautzen

2. Tag
Bautzen bis Schirgiswalde 20 km

3. Tag
Schirgiswalde bis Neuspremberg 22 km

4. Tag
Neuspremberg bis Kurort Jonsdorf 20 km

5. Tag
Kurort Jonsdorf über Oybin bis Zittau (Bimmelbahn)

6. Tag
Zittau bis Herrnhut 17 km, weiter bis Löbau Zugfahrt

7. Mai 2005, 8,5 km

Pünktlich, trotz Bedenken, weil alle Züge Verspätung haben, beginnt die Reise in die Oberlausitz.

In Cottbus muss ich umsteigen und sitze auf der Fahrt nach Görlitz einer etwa 80-jährigen, sehr gesprächigen Frau gegenüber, wie sich später herausstellt, in der Europastadt geboren.

Während der eineinhalbstündigen Fahrt erfahre ich, weil ich zwar mundfaul, aber dafür ein guter Zuhörer bin, dass ihre Mutter 103 Jahre alt geworden ist, ihr Ehemann mit achtzig Jahren verstarb, ihre Tochter, der Schwiegersohn und ein Enkelkind vor neunzehn Jahren bei einem Verkehrsunfall tödlich verunglückten und ihre Enkelin in Stuttgart studiert und deshalb sehr selten bei ihr ist. Außerdem besitzt sie in Spremberg am Stausee einen Bungalow, in den sie im Sommerhalbjahr häufig aus Cottbus flüchtet.

Schließlich ist Görlitz erreicht. Ich trage ihren Koffer auf den Bahnsteig, weil die betagte Dame keine schweren Sachen tragen darf. Dann verabschieden wir uns, unsere Wege trennen sich.

Sie sucht Bekannte in Görlitz auf, während ich meine Fahrt nach kurzer Wartezeit nach Bautzen fortsetze.

In Bautzen angekommen, zunächst schnell eine SMS an meine Lieben, die auf der Autobahn in Richtung Hamm sein müssen. Anschließend geht es auf Zimmersuche.

In der Innenstadt sind mir die Preise zu hoch, sodass ich mein Handy benutze und die von mir schon bei der Reisevorbereitung ausgesuchte Pension anrufe.

Ich habe Glück, ein Zimmer ist frei und ich kann in aller Gemütlichkeit durch die Stadt zu meiner Pension schlendern. Wie mir vorher gesagt wurde, stecke der Hausschlüssel in der Tür. Das trifft zwar nicht zu, aber ich finde ihn unter einem Teller auf der Fensterbank.

Wie besprochen, rufe ich die Gastgeberin an und werde von ihr telefonisch zum Zimmer 8 geleitet, aber es gibt kein Zimmer mit dieser Nummer.

Jetzt soll ich die anderen Zimmertüren öffnen, aber alle sind verschlossen. Schließlich werde ich in den ersten Stock geleitet, dort befindet sich ein 3-Bett-Zimmer. Ich kann mir ein Bett aussuchen.

Damit ist das Kapitel Zimmersuche beendet. Ich dusche schnell, ziehe mich um und begebe mich dann in die Stadt, einmal, um zu essen, und zum anderen, um Aufnahmen von den Sehenswürdigkeiten und Baudenkmälern zu machen.

Das Essen in der Gastschänke „Zum Haseneck" ist vorzüglich und schmeckt köstlich.

Legierte Spargelsuppe
gespickter Kaninchenrücken in einer delikaten Apfel-Curry-Soße
dazu Petersilienkartoffel und Tomatensalat
Vanilleeis mit heißen Himbeeren
Euro 12,80

Weil aber die Zeit der Dämmerung anbricht, zahle ich und gehe zunächst zum alten Zollhaus, um den Weg für den nächsten Tag zu erkunden.

Nachdem ich bei dieser Suche bereits fast die Talsohle erreicht habe, laufe ich das letzte Stück bis ins Tal hinunter, um hier über die Spreebrücke auf die andere Seite zu gelangen. Überdies war diese Idee hervorragend.

Wunderbare Aufnahmen sind das Ergebnis, leider mit der Folge, dass ich vor lauter Begeisterung mein Ziel Richtung Pension völlig aus den Augen verliere und schließlich nicht mehr weiß, wo ich mich befinde. Ich habe mich schlicht und einfach verlaufen.

Es ist mittlerweile 22.00 Uhr, keine Menschenseele weit und breit. Ich schlage nach meinem Gefühl eine andere Richtung ein, bis ich plötzlich zwei junge Leute sehe, die gerade ihr Auto besteigen wollen. Vor Aufregung und Ratlosigkeit weiß ich weder den Namen der Pension noch die Straße, in der sich meine Unterkunft befindet. Mir fällt nur ein, dass ich auf dem Weg in die Stadt rechter Hand an der Mauer der großen Justizvollzugsanstalt entlang marschierte.

Aber dieser Hinweis erweist sich leider als wenig hilfreich, weil ich nicht sagen kann, ob es sich um die berüchtigte Anstalt vergangener Zeit oder den wirklichen Knast handelt. Doch plötzlich habe ich einen Geistesblitz, mir fällt der Straßenname ein, es ist die Ritschelstraße.

Zufälligerweise wohnt der Freund des angesprochenen Autofahrers dort und die weibliche Begleitung macht unvermittelt den Vorschlag, mich dorthin zu fahren.

Ist das freundlich, hilfsbereit und nicht unbedingt selbstverständlich? Und da sage noch einer etwas gegen die Ossis.

Wir brauchen mit dem Auto etwa zehn Minuten bis zur Pension, weil ich eine völlig entgegengesetzte Richtung eingeschlagen habe. Ich bedanke mich vielmals für die Hilfe und begebe mich sofort ins Bett.

Das Bett erweist sich aber als Problem, weil das Kopfkissen und die Bettdecke zu dünn sind. Vier, fünf oder gar sechs Mal muss ich aufstehen, bis die richtige Lage oder Müdigkeit den ersehnten Schlaf bringen.

08. Mai 2005, 22,9 km

Nach einer nicht ganz ohne Probleme verbrachten Nacht – das Kopfkissen war miserabel – stehe ich um 7.00 Uhr auf, dusche, packe meinen Rucksack und gehe zur Frühstückspension, aber ein Haus Nummer 17 gibt es nicht. Schließlich frage ich im Haus Nummer 15 und bin richtig.

Von der Haushälterin werde ich gebeten, die Rechnung im Haus Nr. 17 a zu begleichen, dann wird das Regenzeug angezogen und der Marsch beginnt. Regen und Sonne begleiten mich abwechselnd den ganzen Tag, sogar Hagel bleibt nicht aus.

In Rodewitz kehre ich um die Mittagszeit in einem Wirtshaus ein und bekomme einen Wanderweg durch die Felder über Kirschau beschrieben. Auf diesem Weg rufe ich in Schirgiswalde bei Frau Berge an und erfahre vom Sohn des Hauses, dass ein Einzelzimmer seines Wissens frei sei.

Schirgiswalde empfängt mich mit Sonnenschein und eine au-
ßergewöhnliche Kirche ist schon aus der Ferne ein Blickfang.
Der Fiebigweg ist nach der guten Wegbeschreibung des Gast-
gebers schnell gefunden und auch der Hinweis, dass der Aufstieg sehr steil ist, trifft zu.

Auf halbem Wege beim Anstieg werde ich von einer mir ent-
gegenkommenden Frau angesprochen und gefragt, ob ich der
Wanderer sei, der ein Zimmer bestellt hat. Ich bestätige die
Frage und nach längeren Überlegungen, ob ich das Zimmer im
Erdgeschoss oder im ersten Stock bekommen soll, schlägt die
Vermieterin vor, ich möge mir von ihrem Sohn beide Zimmer
zeigen lassen, weil sie noch einen kurzen Besuch machen
muss. In fünf Minuten würde sie aber wieder zurück sein.

Weil gerade die Sonne scheint und eine Bank vor der Haustür
zum Verweilen einlädt, beschließe ich, mich in die Sonne zu
setzen und auf die Pensionswirtin zu warten. Aber wie nicht
anders abzusehen, ist die Phase des Sonnenbades nicht von
langer Dauer und weil es kalt wird, entscheide ich mich doch,
mit der Zimmerbesichtigung zu beginnen.

In diesem Augenblick kommt Frau Berge um die Ecke und die
Qual der Wahl beginnt erneut rhetorisch. Ich entscheide mich
für das Zimmer im zweiten Stock und bin damit zufrieden.

Nachdem ich noch in Erfahrung gebracht habe, dass ich in der
Marktschänke wie auch in der Gondelseebaude gut zu Abend
essen kann, mache ich mich frisch und gehe trotz 22,9 km
Wanderung noch die Stadt erkunden.

Die Kirche ist, wie recht häufig, verschlossen, denke ich, doch
da irrt der Meister. So gewaltig der Eindruck von der äußeren
Fassade ist, so erhaben ist er auch vom inneren Aussehen.

Mein Weg führt mich nach dem Kirchenbesuch ungewollt zur
Gondelseebaude. Ich kehre ein und bin sofort von der Atmo-
sphäre beeindruckt. Eine 8-Personengruppe diskutiert über das
Unvermögen der Stadtbeamten.

Dabei stellt sich heraus, dass das Bauamt einen Aussichtsunterstand auf einem Grundstück errichtet hat, das ihr überhaupt nicht gehört. Erschwerend kommt hinzu, dass der rechtmäßige Eigentümer dieses verpachtet hat und der Pächter (Jäger) wegen Wertminderung vom 10-Jahres-Pachtvertrag zurücktreten will, weil kein Wild mehr vor die Flinte kommt.

Nun wird vermutlich der Unterstand wieder entfernt werden müssen. Ob die Tierwelt aber jemals wieder zurückkehrt, bleibt zumindest fraglich.

Weil sich leider abzeichnet, dass die acht Gäste aufbrechen und außerdem mein Rückweg doch ziemlich weit ist, zahle ich und gehe in die Stadt zurück, um in der Stadtschänke einzukehren.

An der Theke sitzen drei Männer, arbeitslos, wie sich im Laufe des Zuhörens herausstellt. Ein vierter junger Mann, offensichtlich ebenfalls arbeitslos, gesellt sich nach einiger Zeit zu dem Trio und berichtet von seiner neuesten Nachricht des Arbeitsamtes. Danach ist er als Maurer nicht mehr vermittelbar, weil er zu alt sei. Wohlgemerkt, er ist 28 Jahre alt, Maurergeselle mit 10 Jahren Berufserfahrung. Auf seine Nachfrage wird ihm mitgeteilt, dass das Arbeitsamt angewiesen worden ist, nur noch Jugendliche zu vermitteln.

Meine Meinung: Politiker sollten Zwangskneipenbesuche aufgebrummt bekommen, damit sie beim Thekengespräch die Nöte und Stimmungen des Volkes erfahren.

Da ich gut gesättigt bin, – ich habe Gulasch mit böhmischen Knödeln gegessen – und die Bierchen nach der anstrengenden Wanderung nicht ohne Wirkung bleiben, zahle ich und begebe mich auf den Heimweg. Es wird noch schnell eine Aufnahme von der angestrahlten Kirche gemacht; dann geht es den steilen Weg aufwärts und direkt ins Bett.

Licht aus und ein gesunder Schlaf bringt mich in den nächsten Morgen, allerdings mit bösem Erwachen. Kopfwch ist angesagt.

09. Mai 2005, 19,8 km

Es ist 8.10 Uhr, ich habe bereits geduscht, eine Kopfschmerz-
tablette genommen und gehe zum Frühstück. Es ist umfangreich und gut, aber immer wieder besucht mich der Hauskater,
mit der Folge, dass die Hausherrin ihn wieder fortscheucht.

Dann zahle ich, für Zimmer mit Frühstück 15 Euro, und setze
meine Wanderung fort. Der Himmel ist nicht nur verhangen,
sondern es fallen bereits die ersten Regentropfen, also bleibt
mir nichts anderes übrig, als Regenhose und Regenumhang
anzuziehen. Der Weg bis Sohland ist abwechslungsreich und
ohne Probleme, aber von hier aus reißt die Pechsträhne nicht
ab.

Statt nach Taubenheim zu laufen, wähle ich die entgegengesetzte Richtung. Den Irrtum bemerke ich nach vier Kilometern,
bedeutet acht Kilometer unnötig gelaufen. Außerdem drückt

bereits seit Beginn der heutigen Wanderung der Magen, sodass ich fast geneigt bin, ein Gebüsch zu suchen und mein Geschäft zu verrichten. Glücklicherweise schaffe ich es aber noch bis zum Ratskeller in Sohland, wo ich mich erleichtern kann. Jetzt geht's mir wieder besser.

Nach diesen unliebsamen Überraschungen will ich mit dem Zug bis Ebersbach fahren, aber wie an diesem Tag nicht anders zu erwarten, auch am Bahnhof eine unerfreuliche Information. Der nächste Zug nach Ebersbach fährt erst in zwei Stunden.

Was bleibt mir anderes übrig, als bis Taubenheim zu laufen oder zu warten. Ich laufe und beabsichtige, dort in den Personenzug zu steigen. Glücklicherweise hält eine Autofahrerin, die ich nach dem Weg fragen will, jung hübsch und entscheidungsfreudig. Bevor sie mir den Weg erklärt, entscheidet sie sich dafür, mich einsteigen zu lassen und bis zu sich nach Hause mitzunehmen. Von dort ist der Weg leicht erklärt.

Ich laufe, nachdem ich mich für die Hilfsbereitschaft bedankt habe, den beschriebenen Weg, während sie die letzten Meter bis zu ihrer Haustür fährt.

In Taubenheim an vielen Häusern Sonnenuhren, dafür ist dieser Ort bekannt. Weil ich aber nicht so recht Verlangen habe, hier zu übernachten, schlendere ich zum Bahnhof, um von hier, wie vorgesehen, mit der Eisenbahn zu fahren. Abfahrt soll nach dem aushängenden Fahrplan um 15.38 Uhr sein, also in knapp zwei Stunden, Zeit genug, um ein Glas Tee in der Bahnhofsschänke gegenüber zu trinken.

Leider montags Ruhetag. Ich setze mich in die Sonne, da fährt um 14.38 Uhr ein Zug in Richtung Ebersbach vorbei. Der ausgehängte Fahrplan ist leider nicht geändert worden.

Am Busbahnhof stelle ich fest, dass ich über den Umweg nach Oppach noch eine Busverbindung nach Ebersbach erreiche und so komme ich endlich um 16.00 Uhr am heutigen Ziel an.

Eine freundliche Frau begleitet mich zum TUI-Reisebüro, weil das Touristenzentrum bei der Stadtverwaltung schon geschlossen hat. Die Reisebüroangestellte versucht alles, um mir zu helfen. Schließlich finde ich in der Pension „Zur Pferdewirtin" für 35 Euro eine Bleibe, aber der Wirt muss einkaufen und ich soll mich deshalb beeilen, es seien nur fünfzehn Minuten Fußmarsch. Nach Auskunft der netten, jungen Frau sind es aber vier Kilometer.

Auf dem Weg, der mir beschrieben wurde, komme ich am Gasthaus „Brauerei" vorbei. Fragen kostet nichts, denke ich und kehre ein. Ein Einzelzimmer ist frei, 22 Euro mit Frühstück, ich bleibe, aber wohlerzogen, wie ich bin, bitte ich die neue Gastgeberin, bei der Pferdewirtin abzusagen. Sie erledigt auch den Auftrag, anonym versteht sich.

Und jetzt beginnt sich die heutige Pechsträhne zum Guten zu wandeln.

Der Schankraum ist ein Prachtstück, ein Gewölbe auf einer 200 Jahre alten Säule, die Wirtin eine Gastgeberin, wie man sich beherbergt wissen möchte, ihr Mann ein Koch par excellance.

Mir wird sofort erklärt, wie ich morgen zu gehen habe, um alle drei Spreequellen zu finden, aber ich müsse heute noch unbedingt auf den Schlechteberg und dort auf den Aussichtsturm, weil der Rundblick von dort oben unvergesslich sei.

Trotz der bereits zurückgelegten zwanzig Kilometer greife ich den wohlgemeinten Vorschlag auf, allerdings laufe ich ohne Überlegung los, nämlich ohne Pullover, mit der Folge, dass ich empfindlich friere, weht doch auf der Höhe ein kräftiger Wind.

121 Stufen, die Leiter zur Glückseligkeit. Eine unbeschreibliche Fernsicht ist Erfüllung für die Anstrengung des Aufstieges. Belohnt werde ich im Gasthaus mit einem delikaten Mahl und einer Frauenrunde. Sieben Mädchen, zusammen etwa 450 Jahre jung, aber fit wie 14 Turnschuhe.

So hat der wirklich unerfreuliche Beginn des Tages noch einen gelungenen und zufriedenstellenden Abschluss gefunden.

10. Mai 2005, 26,6 km

Heute ist Dienstag. Das Wetter sieht vielversprechend aus. Die charmante Gastgeberin erklärt mir nochmals den Weg zu den Spreequellen, dann marschiere ich los. Die Wegbeschreibung und die Karte der Stadt Ebersbach sind hervorragend.

Nach den ersten sechs Kilometern habe ich die Spreequelle am Kottmar erreicht. Im düsteren Wald, der richtig gespenstisch wirkt, sieht das Rinnsal wie ein nicht ganz zugedrehter Wasserhahn aus.

Von hier geht es zur zweiten Quelle, Spreeborn genannt.

Auf dem Ameisenweg erreiche ich die Hauptstraße und durch das Industriegebiet, an den Garagen vorbei, den Spreeborn.

Um zur dritten Quelle zu gelangen, wird es etwas problematischer, weil die Karte von Ebersbach dieses Gebiet nicht mehr erfasst und die Wegbeschreibung meinem Gedächtnis entschwunden ist. Dafür mache ich aber einen Wegweiser aus, sodass eigentlich das Auffinden der dritten Quelle keine Schwierigkeit mehr bereiten soll. Trotzdem frage ich vorsorglich noch einen jungen Mann nach dem Weg zur Spreequelle, ein verhängnisvoller Fehler, wie sich herausstellt.

„No, da gehn se bis zur Straße dott! No, und dann rechts und dann könn Sie sie nich übersähn!"

Ich gehe wie beschrieben, finde aber keine Quelle. Ich gehe zurück, da kommt ein junges Mädchen aus einem Kaufhaus. Kurz entschlossen frage ich sie, ob sie mir sagen kann, wo die Spreequelle ist.

Sie guckt mich an, als wäre ich nicht ganz aus dieser Welt. „Nu, dott doch," und zeigt auf das Kaufhaus. In großen Buchstaben steht über dem Eingang „Spreequelle." Ich kläre sie auf, dass ich die richtige Quelle suche, damit ist sie aber überfordert. Doch dann erhellt sich ihr Gesichtsausdruck. Im Kaufhaus ist ein Brunnen, der ist aber augenblicklich mit Bänken verstellt. Ich soll aber vorsorglich drinne nachfragen. Also begebe ich mich zum Eingang und kurz bevor ich das Kaufhaus betrete, sehe ich einen Blumenverkäufer, der amüsiert meinen Bericht über das Finden der Spreequelle anhört. Dann erhalte ich eine ausführliche Wegbeschreibung und stehe schließlich vor der dritten und letzten Quelle.

Den Weg nach Seifhennersdorf zu finden, erweist sich fast so schwierig, wie am Vortag das Ausfindigmachen von Taubenheim.

Da mir Seifhennersdorf vermutlich aus den bekannten Gründen nicht gefällt, beschließe ich, bis Groß-Schönau mit dem Bus zu fahren. Der Busfahrer erweist sich als wahrer Glückstreffer. Er empfiehlt mir eine Pension, die gleichzeitig Gaststätte ist, „Zur deutschen Eiche" und macht auch noch mit dem Bus einen Umweg, damit ich nicht so weit laufen muss. Das weckt natürlich sofort freudige Erinnerungen an Kühtai in mir.

Nach 26,6 Kilometern verspüre ich nur noch Lust auf ein gutes Essen und einige Bierchen. Beide Wünsche werden mir erfüllt, ein Wildgericht und Herforder Pils, damit ich die Heimat nicht vermisse, wie der Kellner bemerkt. Gleichzeitig schlägt er vor, mir in Jonsdorf, meinem nächsten Tagesziel, ein Zimmer zu besorgen. Ich willige ein und entscheide am nächsten Morgen, mit dem Bus bis Jonsdorf zu fahren und dort ohne Rucksack die Gegend zu erwandern. Folglich kann ich mir noch ein, zwei Bierchen genehmigen und mit der nötigen Bettschwere dem nächsten Tag entgegenträumen.

11. Mai 2005, 13,3 km

Dass die Überlegung des Vortages richtig war, stellt sich bei der Wanderung um Jonsdorf heraus.
Am Autobus werde ich bereits vom Gastwirt erwartet. Ich erhalte mein Zimmer, stelle den Rucksack ab und kann loslaufen. Aber wohin?
Ich frage ein junges Mädchen, vermutlich die Tochter des Hauses. Die Nonnensteine, immer geradeaus. Und dann geht es los. Die Nonnensteine sind bereits eine kleine Kletterpartie. Die Stufen werden schon eine körperliche Herausforderung, weil sie teilweise sehr hoch sind. Mit Rucksack wäre es sicherlich schwer geworden. Die Felsgebilde sind gigantisch, zumal der Fantasie keine Grenzen gesetzt sind. Mal erkennt man einen Greisenkopf, dann wieder eine Ansammlung von mehreren Köpfen oder bei einer Wende um neunzig Grad ein faszinierendes Gebilde menschlicher Körper, wohlgemerkt alles Fantasiegebilde.
Von den Nonnensteinen wandere ich weiter zu den Mühlsteinbrüchen. Unterwegs überschreite ich kurz die Grenze und bin in Tschechien.

Im Steinbruch folgt ein beeindruckendes Monument dem anderen, als da sind kleine und große Orgel, der Bernhardiner oder das schwarze Loch, um nur einige der bizarren Felsformationen zu nennen. Unterwegs werde ich von einem Walker auf den Carolinenfelsen aufmerksam gemacht, weil man von ihm einen wunderbaren Rundblick hat und außerdem durch Markierungen auf einem Hinweistisch die Berge und Ortschaften anpeilen kann. Von hier oben entdecke ich in weiter Ferne, nicht mehr ganz klar zu erkennen, am Horizont den Jeschken in der Tschechei, 1010 m hoch soll er sein.

Auf dem Weg hinab nach Jonsdorf komme ich noch an der Mausefalle und an den drei Tischen vorbei, dann ist die Bergwanderung beendet. Weil es aber noch früher Nachmittag ist, gehe ich außerdem zum Bahnhof, um die Abfahrtzeiten in Erfahrung zu bringen.

Kurze Besichtigung der Dorfkirche und weil nach meiner Erinnerung in Kürze ein Bummelzug ankommen wird, entschließe ich mich, zum Bahngeleise zu gehen und den seltenen Zug zu fotografieren. Ich habe zwei ausgezeichnete Standpunkte für die Schnappschüsse ausgemacht, nur dreißig Schritte voneinander entfernt. Vom ersten Punkt kann ich den ankommenden Zug aufnehmen, wobei die Geleise direkt frontal vom Objektiv zur Lokomotive verlaufen. Der zweite Aufnahmepunkt auf der anderen Seite der Schienen erfasst den ganzen Zug in einer Kurve. Dabei sind zwei Birken linker und rechter Bildrahmen. Zwei ausgezeichnete Fotos, nur leider kommt die Eisenbahn nicht.

Ich warte fünf, zehn und schließlich fünfzehn Minuten – nach meiner Erinnerung sollte der Zug um 14.58 Uhr kommen, jetzt ist es bereits 15.06 Uhr – folglich gebe ich auf.

Ich bin gerade etwa hundert Meter gelaufen, da sind meine so schönen Schnappschüsse nur noch in meiner Fantasie. Lediglich die üblichen Bilder kann ich einfangen, aber auch die erfüllen meine Erwartungen.

Dann geht es zurück zur Gaststätte „Am Buchberg", um diesen, sicherlich anders anstrengenden, Tag ausklingen zu lassen. Vorzügliche Oberlausitzer Küche genossen und ein Bierchen getrunken, da mache ich eine auffällige, interessante Beobachtung.

Ein Ehepaar, vor etwa zehn Minuten eingekehrt, setzt sich an einen Tisch, der von der Theke nicht einzusehen ist. Nach geraumer Zeit, die Bestellung für Essen und Getränke ist bereits aufgenommen, geht der Mann zur Toilette. Das ist sicherlich nichts Aufsehenerregendes. Zurückgekehrt, bleibt er aber an der Theke stehen, macht der Kellnerin Zeichen, leise zu sein, bestellt einen doppelten Schnaps, trinkt, zahlt und geht zu seiner Frau.

Was lernen wir daraus?

„Willst Du Schnaps trinken, setze Deine Frau in eine nicht einsehbare Ecke, geh' pinkeln, trinke, zahle und widme Dich wieder Deiner Frau!"

Gute Nacht, dieser Tag war schön.

12.Mai 2005, 21,2 km

Nach dem Frühstück geht es zunächst zu Fuß nach Oybin. Da die erste Wegstrecke ziemlich steil aufwärts geht, komme ich leicht ins Schwitzen. Doch schließlich ist, nachdem ich den höchsten Punkt passiert habe, Oybin erreicht und ich erklimme die Bergkirche, ein barockes Kleinod.

Eine Besichtigung des idyllischen Ortes schließt sich an, dann schlendere ich zum Bahnhof. Ein Bummelzug fährt gerade ein. Ich erfahre, dass dieser Zug weiter nach Jonsdorf fährt, von wo ich gerade herkomme und von dort nach Zittau rollt. Weil dieser Sonderzug einen Barwagen führt, entschließe ich mich, einzusteigen. Ich bestelle eine große Cola und ein Griebenschmalztöpfchen, dann beginnt die gemütliche Fahrt mit der Schmalspurbahn.

Etwa eineinhalb Stunden braucht das Bähnle bis Zittau. Ich bin gegen diese Stadt von der ersten Minute an voreingenommen. So kaputt und verwahrlost habe ich selten eine Stadt in Ostdeutschland angetroffen. Trotzdem können die Hotelbetriebe bei den Preisen zuschlagen und sind verwundert, wenn der Gast ihnen den Rücken kehrt. Ich entscheide mich, hier nicht zu verweilen und komme auf die Idee, direkt nach Löbau zu fahren. Da in wenigen Minuten ein Autobus in diese Richtung fährt, ist die Idee in die Tat umgesetzt.

Kurz vor Löbau frage ich den Busfahrer und danach auch mitfahrende Schüler, wo der Stahlturm in Löbau zu finden ist, aber keiner kennt ihn, bis ein junger Mann den Geistesblitz hat, es könne sich um den gusseisernen Turm auf dem Löbauer Berg handeln.

Daraufhin geben mir alle Anwesenden, die die Unterhaltung verfolgt haben, zu verstehen, dass ich hier aussteigen muss. Der junge Mann steigt ebenfalls aus und bietet mir an, mich zum Gasthaus am Turm zu bringen, weil er dort gerade sein Praktikum macht. Auf dem Weg erfahre ich nach kurzer Zeit den Preis für ein Zimmer, nämlich 60 Euro. Daraufhin verabschiede ich mich von meinem freundlichen Begleiter und laufe in die Stadt zurück, um in der Touristeninformation nach einer preisgünstigen Pension zu fragen. Mir wird umgehend eine Pension in der Lessingstraße vermittelt und ich bekomme einen Stadtplan mit der Erklärung, wie ich mein heutiges Domizil finde.

Ich marschiere los, doch nach wenigen Minuten fällt mir ein, ich weiß weder den Namen der Pension noch die Hausnummer. Kurz entschlossen gehe ich in ein Allianzbüro, vor dem ich gerade stehe und schildere den anwesenden Angestellten mein Problem, in der Hoffnung, dass sie bei der Touristinformation anrufen. Doch es kommt ganz anders. Ein junger Bursche der Allianz geht mit mir vor die Tür, erklärt mir den Weg zur Lessingstraße, erwähnt dann beiläufig „Pension Anna", es ist die einzige Herberge in dieser Straße.

Die Unterkunft ist dann schnell gefunden.

Nachdem ich mich frisch gemacht habe, spaziere ich in die Altstadt, um die sehenswerten Baudenkmäler in Augenschein zu nehmen. Es ist zwar inzwischen fast 18.00 Uhr, trotzdem ist die Rathaustür noch auf; also gehe ich hinein, weil im Rathaus eine interessante Deckenkonstruktion und ein interessanter Sitzungssaal sein sollen. Wie ich vom Portier erfahre, ist heute eine öffentliche Ratssitzung, sodass ich sowohl die Deckengestaltung wie auch den Sitzungssaal besichtigen und fotografieren kann. Letzteren im Bild festzuhalten, verkneife ich mir.

Auf dem Weg zum Restaurant „Mönch" komme ich an einem Fotogeschäft vorbei, gleichzeitig auch Teeladen. Ich frage nach einer SD-Karte und erhalte eine 64-MB-Ausführung für 25 Euro, wovon mir 5 Euro nachgelassen werden.

Im „Mönch" bin ich einziger Gast. Ich weiß nicht, warum, aber ich probiere, die neue SD aus und siehe da, die Karte ist defekt. Mit Ärger im Bauch zahle ich, gehe in meine Pension, trinke noch ein Glas Wasser und schlafe dann, trotz der unerfreulichen Erlebnisse, – Zittau, SD-Karte, – schnell ein.

13. Mai 2005, 12,8 + 9,2 km

Das Frühstück in der „Pension Anna" ist reichlich und gut gestärkt mache ich mich auf den Weg zum gusseisernen Turm.
Nach einem anstrengenden, steilen Aufstieg und 119 Stufen
habe ich die Oberlausitz zu Füssen liegen. Der Blick von hier
oben ist überwältigend, wie das Erreichen der obersten Plattform höchst eindrucksvoll war. Der gesamte 28 Meter hohe
Turm ist aus 6000 Einzelteilen, alle aus Gusseisen, zusammen-
gebaut und das 1854 in nur zweieinhalb Monaten Arbeitszeit.

Ich weiß nicht, wohin ich zuerst schauen soll. Auch der „Guss-
eiserne" verlockt zu immer wieder neuen Nahaufnahmen. Im
„Turmrestaurant" werde ich sofort von dem jungen Burschen
begrüßt, der mich gestern zum Turm führen wollte.
Ich erfahre, dass der Weg zum Bahnhof Zoblitz etwa zwei

Stunden in Anspruch nimmt und laufe los, weil der wunderschöne Tag geradezu den Fußmarsch herausfordert.

Unterwegs komme ich an einer im Bau befindlichen Waldbühne vorbei. Das Podest selbst ist bereits errichtet. Es ist so verlockend und einladend, hier etwas vorzutragen, dass ich spontan auf das Podium steige und aus voller Kehle fortissimo das „Chiantilied" anstimme. In der klaren Atmosphäre, mitten im Wald, ist der Schall grandios. Frohgelaunt setze ich meinen Marsch auf der Wanderroute Aachen – Görlitz, dem Wanderweg zur Deutschen Einheit, fort.

Kurz vor Zoblitz fährt der Zug nach Görlitz an mir vorbei, was bedeutet, zwei Stunden warten, weil die Züge im Zwei-Stunden-Takt verkehren. Da ich aber ein Stück des Weges auf der Bundesstraße gehen muss, komme ich an einer Bushaltestelle vorbei. Das Studium des Fahrplanes ergibt, in fünfzehn Minuten kommt ein Bus. Ich disponiere folglich um und bin um 14.00 Uhr in Görlitz.

Im Bahnhof beschäftige ich mich mit dem Infoplan und stelle fest, dass es eine Vielzahl von Sehenswürdigkeiten zu entdecken gibt.

Auf dem Weg zum Touristenbüro komme ich am „Hotel Europa" vorbei. Ich beschließe, nach dem Preis zu fragen und gehe in das Gebäude. Im Haus werde ich durch verwirrend angebrachte Hinweisschilder fehlgeleitet. Schließlich ein Aushang „Neue Gäste bitte am Eingang klingeln." Mir reicht es, hier bleibe ich nicht.

Ich gehe zum Gästebüro und werde hier sehr freundlich empfangen. Wie mir gesagt wird, wurde vor fünf Minuten ein freies Einzelzimmer ganz in der Nähe gemeldet. Ich laufe also die wirklich wenigen Schritte durch die Büttnergasse und werde bereits vom Pensionswirt erwartet. Eine alte, bezaubernde Pension, in der man sich sofort wohlfühlt, ist für diese Nacht meine Bleibe.

Herr Zaremba beschreibt mir sofort unaufgefordert, welchen Weg ich einschlagen muss, damit ich so viel Sehenswürdigkeiten wie möglich besuchen kann. Sein Vorschlag ist für mich unwahrscheinlich hilfreich. Ich spaziere zunächst zum Frauenturm, der wegen seiner Mauerstärke, die zum Teil fünf Meter beträgt, auch „Der Dicke" genannt wird – wohlgemerkt, nicht wegen der Frauen –, bis ich schließlich nach mehr als zwei Stunden am Nikolaifriedhof meine Runde beendet habe.

Im „Dreibeinigen Hund" kehre ich zum Abendessen ein und beabsichtige, bis zum Anbruch der Dunkelheit in dieser gemütlichen Wirtschaft zu verweilen. Weil aber die weibliche Bedienung nicht auf meinen Wunsch, die Tür zum Garten wegen des unangenehmen Luftzuges zu schließen, eingeht, zahle ich und wechsele das Lokal. Zu meinem Glück, denn die Gastwirtschaft, die ich jetzt aufgesucht habe, ist das Gastronomieerlebnis von Görlitz. Ein Gewölbekeller, so groß, dass man sich darin verlaufen kann. Urgemütlich, freundliche Bedienung, warm und einfach schön. Nach einigen Bierchen „Landskron" versteht sich, wird dieses Bier doch in Görlitz gebraut, verlasse ich die gastliche Stätte und mache nochmals, jetzt bei Dunkelheit und in kleinerer Dimension, die Runde.

Dann geht es in die Büttnergasse 8 und ein bezaubernder Tag muss heute ohne Schlaftrunk seinen Abschluss finden, weil die nahe gelegene „Destille" bereits geschlossen hat. Es ist kurz vor 23.00 Uhr.

14. Mai 2005, 4,3 km

Entgegen den sonst üblichen Räumlichkeiten, ist in der „Pension Zaremba" der Frühstücksraum nicht im Erdgeschoss, sondern im 2. Stockwerk. Und was für ein Juwel. Vom Vertiko über alte Grammophone, Fotoapparate und Porzellan bis zum Billardtisch, alles Antiquitäten für Liebhaber.

Ich bin der erste Gast, aber kurze Zeit später kommt ein Ehepaar, aus Hannover wie sich herausstellt, welches gerade in Breslau war und ebenfalls für einen Tag in Görlitz Station macht. Sie sind, wie ich, von dieser Pension begeistert. Trotzdem muss ich an den Aufbruch denken, denn der Zug wartet nicht.

Erstaunlicherweise ist die Lausitzbahn nach Cottbus rappelvoll, aber alle finden einen Sitzplatz.

In Cottbus muss ich umsteigen, was ohne Hindernisse vonstatten geht. Während der Fahrt nach Berlin entscheide ich mich, bereits heute nach Hause zu fahren und nicht in Berlin zu übernachten.

Da der Zug in Berlin zehn Minuten Verspätung hat, fährt der Anschlusszug nach Magdeburg nicht aus Gleis 7, sondern vom Bahnsteig gegenüber. Erst im allerletzten Augenblick bemerke ich diese Änderung, sonst wäre eine Stunde Wartezeit der Denkzettel gewesen.

Bis Braunschweig klappt alles wie gewohnt, aber dann ist beim Bahnpersonal in Braunschweig die Kacke am Dampfen. Der ICE von Düsseldorf nach Berlin hat wegen eines Oberleitungsbrandes in Hannover voraussichtlich vierzig Minuten Verspätung. Der IC nach Dortmund fährt mit fünfzehnminütiger Verzögerung nicht aus Gleis 6, sondern aus Gleis 5 und muss über Hildesheim umgeleitet werden. Ob mein Regionalexpress in Hannover einfahren kann, ist noch ungewiss, wir werden es sehen. In acht Minuten soll er eigentlich planmäßig in der Landeshauptstadt sein.

Jetzt stehen wir bereits acht Minuten in Hämelerwald, während ein Güterzug an uns vorbeifährt und wir müssen offensichtlich warten, bis der Schaden in Hannover behoben ist. Doch da setzen wir die Fahrt fort, allerdings nur bis Lehrte. Hier wird durchgesagt, dass die Weiterfahrt wegen des Oberleitungsschadens in Hannover sich auf unbestimmte Zeit verzögert. 18.13 Uhr Durchsage: "So, wenn denn wieder alle an Bord sind, fahren wir wieder ein Stück weiter." Um 18.30 Uhr ist dann schließlich Hannover erreicht. Hier großes Chaos, weil viele Züge unpünktlich sind. Ich bin gespannt, ob der Anschluss in Bielefeld klappt – doch da die Durchsage, 25 Minuten Verspätung. Man will sich bemühen, noch einige Minuten herauszuholen.

Damit findet eine schöne Wanderwoche doch noch ihren erfreulichen Abschluss.

Auf ein Neues!

Wanderung in der Schorfheide

Planung

1. Tag
Zugfahrt Hamm-Berlin-Kolonie Britz

2. Tag
Kolonie Britz bis Rosinsee 14 km

3. Tag
Rosinsee bis Althüttendorf 13,5 km

4. Tag
Althüttendorf bis Friedrichswalde 18 km

5. Tag
Friedrichswalde bis Klein Dölln 14 km

6. Tag
Klein Dölln bis Altenhof 19 km

7. Tag
Altenhof bis Joachimsthal 10 km

13. Mai 2006

Es ist wieder so weit.
Nun sitze ich im Zug und bin gespannt, wie sich meine Wanderung durch die Schorfheide entwickelt.
Die erste Enttäuschung habe ich bereits hinter mir, denn die mir lieb gewordene Strecke nach Berlin über Magdeburg ist von der Deutschen Bahn geändert worden und verläuft jetzt über Stendal und Rathenow.

Aber welch glücklicher Zufall in Braunschweig.

Vierzig Minuten Aufenthalt, also Zeit genug, um am Fahrkartenautomaten die Weiterfahrt nach Berlin neu ausdrucken zu lassen. Und welche Überraschung, es gibt einen Schienenersatzverkehr, also Autobus, bis Königslutter und von hier mit der Eisenbahn weiter nach Magdeburg und dann nach Berlin, wo ich laut Fahrplanauskunft sogar eher eintreffen soll als über die Stendalstrecke. Gibt es bei dieser Sachlage für mich noch etwas zu überlegen, zumal ich in Magdeburg auf dem Bahnsteig 8 wieder meine heiß geliebte Bratwurst essen kann?

Trotz einiger Zweifel ob der Richtigkeit meiner Entscheidung, sitze ich im Bus nach Königslutter und mit jedem gefahrenen Kilometer werden die Bedenken kleiner. Der Bummelzug nach Magdeburg wartet bereits abfahrbereit am Bahnhof, als der Schienenersatzverkehr sein Ziel erreicht.

Ich steige um und sitze allein in einem Abteil für sechzehn Fahrgäste. In Helmstedt steigt ein junger Mann ein und entschließt sich, nicht, wie die anderen Fahrgäste, in den oberen Waggonteil zu gehen, sondern sich mir gegenüber einen Platz zu suchen. Ein für ihn verhängnisvoller Fehler, wie sich herausstellt, denn der Wagen wird als Erster von der Fahrkartenkontrolle aufgesucht.

„Ich habe ein Problem", sagt er zu der Zugbegleiterin, „ich habe keine Fahrkarte!"

„Das macht nichts, deshalb sind wir ja da. Ich verkaufe Ihnen eine!"

„Ja, das ist gut und schön, aber da taucht das nächste Problem auf, ich habe kein Geld! Die Fahrkarte nach Wefensleben kostet 2,80 €!"

„Tut mir für Sie leid, Ihren Personalausweis bitte!"

Die Personalien werden notiert und irgendwie habe ich Mitleid mit dem jungen Mann, aber auf die Idee, die Fahrkarte für ihn zu bezahlen, bin ich nicht gekommen.

In Magdeburg esse ich mit Heißhunger die Bratwurst, ja schlinge sie geradezu hinunter, weil ich nur neun Minuten Zwischenstopp habe, obwohl daraus schließlich fast dreißig Minuten werden, aber das liegt an der Pünktlichkeit der Deutschen Bahn.

In Berlin Ostbahnhof beabsichtige ich, vor der Weiterfahrt nach Eberswalde-Britz telefonisch meine Unterkunft zu buchen, aber bedauerlicherweise finde ich mein Notizbüchlein nicht. Offensichtlich liegt es zu Hause. Kurz entschlossen rufe ich daheim an und bitte Ingrid, mir die Telefonnummer meiner Pension in Britz per SMS zu schicken. Mittels SMS deshalb, weil auf dem Bahnsteig kein vernünftiges Telefongespräch wegen der starken Geräuschkulisse zu führen ist.

Die Nachricht auf dem Handy ist niederschmetternd. „Kein Notizbuch da!" Kurze Zeit später eine zweite Mitteilung, dass das Büchlein auf dem Bett bei den anderen einzupackenden Sachen gelegen habe. Inzwischen habe ich das Handbuch, beim nochmaligen, genaueren Suchen, gefunden und kann deshalb aus dem fahrenden Zug meine Unterkunft festmachen.

In Britz ausgestiegen, rufe ich nochmals in der Pension an und finde nach der mir gegebenen Wegbeschreibung sofort meine Unterkunft für diese Nacht, zumal sie nur fünf Minuten vom Bahnhof entfernt ist. Die Antwort auf meine Frage beim Vermieter, wo ich im Ort zu Abend essen kann, ist enttäuschend und positiv.

Enttäuschend, weil es in Britz zurzeit keine Gaststätte mehr gibt.

Positiv, weil heute Straßenfest, mit einer bekannten Rockband „Die Männer" aus Österreich, gefeiert wird und deshalb höchstwahrscheinlich Würstchenbuden und andere Imbissstände aufgestellt sind.

Und so ist es.

Ich muss zwar 5 Euro Eintritt zahlen, bekomme aber mein heute zweites Würstchen, trinke ein schönes Bier, höre mir die Rockband an und schlendere gegen 22.00 Uhr zur „Pension Volgmann", um das ZDF-Sportstudio anzuschauen.

Letztlich ist aber die Müdigkeit doch größer als der Wunsch, die Sportberichte zu sehen und so mache ich die Flimmerkiste aus und träume den Schlaf der Gerechten.

14. Mai 2006, 21,4 km

Beim Frühstück erfahre ich von meinem Gastgeber, dass er Bäckergeselle ist, und weil nur wenige Personen bereit sind, sehr zeitig aufzustehen, sein Arbeitsplatz so gut wie sicher ist.
Dann begebe ich mich auf meine Wanderung durch die Schorfheide, allerdings zunächst mit einem kleinen Umweg in östlicher Richtung zum Kloster Chorin. Die Wegbeschreibung auf den Wanderwegweisern ist etwas unverständlich, aber ich finde das Mönchsdomizil trotzdem.
Obwohl heute Sonntag ist, sind nur wenige Besucher anzutreffen.
Ich gehe rund um das heute schönste Zeugnis der Backsteingotik, mache natürlich die obligatorischen Aufnahmen und setze dann meinen Weg fort, um das Tagesziel, Althüttendorf, zu erreichen. Das bedeutet, zunächst wieder drei Kilometer zu-

rückzugehen bis zur Abzweigung Britz-Chorin, um dann den Wanderweg nach Althüttendorf einzuschlagen. Es stellt sich sehr bald heraus, dass ich eine gute Entscheidung getroffen habe, als ich die Schorfheide als diesjähriges Wanderziel auswählte. Natur pur. Auf dem Weg bis zu meinem Ziel begegne ich kaum einer Menschenseele.

In Althüttendorf stehe ich auf der Kreuzung, die Wanderkarte in der Hand und mir wird sofort von einer Frau und ihrem Sohn Hilfe angeboten. „Jetzt wissen Sie nicht weiter! Können wir Ihnen helfen?" Nachdem ich mein Problem erklärt habe, werde ich zur Waldschänke geschickt. Hier angekommen, ist der erste Eindruck vielversprechend.

Ich bleibe, dusche, ziehe mich um und gehe in die Schänke. Weil es noch früh am Abend ist und ich demzufolge der erste Gast bin, habe ich die große Auswahl, meinen Platz im Lokal auszusuchen. Ich entscheide mich, in der Gaststube zu bleiben und nicht auf der Terrasse Platz zu nehmen und wie sich später herausstellt, war diese Wahl richtig, weil im Biergarten „Mückentreffen" angesagt ist.

Ich muss meinen Flüssigkeitshaushalt wieder auf den normalen Stand bringen und bin deshalb **gezwungen,** einige Bierchen zu trinken, bevor ich mich den kulinarischen Gelüsten hingebe. Ich bestelle Wildschweinbraten und freue mich auf das Abendessen.

Beim ersten Bissen werde ich sofort skeptisch, ob das mir gebrachte Gericht überhaupt Wildschwein ist, aber ich bin zu kaputt, außerdem zu schüchtern und weil es mir schmeckt, frage ich nicht.

In der Zwischenzeit kommen immer mehr Gäste. Zwei Gruppen fallen mir besonders auf, die Fußballmannschaft des Ortes und ein Pärchen. Die Fußballmannschaft, weil trotz der vielen Runden – und es werden nur Runden getrunken – kaum die Lautstärke am Stammtisch zunimmt, also eine angenehme Gesellschaft. Das Pärchen, ja was soll ich dazu sagen. Schon bei ihrem Betreten des Lokals habe ich einen bestimmten Verdacht und er hat sich im Laufe des Abends bestätigt. Er ein Hänfling, sie eine Matrone. Dann kommt das Essen. Zwei Vorspeisen, wer hat sie fast beide allein verputzt? Dann ein Salatteller und zwei Hauptspeisen, und wie ein Vogel seine Jungen füttert, so wird auch das Weibchen von ihm gestopft.

Es ist nicht mehr mit anzusehen. Ich zahle also und runde den Abend mit einem Gang zum See ab. Ein herrlicher Sonnenuntergang spiegelt sich im Wasser, bevor ein Angler mit seinem Boot die Wasserfläche durchkreuzt und unruhig werden lässt. Ich begebe mich auf mein Zimmer und ins Bett.

15. Mai 2006, 22,2 km

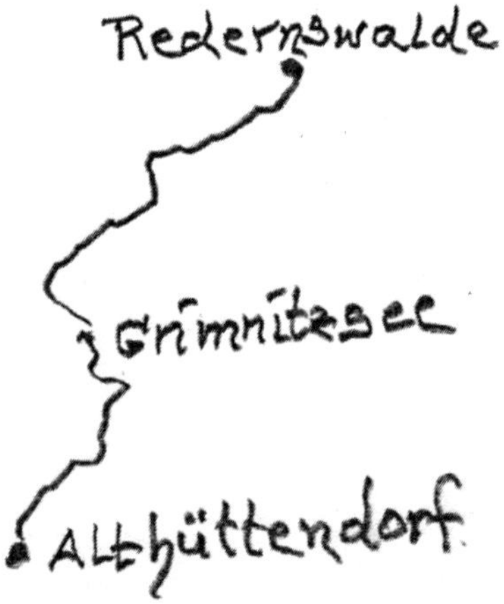

Redernswalde

Grimnitzsee

Althüttendorf

Ich bin der Erste beim Frühstück und bleibe auch allein.
Ich genieße die Ruhe und den Sonnenschein in der Veranda mit

Seeblick.

Gegen 8.30 Uhr mache ich mich schließlich auf den Weg nach Friedrichswalde. Obwohl mir der Gastwirt vom Waldhotel gesagt hat, dass in Friedrichswalde wahrscheinlich keine Unterkunft zu bekommen ist, behalte ich das von mir ausgesuchte Ziel bei.

Es geht vorbei an der Mühle am See bis kurz vor Grimnitz und von dort quer durch den Wald bis zu meinem Zielort. Leider bestätigt sich die Vorhersage meines Wirtes, aber mir wird das Haus Schädler am großen Prässnitzsee empfohlen. Dort bekomme ich auf jeden Fall ein Zimmer, bestätigt mir die Mutter einer bei dieser Pension Beschäftigten und der Postbote, den ich unterwegs treffe und frage. Leider haben beide Angesprochenen nicht gewusst, dass für eine Nacht nicht vermietet wird. „Wir vermieten nur für eine Woche und länger. Versuchen Sie es doch im Gasthof „Zur Eisenbahn" in Redernswalde. Dorthin schicken wir alle Gäste, die für so kurze Zeit bleiben wollen!"

Was bleibt mir also übrig, als noch weitere vier Kilometer zu laufen und im nächsten Ort mein Glück zu versuchen. Und ich habe Glück. Nicht nur, dass ich ein Zimmer bekomme, sondern auch der Wirt ist mir auf Anhieb sympathisch. Sein Speiselokal ist wegen der uckermarkschen Küche ausgezeichnet worden und folglich empfiehlt er mir Gerichte aus seinem Heimatland. Während die „Nudelsupp med Plum un Speck", das ist eine Kartoffelsuppe, püriert, mit Pflaumen und Speck, sehr gut ist, habe ich beim Hauptgericht „Lungenwurst auf Linsengemüse mit Butternudel, das sind Kartoffel, meine Schwierigkeiten. Es hat geschmeckt, ja, aber offensichtlich isst der Verstand mit, und der bereitet Probleme.

Ich habe vergessen zu berichten, dass ich trotz der anstrengenden Wanderung noch den Lennepark im Dorf aufgesucht habe, glücklicherweise. Einen solchen Baumbestand zu bewundern, ist einfach ein Erlebnis. Eichen, Linden, Birken, ein Obstgarten und eine Zeder, alle Bäume Hunderte von Jahren alt und diese von einer Größe und einem Umfang, unbeschreiblich.

Dann hat Herr Hohlfeld mir beim Abschied am Abend – am nächsten Morgen ist er in Berlin – empfohlen, auf dem Weg nach Gollin unbedingt den Umweg über Carinhall, dem ehemaligen Besitztum von Hermann Göring, zu wählen. In Gollin habe er bereits für mich ein Quartier bei Familie Just, in der Dorfstraße 60, festgemacht.

Nach diesen gut gemeinten Hinweisen und positiven Aussichten für den nächsten Tag suche ich mein Schlafgemach auf und nehme die Zudecke vom Nebenbett als zusätzliches Federbett, weil ich friere. Warm eingehüllt falle ich in einen unruhigen Schlaf.

16. Mai 2006, 23,4 km

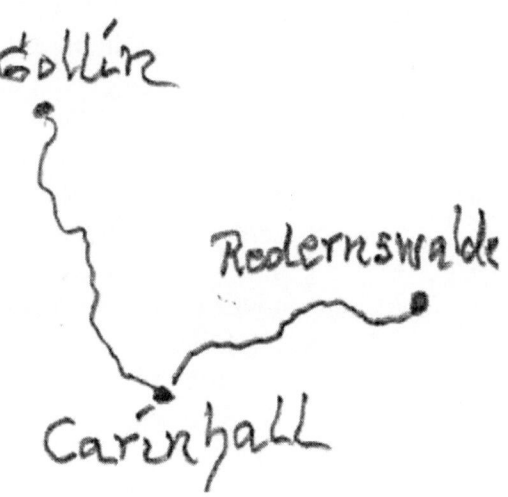

Meine Gastwirtsleute mussten für eine Vertretung sorgen, weil sie selbst einen lange geplanten Berlinbesuch machen. Für mich kein Problem, Hauptsache ich bekomme mein Frühstück und das ist großzügig ausgefallen.

Dann beginnt um 8.30 Uhr die Wanderung nach Gollin.

In Reiersdorf angekommen, muss ich mich entscheiden, ob ich direkt nach Gollin laufe oder den Vorschlag meines Gastwirtes aufgreife und den Umweg über Carinhall mache. Ich entscheide mich für den Umweg, aber welche Route muss ich nehmen? Da komme ich gerade an der Waldschule vorbei. Ich denke, in einer Schule darf es nicht schwer sein, die richtige Auskunft zu bekommen und deshalb betrete ich den Korridor, aber was für eine Überraschung.

So weit ich schauen kann, überall Geweihe. Dieser Anblick ist so außergewöhnlich, dass ich sogar vergesse, diese einmalige

Ansammlung im Bild festzuhalten. Ich folgere schließlich zutreffend, dass es sich bei der Waldschule um eine Forstverwaltung handelt und frage im Büro, ob man mir helfen kann, den richtigen Weg nach Carinhall zu finden. Man kann!

Ich bekomme eine exakte Wegbeschreibung und den Hinweis „wenn sich der Waldweg gabelt, rechts halten, dann zur Judenbrücke und von dort weiter nach Carinhall!"

Ich marschiere los und bin sicher, dass ich keine Probleme bekomme, aber das ist ein großer Irrtum. Bei der zweiten Gabelung biege ich rechts ab und muss feststellen, dass das ein entscheidender Fehler ist. Ein mir mit einem Geländewagen entgegenkommender Forstbeamter tut ein Übriges hinzu, um die Wegstrecke zu verlängern. Schließlich erreiche ich die Judenbrücke und bald darauf auch Carinhall.

Hermann Göring wusste zu leben. Bis zu seinem eigentlichen Domizil eine 1500 Meter lange Kastanienallee und erst das Anwesen mit dem ganzen Grund und Boden. Im Haus, das mehrere Male vergrößert wurde, ein Fahrstuhl zum bombensicheren Bunker und zum Seezugang. Leider wurde der ganze Landsitz mit allen Nebengebäuden zwei Tage vor der Besetzung durch die Russen gesprengt. Nichts, aber auch gar nichts, ist stehen geblieben.

Mein Weg führt weiter durch den Forst nach Gollin. Mitten im Wald werde ich von einem Unwetter überrascht. Ich suche Schutz unter einer Eiche, dem einzigen Laubbaum weit und breit. Plötzlich kommen Blitz und Donner hinzu. Was soll ich machen? Egal, ich verharre in der Hoffnung, dass alles gut geht. Und so wie das Unwetter gekommen ist, so zieht es auch weiter. Herrlicher Sonnenschein macht die wenigen unangenehmen Minuten schnell vergessen, zumal nach dem Regen die Natur frisch und strahlend erblüht.

Dann erreiche ich nach mehr als dreiundzwanzig anstrengenden Kilometern Gollin. Meine Unterkunft ist am Ende der

Dorfstraße, während das Gasthaus „Zum Krug" am Anfang dieser Straße liegt. Nachdem ich geduscht habe, gehe ich umgehend zu diesem Lokal, denn Hunger und Durst verlangen ihr Recht. Ich bin zunächst, außer einem Stammgast, einziger Besucher und erkläre dem Wirt, vorab nur etwas trinken und erst später essen zu wollen, weil ich meinen Reisebericht niederschreiben möchte. Dazu kommt es aber nicht.

Notgedrungen, aber auch aus Neugierde, lausche ich der Unterhaltung am Tresen. Flennend bittet der Stammgast den Gastwirt um Rat und Hilfe. 20.000 Euro Schulden belasten ihn. Er könne sie ja sofort von den 150.000 Euro, die er für den Hausverkauf bekommt, bezahlen, aber das darf das Finanzamt nicht wissen.

Ich trinke weiter mein Bier, esse ein köstliches Wildgericht, zahle schließlich und laufe zu den „Torwärterhäusern", die mir von Herrn Just als sehenswert empfohlen wurden.

Ich fotografiere das erste der drei Häuser und das Bushaltestellenschild, als mich eine Frau nicht gerade freundlich fragt, was das soll. Ich erkläre ihr ausführlich meine Beweggründe und erfahre in einem Nebensatz, dass ich ja bei Just wohne. Woher weiß sie das? Es macht mich stutzig und ich beabsichtige, es bei meinem Hauswirt zu hinterfragen.

Nachdem ich wieder vom Regen überrascht werde und nicht bis zu meiner Behausung trockenen Fußes komme, kehre ich erneut im „Krug" ein und bin jetzt tatsächlich einziger Gast.

Es dauert auch nicht lange und das Gespräch kommt auf den Besucher mit den erheblichen finanziellen Sorgen. Dabei erfahre ich, dass es sich um einen Landschaftspfleger aus Peine handelt, der seinen Betrieb mit annähernd hundert Beschäftigten in den Ruin getrieben hat, weil er eine 22-jährige Geliebte seiner Frau, mit der er zwei Kinder hat, vorgezogen hat.

Nachdem verschiedene sportliche und politische Themen, bei denen wir auf der gleichen Wellenlänge sind, abgehandelt werden konnten und der Regen aufgehört hat, möchte ich bezahlen, aber muss letztlich akzeptieren, dass der Gastwirt das Bier übernimmt.

Ich schlendere gemütlich zur Dorfstraße 60 und bin froh, als ich feststelle, dass kein weiterer Gast den Aufenthaltsraum aufgesucht hat. So kann ich in aller Ruhe meinen Bericht schreiben und danach meine Gedanken schweifen lassen. Diese Stille ist aber nicht von langer Dauer.

Herr Just, der Quartiergeber, erscheint auf der Bildfläche und hat offenkundig das Verlangen, sich zu unterhalten. Ich lade ihn zu einem Bier ein und erfahre, dass seine Frau und er selbst nach der Wende in Westdeutschland bei einem Landschaftsgärtner in Peine gearbeitet haben. Ich werde hellhörig und siehe da, das weitere Gespräch gibt die krummen Machenschaften des „gewieften Geschäftsmannes" aus Westdeutschland preis.

Das Forsthaus in Gollin hat er bereits seiner Geliebten überschrieben, aber gestern per Fax bei Herrn Just einem Interessenten zum Verkauf angeboten. Gleichzeitig hat er verkündet, in der nächsten Zeit für 20.000 Euro in Ungarn seiner Jagdleidenschaft nachzugehen, also für das Finanzamt unerreichbar zu sein. Was ihm allerdings Sorgen bereite, sei der Deal mit den Algeriern, von denen er 50.000 Euro gepumpt hat und die ihm jetzt das Messer an die Kehle setzen, da er das Geld nicht zurückzahlen kann.

Das war also ein Abend voller interessanter Eindrücke und so geht es gegen 22.30 Uhr zur wohlverdienten Nachtruhe.

Nachzutragen ist, dass die biestige Frau an der Bushaltestelle die Bürgermeisterin von Gollin ist, früher einer noch rücksichtsloseren Partei als der SED angehört hat und deshalb in allem und jedem einen Klassenfeind sieht.

17. Mai 2006, 25,2 km

Heute habe ich mir eine kleine Route bis Groß-Dölln, etwa zwölf Kilometer, vorgenommen. In Anbetracht meiner ermüdeten Knochen sicherlich ein gutes Vorhaben. Also mache ich mich nach dem Frühstück gut gelaunt auf den Weg.

Erste Überraschung, mitten im Wald ein Friedhof, mit Gräbern, die bis 1830 zurückreichen. Die Strecke führt weiter nach Groß Väter und von dort nach Groß Dölln, allerdings nur bis zur Hauptstraße. Hier beginnt das Fiasko.

Weit und breit ist kein Wegweiser zu sehen. Was mache ich? Entschließe ich mich, die Hauptstraße links oder rechts zu laufen oder überquere ich diese und wähle den Waldweg geradeaus. Ich entscheide mich für die Route durch den Wald und habe trotz erheblicher Umwege die richtige Wahl getroffen, zumal ja im nächsten Dorf mein heutiges Nachtquartier sein wird.

Doch im Weiler angekommen, muss ich leider feststellen, dass hier weder ein Hotel noch ein Gasthaus ist. Mir bleibt also nichts anderes übrig, als bis Groß Schönebeck zu laufen, wo ich nach Auskunft des hiesigen Pastors auf jeden Fall eine Unterkunft bekommen werde.

Also den Rucksack geschultert und die weiteren zehn Kilometer in Angriff genommen. Die gesamte Strecke ist eine fast schnurgerade Allee, zunächst Flieder, dann Birken, Eichen und Linden in einer immer wiederkehrenden Folge. Trotz dieser herrlichen Landstraße wird der Weg lang, mühevoll und schließlich zur Strapaze.

Dann ist endlich Groß Schönebeck erreicht. Zwei Mädchen, die ich nach der Touristeninformation und einem Hotel frage, erklären mir den Weg zur „Info" und zum Hotel „Alter Mann." So zutreffend muss meine Unterkunft für diese Nacht aber nicht heißen.

Ich gehe intuitiv zunächst zum Verkehrsverein und muss hier zur Kenntnis nehmen, dass alle Unterkünfte bis in den Herbst ausgebucht sind, weil eine große Arbeitskolonne das Dorf bevölkert.

Nach mehreren Anrufen ist schließlich in einer „Pferdepension" für eine Nacht ein Zimmer zu bekommen, wobei ich allerdings den Eindruck habe, dass alle anderen für eine Nacht nicht vermieten wollten.

Meine Pension liegt, wie nicht anders zu erwarten, außerhalb der Ortschaft, sodass ich mich weitere 1,5 Kilometer in Bewegung setzen muss, insgesamt also an diesem Tag 25,2 km.

Bei der Pferdepension Böse werde ich von der Besitzerin freundlich empfangen und meine Frage nach einem Abendessen wird positiv beantwortet.

Das Zimmer ist sehr gut, direkt über meinem Fenster befindet sich ein Schwalbennest. Ist das ein gutes Omen?

Ich mache mich frisch und begebe mich in das Reiterstübchen, um meinen Flüssigkeitshaushalt wieder auf Vordermann zu bringen. Die Wirtin macht mir das Abendessen: Salat, Kartoffelgemüse und Schnitzel.

Ich bleibe bis 20.00 Uhr, dann übermannt mich die Müdigkeit und deshalb zahle ich und begebe mich zur wohlverdienten Nachtruhe.

Übrigens, das Abendessen hat 4,50 Euro gekostet.

18. Mai 2006, 14,7 km und 3.5 km, ohne Rucksack

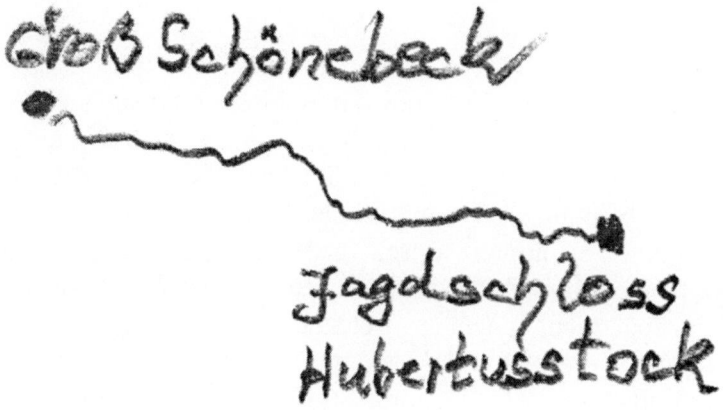

Nach einem hervorragenden Frühstück mache ich mich auf den Weg zum Schloss Hubertusstock, dem ehemaligen Vorzeige-objekt von Honecker. Leider verläuft der Wanderweg entlang der Bundesstraße und das bis Eichhorst. Hier frage ich in der Touristeninformation nach einem Wanderweg fernab der Hauptstraße und bekomme ihn auch beschrieben. Er führt am Kanal entlang, der im Werbellinsee endet.
Pünktlich, als der Regen einsetzt, erreiche ich mein Ziel tro-ckenen Fußes. Ich frage im Kommunikationszentrum von Schloss Hubertusstock, ob auch an Einzelpersonen Zimmer vermietet werden, was bejaht wird. Nach der Beantwortung der Frage, ob ich Radfahrer oder Wanderer sei, wird mir ein Vor-zugspreis von 39 Euro, statt 76 Euro, eingeräumt. Ich bin zu-frieden.
Als ich das Zimmer betrete, sowieso. Im Badezimmer eine Badewanne und was für eine. Ich genieße diesen Komfort eine

geschlagene Stunde, bis ich mich schweren Herzens entschlie-ße, dieses wohltuende Bad zu beenden. Beim Abtrocknen bekomme ich für die nächsten zu machenden Fotos einen spontanen Einfall. Eine überraschende, aber gelungene Fotoidee, wie ich meine.

Obwohl es in Strömen regnet, mache ich mich, regensicher gekleidet, auf den Weg, um das Schloss aufzusuchen. Vorbei am kleinen See und am Tiergehege komme ich bald zum Jagdschloss, zu DDR-Zeiten großen Staatsempfängen vorbehalten. In der Hoffnung, dass morgen das Wetter besser wird, beende ich meinen Rundgang durch die Parkanlage, ziehe mich um und beehre das Restaurant „von Hövel." Ich bin zwar einziger Gast, aber nicht lange. Es treten drei ältere Ehepaare auf die Bildfläche, die vermutlich schon öfter gemeinsam verreist sind. Jedenfalls kann man das ihrer Stimmung und den flotten Sprüchen entnehmen.

Nachdem sie Kaffee getrunken, Kuchen gegessen und gezahlt haben, versprechen sie, zur Silvesterparty wiederzukommen und verabschieden sich. Das ist für mich ein willkommener Anlass, meinen Fotoapparat zu holen, um den einladenden Gastraum und die Kaminbar aufzunehmen.

Dann kommen die ersten Abendgäste.

Ich verspüre einen mordsmäßigen Hunger und setze mich deshalb in den Speiseraum. Mir wird die Speisekarte gebracht und nach kurzem Studium ist meine Entscheidung getroffen. Heute soll es außer dem Hauptgericht noch eine Vorspeise geben, weil mich eine mächtige Esslust überkommt. Meine Bestellung ist aufgenommen, doch zunächst wird vom Haus eine appetitliche Kleinigkeit aufgetischt, bestehend aus drei verschiedenen Sorten Brot, Kräuterquark und einem Schälchen mit je zwei Radieschen, Cocktailtomaten, Oliven, Gürkchen und Pilzen. Sehr, sehr delikat.

Jetzt erwarte ich meine Vorspeise, da erscheint die Kellnerin mit einem Gruß vom Küchenchef, es ist gerollter Lachs im Blätterteig.

Dann endlich meine Vorspeise: Wildleberpastete mit geeisten Schokotrauben und Apfel-Waldbeer-Salat. Diese Vorspeise ist einfach himmlisch. Anschließend kommt das Hauptgericht, Wildgulasch mit Semmelknödel und Rotkraut im Apfel.

Nach den bereits drei verspeisten Vorspeisen, eine schmackhafter als die andere, ist es mir unmöglich, diese Riesenportion aufzuessen. Selbst vom Wildgulasch muss ich etwas auf dem Teller lassen. Dieser kulinarische Genuss verlangt geradezu nach einem Himbeergeist, doch ist dieser leider nicht zu haben. Stattdessen kann ich einen Sanddorn- oder einen Quittengeist bekommen. Die Entscheidung fällt mir nicht schwer. Ich bestelle den Sanddorngeist.

Nachdem ich gezahlt habe und weil herrlicher Sonnenschein den Regen abgelöst hat, entschließe ich mich, nochmals die Parkrunde um das Jagdschloss zu machen und kann jetzt wunderschöne Bilder der frisch und betörend duftenden Natur machen.

Dann geht ein langer Tag zu Ende und die Anstrengungen der vergangenen Tage fordern ihren Tribut. Noch ein letzter Blick in den erleuchteten, langen, schmalen Innenhof, um danach geradezu ins Bett zu fallen.

19. Mai 2006, 14,1 km

Mein Wunsch, nochmals bei Sonnenschein durch den Park spazieren zu gehen, weil genügend Zeit bis zur Abfahrt des Schiffes nach Joachimsthal verbleibt, hat sich leider nicht erfüllt. Es regnet, dafür entschädigt das Frühstück und ich genieße es sage und schreibe eine geschlagene Stunde.

Trotzdem muss ich zu guter Letzt doch meine Regensachen überziehen und zum Schiffsanlegeplatz laufen. Doch dann die unglaubliche Überraschung, der Regen hört auf und die ersten Sonnenstrahlen durchdringen die Wolkendecke und den Blätterwald.

Die Schifffahrt auf dem Fahrgastdampfer „Altwarp", Baujahr

1935, ist aufschlussreich, erfahre ich doch, dass am nördlichen Ufer des Werbellinsees das größte europäische Jugendfreizeitlager entstanden ist, nachdem zuvor zu DDR-Zeiten die Jungpioniere an gleicher Stelle gedrillt worden sind. Interessant zu wissen, dass das Baumaterial für die Gebäude vorwiegend aus den Trümmern der gesprengten Bauwerke von Carinhall hergeschafft worden sind.

In Joachimsthal, wieder festen Boden unter den Füssen, wird zunächst der neu erbaute Kaiserbahnhof besichtigt. Es ist ein überzeugender Neubau, trotzdem denke ich, es wäre sinn- und geschmackvoller, wenn auch teurer, gewesen, den alten, der Bevölkerung lieb gewordenen Kaiserbahnhof, zu restaurieren. Nun, wie dem auch sei, jetzt stehen zwei Bahnhofsgebäude nebeneinander, das eine alt und vergammelt, das andere neu und mit Schulden belastet.

Dann setze ich meinen Weg nach Joachimsthal fort. Hier ist vor allen Dingen die Schinkelkirche beeindruckend und das aus verschiedenen Gründen.

Einmal, weil das Bauwerk selbst vom traditionellen Kirchenbau abweicht, zum zweiten, weil das 150 Jahre alte Uhrwerk der Kirchenuhr restauriert wird und gerade der Allgemeinheit wieder zur Besichtigung freigegeben wird und ich den Uhrmacher bei seinen letzten Verschönerungsarbeiten fotografieren darf und schließlich zum dritten, weil ein Ehepaar aus Dortmund, das jetzt in Joachimsthal eine neue Heimat gefunden hat, überglücklich ist, einen Einwohner aus Hamm, dem alten, nahe Dortmund gelegenen Wohnsitz, begrüßen zu können.

Ich soll auf jeden Fall Herrn Günter Menke in Hamm vom „Orgelböhli" herzlich grüßen und an die Drehorgelfeier am letzten Wochenende im Mai erinnern.

Dann aber wieder die unerfreuliche, schon bekannte Auskunft, für eine Nacht ist kein Zimmer zu bekommen.

Ich entschließe mich deshalb, mit der Tageskarte für sechs Euro bis zum Ende des Geltungsbereiches zu fahren, und dort werde ich versuchen, eine Unterkunft zu bekommen.

In Berlin mache ich Zwischenstation und frage am Ostbahnhof nach dem Preis für die einfache Fahrt bis Hamm.

74 € wird mir gesagt. Ich rechne: Etwa 50 € für die Pension, 20 € Abendessen und morgen das „Schöne-Wochenend-Ticket", 30 €, also 100 Euro gegen 74 €.

Folglich sitze ich jetzt im ICE und werde, so alles gut geht, in einer Stunde zu Hause sein und meine Schorfheide-Wanderung gehört der Vergangenheit an.

Wanderung
im Elbsandsteingebirge

Planung

1. Tag
Zugfahrt Hamm-Pirna-Liebenthal, Wanderung bis Lohmen, 4 km

2. Tag
Lohmen bis Rathen, 12 km

3. Tag
Rathen bis Brand, 15 km

4. Tag
Brand bis Lichtenhainer Wasserfall, 17 km

5. Tag
Lichtenhainer Wasserfall bis Hinterhermsdorf, 13 km

6. Tag
Hinterhermsdorf bis Prebitschtor, 17 (12) km

7. Tag
Zug bis Königstein, Wanderung bis Lilienstein 15 km

8. Tag
Lilienstein bis Pirna, 17 km

9. Tag
Zugfahrt Pirna-Dresden-Hamm

28. April 2007, Hamm – Pirna – Lohmen, 6,9 km

5.52 Uhr, die Fahrt beginnt, Morgenröte verheißt einen schönen Tag.

Die Natur ist für diese Jahreszeit weit fortgeschritten, Rapsfelder, Schlehen und Weißdorn sind in voller Blüte, ja sogar Maikäfer fliegen bereits und seit Tagen erreichen die Temperaturen mehr als 20 Grad.

Neuneinhalb Stunden mit dem „Schönen Wochenendticket" liegen vor mir, bis ich mein Ziel für den Beginn meiner Wanderung im Elbsandsteingebirge erreichen werde. Doch da, welche Überraschung, es ist kaum zu glauben. Ich bin in Sekundenschnelle in Sachsen, höre ich doch sächsische Mundart eines mitreisenden Leipzigers: „No, wer verlorn hatt, musste een

Bilz bezoahln un wer gewonn hatt, musste es trinkn!"
In Kassel muss ich zum zweiten Mal umsteigen.
Die Fahrt bis Halle an der Saale dauert drei Stunden. Ich habe das „Glück", einen Mitreisenden zu finden, der diese drei Stunden pausenlos redet. Zunächst erfahre ich, dass er den afrikanischen Kontinent in sein Herz geschlossen und den Kilimandscharo bezwungen hat. Wenn er einmal alt und grau sein wird, will er seine Zelte in Deutschland abbrechen und nach Westafrika auswandern, aber auf keinen Fall nach Nigeria. In Afrika, so sagt er, werden Kinder und Greise noch geachtet, wie Tiere, egal, ob sie groß oder klein sind.
Dann erfahre ich, dass der Kyffhäuserhöhenzug, an dem wir gerade vorbeifahren, völlig ausgehöhlt sei. Vermutlich habe ich einen zu argwöhnischen Gesichtsausdruck gehabt, denn die Erklärung für seine Aussage lässt nicht lange auf sich warten. Ich werde darüber informiert, dass die russische Armee für ihre Luftwaffe unterirdische Verstecke in Form von Bunkern in den gesamten Höhenzug gebaut hat und die Flugzeuge nach ihrem Einsatz sofort wie vom Erdboden verschluckt waren. Ich finde, treffender hätte er es nicht ausdrücken können.
Schließlich landen wir auf dem „Roten Platz" in Moskau. Nun werde ich über die Metro aufgeklärt. Hier herrscht noch Ordnung! Es darf nicht geraucht werden und Beschmutzungen, gleich welcher Art, werden mit hohen Strafen geahndet.
Zum Schluss darf natürlich die persönliche Darstellung nicht fehlen.
Mein Begleiter ist in einem kleinen Ort im Erzgebirge zu Hause. Hier wurde zu DDR-Zeiten für jedes erste Wochenende im Monat ein generelles Fahrverbot eingeführt und in der „Neuzeit" beibehalten. Deshalb fährt er an diesem Wochenende von Frankfurt nach Hause, weil er eine Woche später vom Bahnhof etwa sieben Kilometer laufen müsste.
Übrigens hat er ein sehr großes Grundstück geerbt, allerdings

ohne Wasser und Strom. Das Erbe ist aber mit einer Auflage verknüpft. Seine Urgroßmutter bekam den Besitz mit Haus und Brunnen vom Benediktinerorden vermacht, mit dem Vermächtnis, keinen Pfennig durch Vermietung oder Verpflegung für Unterkunftsuchende zu fordern, dafür brauchen als Gegenleistung keine Abgaben, gleichgültig welcher Art, entrichtet zu werden. Folglich hat er jetzt zu Beginn jeden Jahres mit der Gemeinde Auseinandersetzungen, weil diese Gebühren für alle möglichen Grundbesitzabgaben fordert, ohne sie allerdings bisher erhalten zu haben. Selbst der Bau einer Umgehungsstraße musste von der Gemeinde rückgängig gemacht werden, weil die katholische Kirche aus Rom die Genehmigung gerichtlich verhinderte.

Dann ist endlich Halle erreicht und unsere Wege trennen sich.

Die Weiterfahrt verläuft ohne anstrengende Unterhaltung und pünktlich um 15.00 Uhr erreiche ich Pirna. Es geht mit dem Bus weiter bis zum Liebenthaler Grund und jetzt beginnt die Wanderung.

Es ist heiß, sehr heiß und binnen kürzester Zeit bin ich nass geschwitzt. Aber egal, schon jetzt bin ich überzeugt, meine Entscheidung, das Elbsandsteingebirge zu erwandern, war richtig.

Plötzlich stehe ich vor Richard Wagner, nicht in persona, sondern vor seinem gewaltigen, beeindruckenden Bronzedenkmal, mitten in einer Naturkulisse, wie geschaffen für dieses Monument. Hier, etwa hundert Schritte entfernt, in der Lochmühle, arbeitete der Komponist an seiner Oper „Lohengrin." Nur schade, dass die Lochmühle, in unmittelbarer Nachbarschaft des Denkmals, verwahrlost. Der Zahn der Zeit kann ungestört sein Werk fortsetzen.

In Lohmen angekommen, führt mich mein Weg zur Dorfkirche, die im Stil der Dresdner Frauenkirche erbaut wurde. Friedhofsbesucher frage ich nach einer Unterkunft, aber sie machen mir keine Hoffnung. Wenn überhaupt, dann ist im „Landhaus Nicolai" am Ende des Dorfes eine Unterkunft zu bekommen. Dort angekommen, muss ich erfahren, dass kein Zimmer mehr frei ist.

Meine Bitte, nochmals nachzufragen, weil ich schon 21 Kilometer (gelogen!) mit dem schweren Rucksack zu Fuß gelaufen bin, berührt die freundliche junge Angestellte an der Rezeption und führt zum Erfolg. Ich bekomme ein Doppelzimmer zum Einzelzimmerpreis und offensichtlich habe ich sie so sehr beeindruckt, dass sie vergisst, den Wochenendzuschlag zu berechnen.

Ich gehe auf mein Zimmer, um mich frisch zu machen, doch zu allererst rufe ich zu Hause an. Und jetzt stellt sich heraus, wie erschöpft ich bin. Statt die Festnetznummer anzuwählen, gebe ich die Handynummer ein. Die Stimme meiner Frau erkenne ich zunächst auch nicht und beende deshalb nach wenigen Worten das Gespräch.

Ich dusche, begebe mich in den Speisesaal und beschließe, nochmals anzurufen. Jetzt klappt es, ich kann alles klarstellen und die Welt ist wieder in Ordnung. Leider aber nicht mit dem Essen.

Verlockend klingt auf der Speisekarte das Gericht „Dresdner Sauerbraten auf Rotkraut und Klöße", leider nur auf der Karte. Im Feldsalat ist Sand, etwas, das ich wie die Pest hasse, das Rotkraut ist ohne Geschmack, eine Zumutung, Klöße, Soße und Fleisch kein absoluter Reinfall, aber auch kein „Aha-Erlebnis." Auf das zweite Bier muss ich 80 Minuten warten, obwohl die Kellnerinnen, drei an der Zahl, wenigstens fünfzehn Mal an meinem Tisch vorbeikommen. Sicherlich hätte ich mich melden können, aber gutes, aufmerksames Personal sieht, wenn ein Glas leer ist.

Ich zahle also ein wenig verärgert und gehe zu Bett, ungewöhnlich, weil es noch nicht einmal 21.00 Uhr ist.

29. April 2007, Lohmen – Kurort Rathen, 16,5 km

Das Frühstück ist gut, ich darf sogar meine Wasserflasche mit Orangensaft auffüllen, dann geht es los, in Richtung Bastei.

Im Uttenwalder Grund ist es frisch, fast kalt, dunkel und nahezu gespenstisch. Die Felsenkulisse ist atemberaubend. Ich könnte alle zehn Meter neue Eindrücke fotografieren, besonders beeindruckend das Uttenwalder Felsentor. Ein steiler Abstieg verlangt aber volle Konzentration, weil die Holzstufen vom Morgentau noch glatt sind. Zurückschauend eine gigantische Szenerie, aber augenblicklich geht für den Rest des Tages die Stille und Ruhe verloren. Noch sind es vereinzelte Wanderer, die einen Gruß erwidern, aber mit jeder Minute wächst die Zahl der entgegenkommenden Ausflügler. Es ist Sonntag.

Ich erreiche Wehlen und genieße den ersten Blick ins Elbtal, traumhaft schön. Die Wanderung geht weiter zum „Stammtisch", ein empfohlenes Ziel, aber für mich eine Enttäuschung und dann die Bastei.

Die Felsenkulisse, die Brücke und die Ausblicke, unbeschreiblich, leider entsprechend der Massenansturm an Schaulustigen. Massen ist das richtige Wort, weil der Menschenauflauf gewaltig ist. Jeder möchte ein Erinnerungsfoto machen, also wird gedrängelt und mit Ellenbogen gearbeitet, um einen geeigneten Platz zu ergattern. Trotzdem hat sich der Besuch der Bastei eingeprägt oder ist vielleicht gerade deshalb bleibende Erinnerung geworden.

Meinen Plan, auf der Bastei zu übernachten, ändere ich spontan, weil es noch früher Nachmittag ist und ich laufe nach Rathen hinab. Unterwegs gehe ich an einer älteren, schwächelnden, Frau vorbei, um die sich vermutlich ihre Kinder und ihr Mann bemühen. Ich denke, dass es auch unvernünftig sei, diese Strapaze auf sich zu nehmen, da kommen mir neun Leute von der Bergwacht entgegen. Offensichtlich ist die Situation doch schlimmer, als es dem Anschein nach aussah.

Für mich geht jetzt die Zimmersuche los und wie nicht anders zu erwarten, gestaltet sie sich schwierig. Letztendlich habe ich Glück und bekomme im „Hotel Amselgrundschlößchen" eine Ferienwohnung im Nebenhaus „Gansblick."

Nachdem ich den Wanderstaub mit einer erfrischenden Dusche vom Körper gewaschen und mich umgezogen habe, unternehme ich eine Ortsbesichtigung und lese auf einem Wegweiser die Speisekarte vom „Burgrestaurant Altrathen." Obwohl der Aufstieg recht beschwerlich sein soll, wie mir Einheimische glaubhaft versichern, entschließe ich mich, das Wagnis in Angriff zu nehmen.

Und es hat sich gelohnt, nicht nur wegen der Aussicht, sondern insbesondere wegen der ausgezeichneten „Spareribs auf Sauerkraut" für 9,90 €. Satt und zufrieden bezahle ich und trete den Heimweg an, nicht ohne noch zu einem Absacker in meinem

Hotel einzukehren. Schließlich habe ich die nötige Bettschwere und träume dem nächsten Tag entgegen.

30. April 2007, Kurort Rathen – Hohnstein, 17,7 km

Der Tag beginnt zauberhaft. Das Frühstück ist reichhaltig, für mich sogar zu umfangreich.

Dann bezahle ich meine Rechnung und frage an der Rezeption, ob in Brand ein Hotel oder eine Pension ist. Meine Frage wird nicht nur positiv beantwortet, sondern sofort mit dem Angebot verbunden, für mich ein Zimmer reservieren zu lassen. Ich stimme zu, obwohl der Preis meine vorgegebene Ausgabe für eine Nacht überschreitet.

Frohgelaunt wandere ich der Sonne entgegen, aber ich muss

schon nach dem ersten Kilometer feststellen, dass ich den verkehrten Weg gewählt habe. Was bleibt mir anderes übrig, als umzukehren. Dann habe ich den richtigen Weg zum Hockstein gefunden und wieder ergeben sich nach jeder Wegbiegung neue, interessante Eindrücke, die im Bild festgehalten werden wollen.

Vom Hockstein fast senkrecht, nahezu hundert Meter unter mir im Tal, ein Bächlein und eine Gaststätte. Um dahin zu gelangen, muss ein atemberaubender Abstieg bewältigt werden. Schmal, steil und düster, nur über Leitern begehbar, ist das Polenztal zu erreichen. Ich habe Glück, weil ich den Abstieg in Angriff genommen habe, bevor eine 20-köpfige Wandergruppe zum Hockstein hinauf will. Für diese bringt mein Abstieg eine willkommene Verschnaufpause.

Das Tal ist erreicht, aber um nach Hohnstein zu kommen, muss ein anstrengender Aufstieg bezwungen werden. Ich spule, in Hohnstein angekommen, das Pflichtprogramm, Kirche, Markt, Burg, schöne Aussicht, zu meiner Zufriedenheit ab und setze dann den Wanderweg nach Brand fort.

Obwohl ich den Besuch der „Grotte" nicht eingeplant habe, finde ich mich unvermittelt vor dieser und bereue den Umweg nicht. Dann komme ich an einem Weiher vorbei und weil sein Anblick einfach schön ist, verweile ich eine kurze Zeit, ohne zu wissen, dass ich von einem betagten Ehepaar, welches auf einer Bank sitzend die Aprilsonne genießt, beobachtet werde.

Ich betrachte versunken mein Spiegelbild, da höre ich: „Die Badeanstalt ist noch nicht geöffnet!" „Schade", sage ich, „mich hätte es tatsächlich gelüstet!"

Gibt es etwas Schöneres als solche spontanen Augenblicke?

Die letzten Minuten, bis ich das Hotel in Brand erreiche, vergehen wie im Fluge, und dann glaube ich am Ziel zu sein. Ich suche nach dem Hotel, doch ich finde kein Hotel. Schließlich frage ich in der Baude und erfahre, dass es hier kein Panoramahotel gibt. Die freundlichen Bediensteten der Baude rufen dann im „Amselgrundschlößchen" an und erfahren, dass es sich um das Hotel „Ambiente" in Hohnstein handelt. Ich bin entsetzt, heißt das doch, weitere fünf Kilometer zu laufen, die ich bereits gewandert bin, weil ich ja in Hohnstein war.

Meinen berechtigten Zorn muss das unschuldige Personal an der Hotelrezeption über sich ergehen lassen, aber nach einer langen, heißkalten Dusche beruhigt sich mein Gemüt und ich beschließe, in den Marktflecken von Hohnstein zu laufen.

Hier angekommen, stelle ich fest, dass sich eine Festlichkeit auf dem Marktplatz entwickelt. Meine neugierige Frage an einen Besucher wird beantwortet. Ich erfahre, dass die freiwillige Feuerwehr den Maibaum aufstellt und dieses Szenario von der hiesigen Kindermusikschule festlich umrahmt wird. Dann erklingen die ersten musikalischen Töne und ich glaube, nicht richtig zu hören. Die Kindermusikschule intoniert die frühere DDR-Nationalhymne und die anwesenden Zuschauer singen begeistert mit.

Dann steht der Maibaum und die Männer der freiwilligen Feuerwehr gehen zum gemütlichen Teil über. Tische und Stühle werden aus den Häusern auf den Markt geholt, ein Bierfass wird angeschlagen und in kurzer Zeit herrscht Volksfeststimmung. Wie lange diese ausgelassene Festlichkeit wohl dauern wird? Diese Frage werde ich nicht beantwortet bekommen, weil ich in den Ratskeller schlendere, um hier zu Abend zu essen.

Trotz vorheriger Zweifel, meine Entscheidung ist gut.

Der Ratskeller befindet sich im ältesten Gebäude von Hohnstein. Ein Kellergewölbe, urig, gemütlich, Ruhe verbreitend, kurz, eine Oase zum Wohlfühlen.

Ich sitze an einem Tisch mit sieben Plätzen, weil außer zwei Stühlen an der Tür nichts anderes frei ist. Ich bestelle „Hirschbraten" (8,00 €) und bin überrascht und zufrieden.

Es dauert nicht lange und zwei Personen mit Hund gesellen sich zu mir. Es vergeht eine geraume Zeit, bis wir ins Gespräch kommen, dann aber richtig. Sie ist aus Meissen, mit 26 Jahren nach Frankfurt am Main geflüchtet. Er ist beim TÜV in Frankfurt beschäftigt. Nachdem der Betrieb inzwischen den sechsten Eigentümer hat und bei jedem Eigentümerwechsel Personal entlassen wurde, fürchtet er um seinen Arbeitsplatz. Sie wohnen in Königstein im Taunus und machen gern Kurzurlaube in Sachsen. Leider wird es Zeit zu gehen, sonst würde ich gewiss noch viel mehr erfahren.

Es hat sich merklich abgekühlt und mir wird kalt, vor allen Dingen, weil ich meinen Pullover im Hotel gelassen habe. Obwohl die Müdigkeit groß ist, zieht es mich doch noch in die Hotelbar und welche Überraschung? **Es gibt Lübzer!** Da kann ich doch nicht widerstehen und so wird es 22.30 Uhr, bis ich endlich meine müden, geschundenen Glieder ausstrecken kann.

01. Mai 2007, Hohnstein – Bad Schandau, 16,3 km

Ich stehe mit einem riesigen Brummschädel auf – das letzte Glas war vermutlich schlecht – und bekomme folglich nichts auf die Reihe. Bis ich eine Entscheidung treffe, vergeht eine Ewigkeit, wenn sie überhaupt fällt. Ich spüre es bereits nach dem ersten Kilometer, heute wird mein vorgegebenes Ziel nicht erreicht.

Auf der Waitzdorfer Höhe, die ich schließlich nach zwei Stunden erreiche, bietet sich mir ein faszinierender Rundblick. Von vier Wanderern erfahre ich, dass in der Ferne bei klarer Sicht, die heute leider nicht herrscht, Dresden zu sehen sei. Ich versuche also, Dresden zu fotografieren, obwohl am Horizont alles grau in grau ist. Dann geht es weiter Richtung Kohlmühle und schließlich nach Altendorf. Aber es will heute einfach nicht klappen. Ich habe auch nichts zu trinken und an einer Gastwirtschaft bin ich bisher auch noch nicht vorbeigekommen.

Und jetzt kommt zu allem Überfluss auch noch ein ganz krimineller Abstieg ins Kirnitzschtal. Kriminell ist untertrieben, mörderisch ist die bessere Formulierung und trifft auch für den Namen des Weges zu, „Leichenweg.“ Wie ich aber feststelle, haben andere die gleichen Probleme beim Abstieg. Dann ist es schließlich geschafft und da ein Lokal am Ende dieses anstrengenden Teilstückes ist, kehre ich ein und bestelle Kaffee und Kuchen.

Ich entschließe mich, mit der Kirnitzschtalbahn, einer solarbetriebenen Straßenbahn, nach Bad Schandau zu fahren und dort zu übernachten. Da höre ich vom Wirt, dass hier noch ein Zimmer frei ist und 28 € kostet. Verlockend, trotzdem fahre ich nach Bad Schandau, weil ich ja das Livekonzert beim Vollmondnachtschwimmen erleben will. Aber in der Toskana-Therme wird mir die nächste schlechte Nachricht, nämlich Vollmond sei erst morgen, übermittelt.

Trotzdem bleibe ich und finde im „Sigl's Hotel“ ein Zimmer. Ich dusche, ziehe andere Sachen an und begebe mich auf Stadtbesichtigung.

Ich komme zum elektrischen Aufzug, der 50 Höhenmeter überwindet und die Stadt mit dem Ortsteil Ostrau verbindet, in welchem die bessere Gesellschaft, will sagen, die betuchteren Einwohner, zu Hause sind. Ich sehe die Schrammsteine, mein Wanderziel für morgen. In der Stadt wieder angekommen, kehre ich im Bierstübl ein, wo ich für eine Cola und Leberkäs' mit Kartoffelsalat 6,70 € zahle. Dann mache ich mich auf den Heimweg, weil es heute einfach nicht mein Tag ist.

Ich rufe zu Hause an, aber auch dieses Gespräch muntert mich nicht auf, also trinke ich noch ein Wasser im Hotel und gehe schlafen.

02. Mai 2007, Bad Schandau – Kuhstall – Schrammsteine, 21,2 km

Ich habe für heute meinen Plan geändert.
Ich bleibe noch eine Nacht in Bad Schandau und wandere ohne Rucksack. Deshalb fahre ich nach dem Frühstück mit der Straßenbahn bis zum Wasserfall und laufe von hier zum Kuhstall. Die Fahrt mit dem vorsintflutlichen Vehikel ist beängstigend. In jeder Kurve vermute ich, dass die Räder aus den Schienen springen, aber glücklicherweise erreichen wir ohne Zwischenfall das Ziel. Dann beginnt die Wanderung. Nach dem Wegweiser soll der Aufstieg eine halbe Stunde dauern, deshalb rechne ich mit 45 Minuten. Die Strecke hat es in sich, aber entschädigt mit einer fantastischen Aussicht. Der Kuhstall präsentiert sich als eine große Höhle, in der die Bauern während des 30-jährigen Krieges das Vieh vor den feindlichen Soldaten versteckt haben sollen.

Ich erlaube mir beim Abstieg einen Scherz und erzähle den aufwärtsgehenden Wanderern, dass für die Besichtigung des Kuhstalles 3 € Eintritt gezahlt werden müssen, wenn man aber bereit ist, selbst zu melken, spart man die Hälfte. Viele fallen auf diesen Blödsinn herein und diskutieren heftig und laut.

Der Besuch beim Lichtenhainer Wasserfall ist ein Reinfall, aber nicht wie der bei Schaffhausen. Weiter geht es zu den Affensteinen. Der Eintritt ins „Amphitheater des Domes" ist stark. Die kirchturmhohen Felsen scheinen einen fast zu erdrücken. Dieser Eindruck verstärkt sich noch, je näher wir den Felsgiganten der Schrammsteine kommen.

Hier kann ich sogar zwei Kletterer in der steilen Wand beobachten. Aber plötzlich ist alles Schöne, Beeindruckende vergessen. Ich schaue nach oben und sehe die Leiter. Hoffentlich nicht, denke ich und habe Glück, glaube ich. Mein Weg geht hinunter, aber oh weh, das ist ja noch schlimmer und steiler. Es geht senkrecht abwärts. Ich zähle die Leiterstufen. Es sind sage und schreibe 155 an der Zahl. Schließlich ist es, und ich auch, geschafft. Ich schaue nach oben und bin entsetzt. Da bin ich runtergeklettert? Hat mich mein Verstand verlassen? Ein Fehltritt und es ist nicht auszudenken, was passiert wäre.

Weil ein Wegweiser einen kürzeren Weg nach Bad Schandau verlockend erscheinen lässt, folge ich der Beschreibung und begehe einen entscheidenden Fehler. Ich verpasse dadurch das Schrammsteintor, das Herzstück der Sächsischen Schweiz, aber nicht nur das. Beim nächsten Wegweiser sind es bis zu meinem Tagesziel noch 45 Minuten, dabei glaubte ich, ich sei gleich angekommen.

In Ostrau bin ich um 17.50 Uhr. Der elektrische Fahrstuhl verkehrt, wie mir von gestern in Erinnerung ist, bis 19.00 Uhr. Ich überlege deshalb nicht lange, sondern kehre im „Turmeck" ein und frage den Wirt, ob ich die Abfahrt in die Unterstadt noch schaffe, wenn ich eine Thüringer Bratwurst bestelle.

Der Gastronom eilt sofort in die Küche: „Eine Thüringer, aber schnell, der Gast muss den letzten Lift bekommen!" Erst danach fragt er nach meinem Getränkewunsch und erkundigt sich nach meinem Befinden.

Ich nehme im Freien Platz, stürze das erste Alster in einem Zug hinunter und da kommt auch schon das Essen, aber statt mit Kartoffeln und Sauerkraut nur mit Brot und Mischsalat. Sofort ist der Wirt auf der Matte und entschuldigt sich: „Aber die Köchin dachte halt, weil es so schnell gehen sollte, aber selbstverständlich können auch Kartoffel und Sauerkraut ohne großen Zeitaufwand nachgereicht werden." Also alles wieder in die Küche und nach zehn Minuten kommt das Essen wie bestellt und schmeckt ausgezeichnet.

Ich bezahle, kann sogar noch in aller Ruhe zum Aufzug laufen und bin schließlich gegen 19.00 Uhr im Hotel.

Heute ist Mondschein-Therme mit Livemusik angesagt, also trinke ich nur ein großes Alster und bin um 21.00 Uhr im

Toskanabad. **Ganz toll!**
Im Außenbereich wird Wasserstaub zu Nebel verblasen und mit unterschiedlichen Lichteffekten angestrahlt. Durch den Wind entstehen immer neue Figuren, einfach zauberhaft.
Im Badebereich sind zwei Schwimmbecken, 29° warm und drei Whirlpools mit unterschiedlichen Wassertemperaturen. Im Saunabereich ist ein Whirlpool, sechs unterschiedliche Saunen, ein Laconium und ein Eisbrunnen.
Die Attraktion der Therme aber ist der Liquid-Sound-Tempel mit dem Hinweis über der Eingangstür: „Bitte nicht sprechen!" Dezente Musik über und unter Wasser und Lichtinszenierungen wiegen einen ins Traumland der Illusionen. Was mich aber ganz besonders beeindruckt, ist, dass alles Angebotene ohne Zuschläge wahrgenommen werden kann.
Enttäuschend ist für mich das groß angekündigte Livekonzert. Zwei „Hampelmänner mit Badehose und Hut" verrenken ihre Körper und gaukeln die Beherrschung verschiedener Musikinstrumente vor. Nach meinem Empfinden ist alles vom Band, aber egal, es wird ja kein Zuschlag für dieses „Klangerlebnis" gefordert.
Nach drei Stunden verlasse ich die Therme, trinke im Hotel noch ein Guinness und begebe mich dann zur wohlverdienten Nachtruhe.

03. Mai 2007, Bad Schandau – Prebischtor – Krippen, 19,6 km

Für heute ist mein großer Traum, das Prebischtor, das Tagesziel.

Mit dem Frühstück kann ich mir heute Zeit lassen, weil ich
mich entschlossen habe, bis zur tschechischen Grenze elbeauf-
wärts mit dem Schiff zu fahren und dieses legt erst um 9.30
Uhr ab. Schließlich wird die Rechnung bezahlt, der Rucksack
geschultert und auf geht's zum Anleger.

Pünktlich legt das Schiff ab und nach einer einstündigen Fluss-
fahrt erreichen wir Schöna, den Grenzort auf der deutschen
Elbseite. Während der Schifffahrt erfahre ich, dass der Wasser-
stand der Elbe so stark gesunken ist, dass zur Promenade der

Raddampferflotte in Dresden Wasser in Tschechien eingekauft werden musste, sonst hätte dieses Spektakel ausfallen müssen. Außerdem muss die Schifffahrt in den nächsten Tagen eingestellt werden, es sei denn, der lang ersehnte Regen kommt.

Bevor ich mit dem Fährboot übersetze, laufe ich noch schnell zum Bahnhof, um die Bahnfahrkarte für die Rückfahrt nach Hamm zu ordern, aber das war Wunschdenken. Es gibt in Schöna nur einen Fahrkartenautomaten für die nähere Region, folglich werde ich am Sonntag mit dem mir so vertrauten „Wochenendticket" die Heimreise antreten. Weil das Fährboot noch nicht wieder zurückgekehrt ist, mache ich mich bemerkbar und in wenigen Minuten betrete ich Tschechien.

Aber was ist das? Ist heute Wochenmarkt, aber danach sieht es eigentlich nicht aus. Sehr viele Stände mit Uhren, Hemden, Jeans und Holzschnitzarbeiten entlang der Straße. Beim näheren Hinsehen wird meine Vermutung bestätigt. Es handelt sich um „Raubkopien" zu Spottpreisen, aber Käufer sehe ich keine.

Das erste Erlebnis im Ausland ist auf meine Frage nach dem Weg zum Prebischtor, „kein Zeit!" und damit ist meine Voreingenommenheit gegen die tschechische Bevölkerung vorprogrammiert, eigentlich traurig, aber menschlich verständlich. Glücklicherweise habe ich meine Wegbeschreibung aus dem Hotel mitgenommen und außerdem erklärt mir ein freundlicher deutscher Besucher den Wanderweg, also kann eigentlich nichts schiefgehen, denke ich.

Obwohl an einem ein Meter hohen Straßenstein zweimal deutlich die Richtung zum Prebitschtor angezeigt wird, nämlich entlang der Straße, verlasse ich diese und biege links in einen Waldweg ein, weil sowohl meine mitgenommene Beschreibung wie auch der Wanderer diesen Weg als Wanderweg empfehlen. Es steht: „Folgen Sie dann dem Tal der Kamnitz bis Ortsende (habe ich gemacht), dann der Markierung <roter Strich> etwa 2 Kilometer auf der Straße bis zur Abzweigung nach links!" (Ich bin erst 100 Meter gelaufen.)

Schon nach wenigen Hundert Metern bekomme ich Zweifel an der Richtigkeit des eingeschlagenen Weges, weil ich ein ausgeprägtes Gespür für Himmelsrichtungen habe, laufe aber trotzdem weiter. Nach etwa 40 Minuten ständigen Anstiegs ein weißes Schild mit roter Schrift, das ist immer eine Warnung: „POZOR! STATNI HRANICE."

Was das wohl heißt?

Unsicher setze ich meinen Weg fort und erblicke plötzlich die Elbe unter mir. Ich bin also wieder in Deutschland, habe ein Grenzvergehen begangen und muss dreieinhalb Kilometer zurück, weil ich genau entgegengesetzt gelaufen bin.

Ich bin erschöpft, außerdem sauer auf mich selbst und beabsichtige deshalb, in Hrensko zu übernachten und erst morgen zum Prebischtor zu wandern.

Ich habe den Grenzort Hrensko fast erreicht, da kommt mir ein deutscher Oldtimerbus mit dem Fahrtziel Prebischtor entgegen. Ich winke, er hält, ich frage vorsichtshalber nach, ob er mein Wunschziel ansteuert und zahle dann den Fahrpreis von 1 €. Weil ich vermute, dass ich auf der Fahrt einige Schnappschüsse machen kann, bereite ich meinen Fotoapparat vor und lege die Fototasche mit dem Chip, auf dem die ersten 444 Fotos sind, auf die Sitzbank.

Ich wundere mich noch über den erstaunlich günstigen Fahrpreis von 1 €, da hält der Bus nach etwa 600 Metern und alle Fahrgäste steigen aus. Ich höre vom Fahrer, dass das Fahrziel Prebischtor erreicht sei und muss mich sputen, weil der Bus abfahren will.

Plötzlich stelle ich fest, dass ich zwar den Fotoapparat, aber ohne Hülle habe. „Wo ist die Fototasche? Du lieber Himmel, die liegt im Bus! Über 400 Aufnahmen weg!" Doch ich habe Glück. Weil noch zwei Fahrgäste eingestiegen sind und der Busfahrer deshalb den Fahrpreis kassieren muss, kann ich in letzter Sekunde meine Nachlässigkeit ausbügeln und die schon abgeschriebene Kostbarkeit zurückerobern.

Dann werden trotz der bereits zusätzlich gelaufenen sieben Kilometer weitere 5000 Meter Anstieg in Angriff genommen und ich habe es nicht bereut. Da ich das weiße Schild mit roter Schrift fotografiert habe, kann mir der freundliche Kassierer am Prebischtor die Übersetzung liefern. „**Vorsicht! Staatsgrenze.**" Dann kann ich nur noch staunen und gar nicht so schnell fotografieren, wie neue Motive auftauchen. Es ist schöner, als ich es mir in den kühnsten Träumen erhofft habe.

Leider drängt die Zeit, weil ich mich entschlossen habe, wieder mit dem Schiff nach Deutschland zu fahren und in Krippen zu übernachten.

An der Straße nach Hrensko angekommen, studiere ich den Busfahrplan und stelle fest, dass auch dieses Vehikel nach Bad Schandau fährt, allerdings wesentlich schneller. Folglich entscheide ich mich für den Landweg und erlebe eine Überraschung deutscher Beamtenbürokratie.

Beim Grenzübergang in Tschechien gibt es kein Problem, der Bus wird durchgewunken, in Deutschland strenge Passkontrolle für alle Fahrgäste. „Ausweis bitte! Danke! Ausweis bitte! Danke!", und das bei 38 Personen.

Ich muss mich nachträglich bei den Grenzbeamten entschuldigen. Pflichtbewusst müssen sie diese Kontrollen durchführen, weil über die tschechische Grenze häufig Schleuserbanden Osteuropäer nach Deutschland bringen.

Nachdem ich mit der Fähre nach Krippen übergesetzt habe, ist die dritte Quartieranfrage erfolgreich. Zwar nicht im „Erbgericht", aber im Gasthaus „Zur Eiche", das dem gleichen Eigentümer gehört. Ich lerne hier eine Reisegruppe aus Essen kennen und kann so den überaus interessanten, mit vielen Überraschungen gespickten Tag gemütlich ausklingen lassen.

04. Mai 2007, Krippen – Königstein – Weißig, 15,4 km

Zunächst geht es nach dem Frühstück, übrigens im Hotel „Erbgericht" angerichtet, mit dem Zug nach Königstein. Ich beabsichtige, hier zu übernachten und ohne Rucksack den Pfaffenstein und die Burg Königstein zu erwandern. Leider ist kein Quartier zu bekommen, also bleibt mir nichts anderes übrig, als mit dem schweren Rucksack das Felsmassiv zu erklimmen, zumal ich ja unbedingt die sagenumwobene Barbarine sehen möchte.

Mir wird für den Hinweg der Pfad durch das Nadelöhr von einer liebenswerten Gastwirtin empfohlen und für die Rückkehr soll ich die bequeme Route wählen. Ich folge ihrem Rat, wohl wissend, dass dieses Teilstück eine Strapaze wird.

Und es ist schlimmer. Steil und schmal sind die Spalten, durch die ich mich und den Rucksack zwängen muss. Immer häufiger werden Verschnaufpausen eingelegt, um meinen Puls wieder in den normalen Bereich zu bekommen. Doch trotz dieser enormen Anstrengung hat sich die Mühe gelohnt.

Ich bin zufrieden und stolz auf meine Leistung.

Zu allen Seiten erschließt sich eine herrliche Aussicht von vielen Stellen des Plateaus. Um die Barbarine – ein zu Stein gewordenes Mädchen – zu sehen, muss ich nochmals fünfzehn Minuten Aufstieg bewältigen, aber auch diese erneute Mühe wird mit einem fantastischen Panorama belohnt. Über den Klammweg steige ich hinab in Richtung Quirl, wo der gewaltige Frühjahrssturm erhebliche Schäden angerichtet hat, und erreiche am frühen Nachmittag Königstein.

Weil ich zu erschöpft bin, wird der Burgbesuch gestrichen und stattdessen entschließe ich mich, in Weißig zu übernachten. Deshalb fahre ich mit dem Zug bis zum Bahnhof Rathen und will die zwei Kilometer nach Weißig laufen. Unterwegs komme ich an der „Laasen-Perle", einer Pension und Gaststätte vorbei und weil ein Einzelzimmer, zwar nur mit Etagendusche, dafür aber für 23 €, frei ist, bleibe ich hier.

Ich mache mich frisch, wobei ich Glück habe, denn ich bin der Erste, der Dusche und WC aufsucht. Dann laufe ich noch ein Stück bergauf und stelle fest, wieder einmal zu spontan und vorschnell gebucht zu haben. Im „Laaser-Eck" sind auch Einzelzimmer zu bekommen, sicherlich etwas teurer, aber mit Dusche und Kellergewölbe-Bar. Schade, aber leider nicht mehr zu ändern.

Dann schlendere ich zu meiner Pension, trinke ein großes Alster auf der Terrasse, begebe mich aber dann umgehend ins Lokal, weil einige Gäste schon die Räumlichkeiten aufgesucht haben. Ich habe offenbar das richtige Gespür gehabt, denn es ist nur noch ein 4er-Tisch frei, an dem ich Platz nehmen kann. Ich schreibe meine Erlebnisse vom Vortage nieder, da kommt ein Gast an meinen Tisch. Aus Höflichkeit höre ich selbstverständlich mit meiner Niederschrift auf, obwohl mein Tischnachbar das nicht verlangt und mich sogar ermuntert, mit meinen Aufzeichnungen fortzufahren. Nach meiner Auffassung können aber meine literarischen Ergüsse eine Weile zurückgestellt werden und so kommen wir schnell in ein interessantes und aufschlussreiches Gespräch.

Es stellt sich heraus, dass mein Gesprächspartner aus Sachsen-Anhalt stammt, zum zweiten Mal verheiratet ist, vier Kinder gezeugt hat, davon drei in der ersten Ehe, sechzig Jahre alt ist, das Lehramt studiert hat, jetzt aber freiberuflich in der Erwachsenenbildung tätig ist. Seine jetzige Frau ist angestellte Rechtsanwältin. Er selbst hält nicht viel vom Wandern, weil er Sportaktivitäten liebt, die alle Muskeln beanspruchen. Deshalb ist sein Steckenpferd der Kanusport, dabei werden sowohl Arme als auch die Beine beansprucht. Mein Erstaunen bemerkend, folgt des Rätsels Lösung.

Zum Start fährt er mit dem Auto, paddelt dann die vorgegebene Strecke und fährt mit dem Fahrrad das Auto holen, deshalb Arbeit für Arme und Beine. Wie er mir erklärt, will er in diesem Jahr die Elbe in Etappen von der Grenze bis zur Mündung zurücklegen.

Ich habe vergessen festzuhalten, dass ich zum Abendessen Lamm mit Semmelknödel und Pilzen gegessen habe und hochzufrieden war. Jetzt habe ich noch einen Scheidebecher bestellt, bezahlt und werde gleich ins Bett fallen und herrlich schlafen.

Das waren meine Gedanken, bevor ich mein Zimmer aufgesucht habe. Aber im Bett bin ich plötzlich hellwach. Im Zimmer ist es zu warm, also öffne ich das Fenster. Aus dem Gastraum ertönt lauter Gesang und Harmonikamusik. Dann gehen viele Besucher gleichzeitig auf ihre Zimmer. Rücksichtnahme, wie sie in der Gästeinformation erbeten wird, Fehlanzeige. Schließlich, nach mehr als zwei Stunden, muss ich endlich eingeschlafen sein.

05. Mai 2007, Weissig – Pirna, 19,1 km

Heute beginnt der Tag schlecht.

Wie erwähnt, ist ja nur eine Etagendusche vorhanden, sodass ich auf das Duschbad in der Frühe verzichte und Katzenwäsche angesagt ist, nicht gerade erbaulich und erquickend. Weil bis zum Frühstück noch etwas Zeit ist, packe ich meinen Rucksack und kann nach dem Morgenmahl sofort mein letztes Ziel, Pirna, Stadt der Erker, Giebel und Portale, ansteuern. Aber vorher geht es zu Tisch.

Weil die Brötchen noch nicht fertig sind – ich bin etwas früher unten, weil ich vor der großen Reisegruppe am Tisch sein möchte – bediene ich mich mit Brot und dieses schmeckt mir ausgezeichnet.

Unangenehm fällt mir ein alter Mann aus der Reisegruppe auf, der jede Minute, und das etwa ein halbes Dutzend Mal, guckt, ob die Brötchen fertig sind. Plötzlich platzt ihm der Kragen. „Was ist das hier für ein Laden, keine Brötchen und das Brot kann man nicht beißen, so hart ist es!" Darauf ich: „Das Brot schmeckt hervorragend!"

Er: "Wer hat Sie denn angesprochen, Sie Schnösel?"

Ich: „Der, der nicht beißen kann!" Dass ich keine gescheuert bekommen habe, ist meinem gestrigen Tischnachbarn zu verdanken, der sehr lautstark einwirft: „Man kann sich auch über Nichtigkeiten aufregen!" Damit sind die Wogen geglättet.

Ich hole meinen Rucksack, verabschiede mich von meinem „Retter" und nehme die letzten Kilometer für diese Wanderung in Angriff. Noch einige Steigungen muss ich bezwingen, bis es schließlich zum Elberadweg hinunter geht und die Wegstrecke fast eben verläuft. Aber es ist ein Radweg, folglich lebt man als Fußgänger gefährlich, glaubt man zumindest.

Kurz vor Pirna verlässt der Malerweg aber den Elberadweg und es geht nochmals steil bergauf. Ergebnis, eine wunderschöne Aussicht über die Dächer von Pirna.

In der Stadt begebe ich mich zur Touristeninformation und bekomme im Hotel „Pirna'scher Hof" ein Einzelzimmer. Leider ist der Gewölbekeller, auf den ich mich schon gefreut habe, von einer Hochzeitsgesellschaft belegt und auch für Hotelgäste nicht zugänglich. Egal, ich hole die Morgendusche nach, ziehe frische Sachen an und gehe auf Besichtigungstour.

Als Erstes habe ich mir die Stadtkirche „St. Marien" vorgenommen. Ich erstehe eine Fotografierkarte für einen Euro und kann dann nach Lust und Laune meine Schnappschüsse machen, allerdings ohne Blitzlicht. Aber das ist ja bei meinem Fotoapparat kein Problem. Und diese Kirche bietet viele Kleinode. Ein besonderer Blickfang soll die Kanonenkugel, ein Mosaik sein, aber die meisten Besucher finden sie nicht. Ich schon!

Dann gehe ich nach dem Stadtplan von einer Sehenswürdigkeit zur nächsten. Schließlich habe ich nach vier Stunden die meisten Vorschläge besichtigt und setze mich am Markt in einen Biergarten, um den Nachmittag ausklingen zu lassen.

Pünktlich um 18.00 Uhr läuten die Kirchenglocken von „St. Marien" zum Abendgebet und anschließend intonieren die Turmbläser einen Choral.

Weil ich Hunger verspüre, begebe ich mich in ein Lokal und bestelle „Wildschweinbraten mit Rosenkohl und Kroketten" (8,70 €).

Dann muss ich zum Hotel, um meinen Pullover zu holen, weil der Abend doch recht frisch ist. Ich kehre noch in der „Rumpelkammer" ein, einem kleinen, urgemütlichen Lokal in der Altstadt. Hier verweile ich, bis es dunkel geworden ist, weil ich ja noch Nachtaufnahmen machen möchte. Nach einigen gelungenen Motiven suche ich mein Zimmer auf, packe für morgen schon alle Sachen in den Rucksack und bin um 21.30 Uhr in der Falle.

06. Mai 2007, Pirna – Hamm

7.00 Uhr Frühstück, dann auf zum Bahnhof. „Schönes-Wochenendticket" am Automaten erworben und weil gerade ein Zug nach Dresden einfährt und ich ohnehin in dieser Stadt umsteigen muss, fahre ich mit. Dadurch habe ich in „Elbflorenz" mehr Zeit zur Verfügung. Diese kann ich aber nicht nutzen, weil der Bahnhof und das gesamte Umfeld eine einzige Baustelle sind. Deshalb begebe ich mich zum Bahnsteig, Gleis 10, und stelle fest, dass der Zug nach Leipzig heute aus Gleis 12 fährt.

Weil der Zug schon auf der Schrifttafel angezeigt wird, steige ich ein und außer mir viele andere Reisende. Kurz vor Abfahrt des Zuges fragt mich ein Herr gegenüber, ob ich auch nach Bautzen wolle. „Nein, nach Leipzig!", sage ich.

„Oh, dann sinn Sie verkehrt, doas is erscht der Zuch noach Bautzen!" Ich meinen Rucksack, raus aus dem Zug und schon fährt er ab. Im richtigen Zug nach Leipzig sitzend, wartet die S-Bahn dann längere Zeit im Bahnhof Dresden-Neustadt, weil alle Fahrgäste, die mit dem verkehrten Zug gefahren sind, aber nach Leipzig wollen, mit dem Gegenzug zurückgebracht werden und von hier in Richtung Leipzig fahren. Ich sitze in einem Abteil mit vielen jungen Leuten, eine Abiturklasse, wie sich herausstellt. Ganz besonders fällt mir ein junger Mann auf, der seine Gitarre auspackt und ganz gewiss ein kleines Genie ist. Vermutlich gehören alle dem Schulchor an, denn plötzlich stimmen alle, wie auf Kommando, ein Lied an, aber nicht laut oder störend, sondern wohlklingend leise und harmonisch. Eine angenehme Unterhaltung bis Leipzig. Kurz vor Erreichen der Messestadt bekomme ich ein schlechtes Gewissen, denn ich habe für Joel und meine Frau noch kein Mitbringsel. Vielleicht wurde die Idee für diesen Bahnhof ja aus solch einem Versäumnis geboren, denn es ist kein Problem, hier etwas für jeden zu finden. Jetzt geht es weiter bis Halle und nach einer knappen halben Stunde ist die Saalestadt erreicht.

Weil die beiden nächsten Aufenthalte in Kassel und Warburg sehr kurz sein werden, esse ich hier eine Bratwurst und gehe dann gemütlich zum Gleis 4, wo mein Regionalexpress schon bereitgestellt ist.

Leider haben wir in Kassel fünf Minuten Verspätung und der Zug nach Warburg vergrößert diese noch um weitere fünfzehn Minuten. Aber das spielt keine Rolle, weil nach der Durchsage des Zugbegleiters der Anschlusszug warten wird. Außerdem ist eine Episode kurz vor Warburg noch amüsant und interessant.

Bei der Fahrkartenkontrolle wird ein Fahrgast ohne gültigen Fahrausweis erwischt. Er hat die Sachsenkarte gelöst und will, wie er sagt, nach Warburg. Der Bahnbeamte lässt sich auf keine Kompromisse ein und verlangt Bezahlung.

Alles ist erledigt, denke ich, da kommt der Zugbegleiter zurück. Der erboste Fahrgast läuft, wie von der Tarantel gestochen, hinter ihm her und brüllt: „Wissen Sie, was Sie sind? Sie sind ein typisches westdeutsches Beamtenarschloch!"

Und welche Überraschung, wen sehe ich im Zug nach Hamm, obwohl er doch angeblich nur bis Warburg fahren wollte? Den Beamtenbeleidiger, natürlich oder besser, vermutlich wieder ohne zu bezahlen. So, eine schöne, aber sehr anstrengende

Wanderung durch das Elbsandsteingebirge geht zu Ende.
Super Wetter, überwältigende Eindrücke und viele Erlebnisse
werden in meiner Erinnerung bleiben.

Wanderung von Mirow nach Schloss Kittendorf

20. September 2008

Endlich ist es so weit.

Um 7.15 Uhr setzt sich der Zug in Bewegung und fährt durch die in Nebel gehüllte Landschaft gen Osten. Weil ich wieder einmal mit dem „Schönen-Wochenendticket" fahre, werde ich, wenn alles ohne Verzögerung verläuft, nach sechsmal umsteigen, in etwa zehn Stunden meinen Ausgangspunkt für die Wanderung, das Städtchen Mirow, erreichen.

Wird die diesjährige Tour ebenso erlebnisreich werden, wie die vorausgegangenen? Ich bin gespannt, zumal in diesem Jahr die Tagesziele ausschließlich Städte mit historischer Vergangenheit sind. Das bedeutet am Zielort keine Ruhepause, sondern Besichtigung von Kirchen, Schlössern, Parks und interessanten Kulturstätten.

Sonnenaufgang sollte um 7.20 Uhr sein, aber erst jetzt, nach einer halben Stunde, dringt die Sonne durch die Nebelschwaden. Eine stimmungsvoll vorbeihuschende Landschaft verheißt einen sonnigen, angenehmen Herbsttag.

Denk'ste!

In Minden verkündet der Lautsprecher, dass der Zug nach Rotenburg/Wümme aus technischen Gründen ausfällt. Die Weiterfahrt nach Hamburg erfolgt über Wunstorf und Nienburg. Ich überlege, ob ich über Berlin fahre und eine Stunde später in Mirow ankomme, entschließe mich aber doch, in Wunstorf umzusteigen. Hoffentlich eine richtige Entscheidung?

Die Wahlmöglichkeit war richtig.

Während der Weiterfahrt nach Mirow höre ich einen herrlichen Ausspruch eines Reisenden, der offensichtlich zu DDR-Zeiten Grenzpolizist war und seinen Begleitern folgendes erzählt: Routinemäßig fragte er eine westdeutsche Einreisende, ob sie Waffen oder Munition habe. Darauf die Wessi: „Nee, brauch ich das denn hier?"

In Mirow pünktlich angekommen, finde ich im Gasthof „Zum Goldenen Löwen" eine gute Unterkunft und ein hervorragendes Abendessen, Gänsesauerfleisch, köstlich, und das mit Salat und Bratkartoffeln.

Vorher stand aber noch der für diese Wanderung obligatorische Kulturgang an. Besichtigung der Johanniterkirche, mit Turmbesteigung und Gang zu den Särgen der Mitglieder des Herrscherhauses Mecklenburg-Strelitz und der Fürstengruft. Das Aufsuchen der Schlossinsel ist ein „Muss" und der Besuch der Liebesinsel über die Brücke ist eine Pflicht.

Und nach dem köstlichen Mahl und eingebrochener Dunkelheit wird die gleiche Runde nochmals in Angriff genommen, um die stimmungsvolle Atmosphäre bei Dunkelheit und Beleuchtung einzufangen.

Jetzt sitze ich beim letzten Glas Bier und beschließe diesen Tag in aller Ruhe, allerdings gesellt sich zum Gerstensaft wie zufällig ein doppelter Rostocker Doppelkümmel.

21. September 2008, 26,8 km

Das Frühstück ist außergewöhnlich.

Vier Wurstsorten, fünf Käsespezialitäten, Rührei mit Speck, Ei, Lachs, Forelle, Marmelade, Honig, Joghurt, Obst und die sofortige Aufforderung, Obst und Butterbrote für den Wanderweg mitzunehmen.

Ich schlemme und genieße.

Dann marschiere ich zum Bahnhof, weil ich von Mirow bis Wesenberg mit dem Zug fahren will. Ich bin der einzige Fahrgast und frage mich, ob sich diese Linie rentiert oder in absehbarer Zeit eingestellt werden muss, zumal lediglich drei Orte miteinander verbunden werden.

In Wesenberg begebe ich mich sofort zur Kirche und habe

Glück. Weil heute Sonntag ist und deshalb in Kürze der Gottesdienst beginnt, sind die Türen geöffnet und ich kann ohne Probleme meine Besichtigung durchführen. Beginnend mit der 600-jährigen Linde vor dem Südeingang des Gotteshauses betrete ich das Kirchenschiff und mache heimlich die Fotoaufnahmen, immerhin möchte ich die schon anwesenden Gläubigen nicht in ihrer Andacht stören.

Anders ist die Situation am Fangelturm. Obwohl von Mai bis September täglich die Turmbesteigung möglich sein soll, ist die Tür verschlossen und keine Menschenseele zu sehen, die um Rat gefragt werden kann. Was bleibt mir anderes übrig, als die Segel zu streichen und meine Wanderung nach Neustrelitz aufzunehmen.

Leider sind die Wanderwege mit den Radwegen kombiniert, sodass häufig die Route entlang der Hauptverkehrsstraße verläuft. Noch nachteiliger gestaltet sich das Wetter. Aus heiterem Himmel entwickelt sich ein ausgeprägter Landregen, eigentlich kein Problem, aber meine Regenkleidung befindet sich in einer Seitentasche meines Rucksacks, den ich deshalb abnehmen muss. Auch das ist normalerweise keine Schwierigkeit. Da ich aber zwei Schulterriemen verknotet habe, bin ich bis auf die Haut durchnässt, bevor der Knoten gelöst ist.

Was soll's! Bis zum nächsten Schauer ist die Kleidung fast trocken und das Spiel kann erneut beginnen, jetzt aber ohne unnötigen Zeitaufwand, da ich aus meinem Fehler gelernt habe. Schließlich kann ich den Regenumhang überziehen, aber leider ist der Rucksack im Wege. Alle Versuche scheitern. Letztlich werfe ich den Umhang in die Höhe und springe darunter, aber auch dieses Experiment schlägt fehl.

Egal, der Regen lässt nach und das Problem hat sich von selbst gelöst.

Endlich kommt eine Abzweigung und der Wanderweg führt jetzt mitten durch einen Wald. Dann teilt sich der Verlauf, links verläuft der „Franzosenpfad", rechts der Weg nach Neustrelitz. Ich entscheide mich für den Franzosenpfad, der ebenfalls nach Neustrelitz führen soll und bin begeistert. Es geht über Holzpfade, durch sumpfiges Gelände, abenteuerlich. Der Steg wird immer schmaler, rutschiger und endet im Schilf. Was ist das Fazit? Ich muss umkehren und den Weg nach rechts nehmen.

Schließlich erreiche ich Neustrelitz. Ich bin schlapp, müde, die Füße schmerzen. Ich sehne mich nach einer heißen Dusche. In der „Luisenstube" finde ich Quartier, 48 €, ein stolzer Preis, aber egal.

Ich dusche, oder besser gesagt, ich möchte duschen, aber das Ausziehen bereitet mir Schwierigkeiten. Wie bekomme ich die Schuhe von den Füssen? Bücken geht nicht, also auf die Bettkante setzen, den Fuß heben, die Arme lang machen und, Schei.., ich habe morgens einen doppelten Knoten gemacht. Nach viel Mühe und Anstrengung gelingt es mir schließlich, den Knoten zu lösen und die Schuhe und Strümpfe auszuziehen. Die Unterhose wird fallen gelassen und bleibt zunächst liegen.

Dann geht es zur Toilette, aber auch das ist mit Schwierigkeiten verbunden. Beim Hinsetzen verfehle ich den Sitz, sodass das „kleine Etwas" über den Brillenrand schlabbert. Nun zurückgerutscht und mit etwas Fingerspitzengefühl kann schließlich Wasser gelassen werden.

Dann geht es in die Dusche, welche Wohltat! Ein heißer, scharfer Strahl massiert meine unteren, versteiften Wirbel im Rücken, aber nur kurz, dann ist die heiße Phase je zu Ende und das Wasser wird kalt. Vielleicht sogar gut, sonst wäre ich wahrscheinlich nicht mehr aus der Dusche herausgekommen.

Ich ziehe frische Sachen an, genehmige mir ein Bier – Lübzer –, welcher Genuss, dann, trotz der geschundenen Knochen, geht es auf die Erkundungstour. Zunächst in den Schlossgarten, weiter in die Schlosskirche, Eintritt 3 Euro, obwohl endsäkularisiert. Hier besuche ich die Terrakotta- und Bronze-Ausstellung von Robert Metzkes. Schließlich geht es, trotz einsetzenden, leichten Regens, zum Marktplatz, wo die Stadtkirche und das Rathaus in Augenschein genommen werden. Damit ist es dann aber auch genug.

Ich schlendere, oder besser, ich krieche zur „Luisenstube" und beabsichtige den Abend zu genießen und in Ruhe zu verbringen. Das Ambiente ist dafür wie geschaffen. Die Speisekarte ist umfangreich und trotzdem finde ich relativ schnell mein Gericht. Eigentlich ist das erstaunlich. Ich bestelle Fleischrolle mit Pflaumen, Rotkraut und Petersilienkartoffeln, ein typisch mecklenburgisches Gericht, aber sehr wohlschmeckend.

Inzwischen ist es dunkel geworden und trotz der geschundenen Glieder begebe ich mich nochmals auf die nachmittägliche Runde für Nachtaufnahmen. Es hat sich gelohnt.

Und jetzt sitze ich wieder bei Rostocker Doppelkümmel und Lübzer und lasse den Abend ausklingen.

Schlosskirche

22. September 2008, 28,4 km

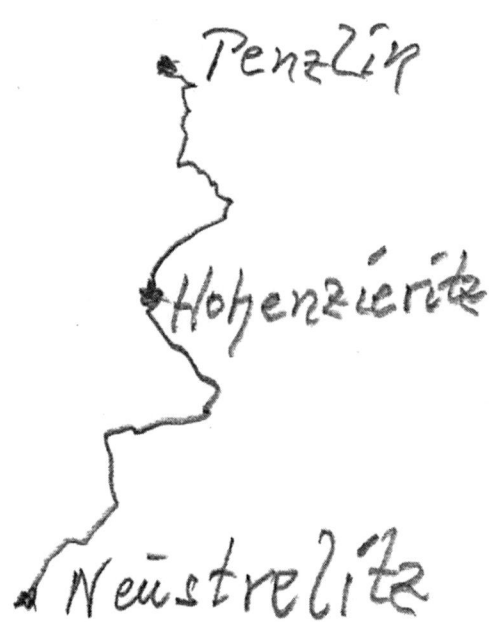

Nach dem Frühstück schnüre ich mein Ränzlein und marschiere los. Erste Station ist das Rathaus von Neustrelitz, weil dort ein wunderbarer Sitzungssaal sein soll, leider verschlossen. Ich frage eine Bürokraft und werde zum Amtsleiter gebracht. Nachdem er mein Anliegen gehört hat, wird für mich der Sitzungssaal aufgeschlossen und meine Überraschung ist groß. Eine hochmoderne Einrichtung mit sämtlichen technischen Finessen befindet sich im Raum, aber nichts von dem, was in meinen Gedanken erwartet wurde, ist zu sehen.
Ein Geistesblitz durchfährt mich. Ich habe die Rathausbe-

schreibung von Neustrelitz mit der von Malchin verwechselt. Im Rathaussaal von Malchin sollen die farbenprächtigen Zunftzeichen für jeden Besucher ein Blickfang sein. Der Tag fängt ja gut an.

Ich verlasse Neustrelitz und suche am Ortsausgang vergeblich nach einem Hinweisschild für Wanderer oder Radwanderer. Was bleibt mir anderes übrig, als entlang der B193 zu laufen, schrecklich und gefährlich obendrein.

Nach zwölf Kilometern konzentrierten und anstrengenden Aufpassens beschließe ich, an der nächsten Haltestelle auf den Bus zu warten, der in wenigen Minuten kommen soll. Der Fahrer eines Schülerbusses nimmt mich kostenlos bis Peckatel, dem nächsten Ort, mit. Von hier muss ich notgedrungen wieder laufen, weil sein Fahrziel in der entgegengesetzten Richtung liegt. Bis Hohenzieritz sind es aber nur drei Kilometer und glücklicherweise führt dort eine kaum befahrene Landstraße hin.

In Hohenzieritz angekommen, die nächste Enttäuschung. Das Schloss hat montags geschlossen und eine weitere Hiobsbotschaft folgt augenblicklich. Ich muss die gleiche Strecke zurücklaufen, denn nach Auskunft eines etwa 80-jährigen Dorfbewohners führt kein anderer Weg nach Penzlin, als über Peckatel. Aber ich habe einen guten Einfall. Ich fahre einfach mit dem nächsten Bus zurück, der laut Fahrplan in wenigen Minuten kommen soll. Und tatsächlich, er kommt.

„Da haben Sie aber Glück", werde ich vom Busfahrer empfangen, „dieses ist ein Schulbus, und wenn kein Kind nach Hohenzieritz muss, lasse ich diesen Schwenker aus!" Unterwegs erfahre ich von ihm, dass sehr wohl ein Weg nach Penzlin führt und dazu noch ein landschaftlich reizvoller. Zu spät!

Jetzt liegen sieben Kilometer Fußmarsch, wieder auf der B 193, vor mir, und ich entschließe mich, die letzte Strecke per

Anhalter zu fahren. 21 Autos rasen an mir vorbei, doch welch ein Wunder, der 22. Fahrer hält und nimmt mich mit. Er bringt mich sogar bis zum Ortseingang, obwohl seine Fahrtrichtung einen Kilometer vorher links abgegangen wäre. Ich sehe so erschöpft aus und er kennt das, ist seine Begründung.

Jetzt beginnt die Zimmersuche. Ich rufe die zu Hause notierte Adresse an und bekomme ein Zimmer mit Frühstück für 40 €. Die Anschrift ist Kittel, Hirtenstraße 3, diese geht links von der Warener Chaussee ab. Ich laufe die Chaussee, und diese ist verdammt lang, rauf, runter und wieder rauf, die Hirtenstraße zweigt nirgendwo ab. Da kommt mir ein Passant lächelnd entgegen und verkündet, dass er mich schon zweimal gesehen hat und ich könne nur sein Nachtgast sein. So ist es!

Ich erledige die Formalitäten, sprich, zahle meinen Obolus, mache mich frisch und erkunde das Städtchen. Zunächst besuche ich die Stadtkirche und als ich diese verlasse, regnet es. Weil ich kein Regenzeug mithabe, setze ich mich auf die Lehne einer Bank, die um eine Linde an der Kirche als Verweilort einlädt. Ich setze mich auf die Lehne, weil näher am Stamm weniger Tropfen durch das Blätterdach fallen. Nach geraumer Zeit lässt der Regen nach und ich gehe zur Burg und es folgt die nächste Enttäuschung. Der viel beschriebene und gepriesene Hexenkeller wird um 18 Uhr geschlossen, bleibt also lediglich Zeit für ein erfrischendes Getränk, denn es ist bereits 17.35 Uhr. Dann begebe ich mich zum vom Hauswirt empfohlenen Lokal und finde die Tür verschlossen. Geöffnet von 11-15 Uhr, steht an der Tür. Komische Zeit, denke ich, aber heute ist vermutlich alles möglich. Zu allem Überfluss fängt es wieder einmal an zu regnen und so komme ich leicht durchnässt zur „Buddelscheune", hier kehre ich ein. Und endlich ein Erfolgserlebnis, die Speisekarte ist vielversprechend. Ich bestelle Geflügelleber mit Bratkartoffeln und Salat und falle fast vom Stuhl, als das Gericht kommt. Von dieser Portion können drei erwachsene Mannsbilder satt werden.

Zurückschauend ist dieser Tag ein einziger Reinfall gewesen. Ich hoffe, dass die kommenden Tage den heutigen vergessen lassen.

23. September 2008, 17,0 km

Ich höre in der Früh den Wetterbericht im Radio und bin entsetzt. Für den ganzen Tag ist Regen angesagt, der erst in den Abendstunden nachlassen soll. Die gute Nachricht folgt aber umgehend, ab morgen soll bis zum Wochenende die Sonne scheinen.

Ich entscheide spontan, heute auf die Wanderung nach Neubrandenburg zu verzichten und stattdessen mit dem Bus zu fahren. So muss ich nicht im Regen laufen und habe für die

Stadtbesichtigung mehr Zeit zur Verfügung. Mein Entschluss ist rückschauend betrachtet richtig gewesen, bin ich doch in Neubrandenburg siebzehn Kilometer gelaufen.

Nach einer halben Stunde ist Neubrandenburg, die Stadt der vier Tore, erreicht. Ich will unvermittelt eine Station vor dem Rathaus aussteigen, da werde ich von einer Frau, die vorher wohl gehört hat, dass ich nach der Haltestelle am Rathaus gefragt habe, darauf aufmerksam gemacht, dass erst bei der nächsten Station das Rathaus ist. Meine Spontaneität begründe ich damit, dass an diesem Haltepunkt eins der vier Stadttore ist und ich deshalb bereits hier meinen Rundgang beginne.

Ich schreite durch das erste Tor und befinde mich auf der 2. Ringstraße. Jetzt fängt der Gang entlang der 2,5 Kilometer langen Stadtmauer, den Wiekhäusern und den mächtigen Toranlagen an. Die Wiekhäuser sind in die Wehrmauer, die fast vollständig erhalten ist, eingebaut und dienten ursprünglich der Verteidigung, bis sie im 30-jährigen Krieg den neuen Schusswaffen von Tilly, er kämpfte mit Kanonen, nicht mehr standhielten. Nun werden diese Relikte als Cafés, Bars, Studios und Gaststätten genutzt.

Da es immer noch leicht regnet und ich deshalb unter einem Geschäftsvorbau Schutz suche, rufe ich in der Pension „Nobel-Hobel" an und erfahre, dass ein Zimmer für 45 € für eine Nacht frei sei, aber erst um 14 Uhr bezogen werden kann. Ich lasse es reservieren und werde nach Namen und Adresse gefragt. Ob dieser Frage bin ich so perplex, dass ich folgendes angebe: Werner Schreiber, Michaelisstr. 3, 59045 Dortmund. Das Gespräch ist beendet und ich laufe mit schlechtem Gewissen weiter, besichtige die St. Johannes Kirche, fahre in den 13. Stock zum Turmcafé und bin von der Aussicht aus dieser Höhe beeindruckt.

Dann entschließe ich mich jetzt schon zur Pension „Nobel-Hobel" zu gehen und falls ich noch nicht auf das Zimmer kann, die Buchung zu stornieren. Mein Zimmer ist gerade bezugsfertig, ich werde mit Herr Schreiber begrüßt und soll den Anmeldeschein ausfüllen. Jetzt muss ich notgedrungen beichten, dass ich am Telefon einen falschen Namen genannt habe. Beim Betreten meines Zimmers wird mir klar, dass ich in einer Homosexuellenpension gelandet bin. An den Wänden Clownbilder, in der Dusche eine erhöhte Sitzecke und ein Bärenbild. Zur Pension gehört eine Pinte „Der Papagei." Egal, ich bleibe, mir wird schon nichts passieren.

Dann gehe ich erneut auf Stadterkundung und bin wieder fasziniert. Insbesondere die in einen Konzertsaal umgebaute Marienkirche, eine der schönsten gotischen Backsteinkirchen, offenbart eine architektonisch einmalige Symbiose aus Altem und Neuem. Letztlich wird es Zeit für das Abendessen, denn ich möchte die ganze Runde im Dunkeln wiederholen, um Nachtaufnahmen zu machen. Ich kehre im Wiekhaus 45, in der 4. Ringstraße, ein und bestelle Wildragout mit Rotkraut, Rosenkohl, Preiselbeeren und Klößen. Glücklicherweise frage ich nach der Größe der Portion und entscheide mich für einen Seniorenteller und selbst der erweist sich als zu groß, denn ich möchte unbedingt einen Nachtisch probieren, den mir die Kellnerin als mecklenburgische Köstlichkeit schmackhaft gemacht hat. Das Essen ist ausgezeichnet, aber es geht nichts über den Nachtisch. Pumpernickel in Rum eingelegt und mit Rosinen vervollständigt. Darauf Kirschen aus dem Rumtopf und Sahne. Köstlich, himmlisch, ein Gedicht.

Darauf muss ich einen Rostocker Kümmel trinken und mich dann schleunigst auf den Weg machen, weil die Dachterrasse vom Nordkurier um 20 Uhr geschlossen wird. Ich denke, die Mühe des nächtlichen Rundgangs hat sich gelohnt. Herrliche Aufnahmen von der im Lichtermeer verzauberten Stadt. Dann noch die Mauer im Lichterglanz und zurück zur Pension.

Kurz entschlossen kehre ich noch im „Papagei" ein und jetzt werden alle Zweifel ausgelöscht, es gibt keine Damentoilette. Doch was ist das? Zwei weibliche Wesen betreten das Lokal. Ich werde unsicher, oder auch nicht. Eine der beiden geht schnurstracks zur Herrentoilette, sie kennt sich aus. Inzwischen habe ich mir den Gastraum näher angeschaut und bin angenehm überrascht. Alle Wände sind mit einer Bildertapete mit Motiven aus dem Mittelalter tapeziert, mit Motiven von Trinkgelagen, handwerklichen Darstellungen, über das Leben auf dem Lande und werden ergänzt durch viele Sprüche.

Als ich bezahle, erfahre ich vom Wirt, dass es keine Bildertapeten sind, sondern alles handgemalt sei. Beim Verlassen der Wirtschaft stelle ich noch fest, dass sehr wohl eine Damentoilette vorhanden ist und ich kann beruhigt dem nächsten Tag entgegenträumen.

24. September 2008, 12,5 km

Heute muss ich etwas zeitiger aufstehen, weil ich mit dem Zug bis zur Reuterstadt Stavenhagen fahre. Das Frühstück ist spartanisch in einem kleinen Raum, folglich fällt es kurz aus, sodass ich genügend Zeit bis zur Abfahrt des Zuges habe. Wie bereits am Vortag erfragt, kann ich die Bahnfahrt nach Malchin in Stavenhagen unterbrechen, um von hier zu den Ivenacker Eichen zu wandern.

Glücklicherweise stelle ich während der Fahrt fest, dass drei von den vier Akkuquartetts leer sind, obwohl ich sie am Abend vorher aufgeladen habe. Und auch die vierte Serie pfeift aus dem letzten Loch. Was tun?

Auf weitere Aufnahmen möchte ich nicht verzichten. Da habe ich plötzlich einen Geistesblitz. Ich werde in Stavenhagen zur Polizei oder ins Rathaus gehen und werde dort darum bitten, mir vier Akkus aufzuladen, während ich den Ivenacker Forst unsicher mache. Aber es kommt viel besser.

Im Bahnhof der Reuterstadt ist eine Gaststätte. Hier frage ich nach dem Weg und ganz nebenbei nach der Lösung meines Hauptproblems. Anstandslos und wie selbstverständlich kommt der Wirt meinem Wunsch entgegen und so händige ich ihm Akkus und Ladegerät aus. Dann beschreibt er mir den Weg und ich kann losmarschieren. Nach etwa einem halben Kilometer fällt mir ein, dass ich einen entscheidenden Fehler gemacht habe. Ich hätte doch den Rucksack auch dort lassen können. Zu spät, Gedankenlosigkeit muss bestraft werden.

Dann schreite ich durch das Stavenhagener Tor in den Ivenacker Forst. Nach kurzer Zeit eine Abzweigung zu einem Denkmal. Der verheiratete Fürst hatte ein Verhältnis mit einer 15-jährigen Dienstmagd, zeugte mit ihr sechs Kinder. Mit 22 Jahren starb die Geliebte und der nachstehende Spruch soll an sie erinnern.

„Beim Besuch dieses Ortes, bei der Betrachtung meiner Asche, Freund, erinnere dich der zärtlichen Geliebten. Erinnere dich dieser Zeiten, dieser glücklichen Zeiten, wo die zärtlichste Freude meinen Frühling belebte. Ohne Beschwerde, ohne Kummer im Schoße der Zärtlichkeit sah ich meine glückliche Jugend dahin gehen. Alles warf in meine Sinne einen lieblichen Fieberwahn, und wenn ich genau zusah, schien alles ein Lächeln. Meine lieblichen und glänzenden Tage erstrahlten vor Freude, und meine Augen schlossen sich mit Ruh."

Übrigens, alle Kinder wurden bestens versorgt, eine Seltenheit für die damalige Zeit.

Dann die große Überraschung, das Damwild kommt fast zum Streicheln nah und hat kaum Berührungsängste. Da aber die Zeit drängt, muss ich leider den Aufenthalt in diesem Urwald verkürzen und umkehren, habe ich doch versprochen bis spätestens 13 Uhr meine Utensilien wieder abzuholen.

Ich komme sogar eine Stunde früher zurück, meine Akkus sind geladen, ich trinke noch schnell eine Tasse heiße Schokolade, dann kommt der Zug nach Malchin. Nach zehn Minuten Fahrzeit ist das Städtchen erreicht und ich gehe zunächst zum Rathaus. Und hier die erste Enttäuschung, es ist 12.30 Uhr und das Haus ist mittwochs ab 11.30 Uhr geschlossen. Aber ich gebe nicht auf. Während ich noch die Informationen lese, kommt eine Stadtangestellte aus der Tür und ich schildere ihr mein Anliegen. Sie zeigt dafür Verständnis und ermuntert mich, in einer Stunde, nach der Mittagspause, nochmals den Versuch zu starten. Die Frage nach einem Hotel oder einer Pension ist schnell beantwortet, weil gleich hinter dem Rathaus das Hotel „Marcus" ist. Dort vorgesprochen erhalte ich ein Zimmer und kann nun ohne Rucksack die Exkursion beginnen.

Mein erster Weg führt mich zur Touristeninformation und hier treffe ich auf eine wirklich hilfsbereite und engagierte Dame. Sie ist sich auch sicher, dass ich ins Rathaus gelassen werde und legt mir ans Herz, auf jeden Fall den Rathaussaal aufzusuchen. Und wenn ich schon dort bin, soll ich auf keinen Fall versäumen, mit dem Fahrstuhl in den dritten Stock zu fahren und die Wendeltreppe aufzusteigen zum Aussichtsturm, aber oben soll ich nicht nur die herrliche Aussicht genießen, sondern auch die Schildchen mit plattdeutschen Sprüchen lesen und fotografieren.

Ich folge ihrem Rat, besuche aber zunächst die mächtige Backsteinbasilika Sankt Johannes mit der besonders reichen Innenausstattung und bin beeindruckt: welche Größe, welche Erhabenheit, welcher Reichtum. Dann mache ich mich auf den Stadtrundgang, zunächst also das Rathaus und es klappt. Ich werde in den Sitzungssaal geleitet und hier finde ich die Zunftdarstellungen, die ich in Neustrelitz gesucht habe. Alle Berufszweige sind in 72 bildlichen Darstellungen verewigt. Der Uhrmacher sogar mit einer Originaluhr, die mit der Turmuhr verbunden ist.

Selbstverständlich besteige ich den Rathausturm und mir bietet sich ein herrlicher Blick auf die Stadt und die sie umgebende Landschaft. Auf kleinen Messingschildchen geben kleine Verse Auskunft darüber, wohin und worauf der Blick sich gerade richtet. Die richtige Übersetzung der Sprüche ist aber etwas mühevoll, weil sie in plattdeutscher Sprache sind.

Die Tour geht weiter zum Wasserturm, der sich im Privatbesitz befindet. Vom Wasserturm führt der Weg zum Kalenschen Tor. Es wurde bis ins 19. Jahrhundert als Gefängnis genutzt.

Vorbei am Fangelturm und an den Resten der Stadtmauer gelange ich zum Steintor und damit zur letzten Station meines kleinen Streifzuges. Es geht zurück zur Information, wo ich Vollzug melde und bestätige, dass ich die plattdeutschen Verse gelesen, aber nicht oder nicht ganz verstanden habe. Das sei nicht weiter schlimm, die Hauptsache sei, dass sie gelesen wurden.

Ich begebe mich ins Hotel, dusche und möchte im Restaurant zu Abend essen, aber ich bin der einzige Gast, der Kellner telefoniert und zeigt wenig Interesse. Also verlasse ich das unfreundliche Lokal und gehe eine Tür weiter zum „Rathauskeller." Hier bin ich zwar auch einziger Gast, aber werde freundlich begrüßt und man kümmert sich um den Besucher. Außerdem gibt es hier Lübzer und das bringt Pluspunkte.

Nach geraumer Zeit habe ich zwei Gerichte in die engere Wahl gezogen, entweder bestelle ich Schweinshaxe oder gefüllten Rollbraten. Auf meine Frage, womit der Rollbraten gefüllt ist, erfahre ich, mit Apfel oder Pflaumen. Ich wähle Pflaumen und habe mich richtig entschieden. Das Essen ist einfach vorzüglich, insbesondere das Rotkraut, unbeschreiblich köstlich im Geschmack.

Ich bin des Lobes voll und bringe es auch zum Ausdruck. Daraufhin will mir der Wirt etwas Gutes angedeihen lassen und fragt, ob ich noch einen Verdauungsschnaps möchte. Ich erwähne „Rostocker Doppelkümmel", aber der steht leider nicht auf der Karte. „Aber ich habe ihn", sagt der Wirt und damit ist der Abend, ach was, der Tag, gerettet. Trotzdem muss ich noch einen Absacker im Hotel trinken, aber vorher werden noch einige Nachtaufnahmen gemacht.

Eine vorübergehende Passantin fragt, ob die Bilder denn etwas werden, es sei doch viel zu dunkel. Ich zeige ihr das gerade aufgenommene Steintor und sie ist erstaunt. „Wie geht das denn? Es hat doch gar nicht geblitzt!" „Das macht alles der Apparat", sage ich.

„Nee, nee, Sie müssen was können!"

Schließlich kehre ich im Hotel zum Schlaftrunk ein, es ist bis auf einen Gast wie ausgestorben. Was soll's! Ich habe einen schönen Tag gehabt, trinke vermutlich noch ein, zwei, Bier und gehe dann in die Pochte.

25. September 2008, 18,5 km

Diese Nacht habe ich ganz schlecht geschlafen, weil ich meine Akkus viermal aufladen musste. Hoffentlich hat es geklappt.

Nach dem Frühstück muss ich noch schnell die Stecker vom Fernseher und dem Telefon wieder einstöpseln, denn ich habe die Steckdosen für meine Zwecke missbraucht. Dann geht es zum Bahnhof. Kaum aus dem Hotel auf die Straße getreten, werde ich gefragt, ob ich viele Fotos gemacht habe. Es ist der Hausmeister vom Rathaus, der mir gestern den Sitzungssaal öffnete.

Nach kurzer Fahrt ist Teterow erreicht, der Bahnhof verwahrlost, kein Hinweis auf Abfahrts- und Ankunftszeiten, alle Türen verschlossen, ja sogar vernagelt. Ich mache mich auf den Weg in die Stadt und komme zum Malchiner Tor, in dem sich das Stadtmuseum befindet.

Es ist kurz vor zehn und obwohl erst um 10 Uhr Einlass ist, kann ich meinen Rucksack abgeben und die Räumlichkeiten betreten. Ich bin überrascht, insbesondere die Gefängniszelle im Turm hat es mir angetan.

Dann geht es zum Rathaus und zur Stadtkirche, die aber leider nicht geöffnet ist, weil der Fußboden erneuert wird.

Ich verschaffe mir trotzdem über den Handwerkerweg Eintritt, um wenigstens einen Eindruck vom Innenraum zu bekommen.

Leider sind die alten Wandmalereien nicht zu sehen, weil sie wegen der Bauarbeiten mit Tüchern abgedeckt sind. Noch schnell das Rostocker Tor angesehen und dann zum Teterower See, um zur Burgwallinsel überzusetzen.

An der Fähre nach einer Stunde Fußmarsch angekommen, muss ich mir eingestehen, dass die verbleibende Zeit nicht reichen wird, um die etwa zweistündige Exkursion auf der Insel in Angriff zu nehmen. Man muss auch verzichten können und deshalb entschließe ich mich, sofort nach Remplin zu laufen. Oder soll ich doch besser nach Schorssow fahren, Schlosshotel mit allen Annehmlichkeiten?

Während ich noch von Zweifeln hin- und hergerissen bin, kommt ein Auto in diese verlassene Gegend und hält auf mein Winken an. Ein Ehepaar erklärt mir hilfsbereit den Weg nach Teschow, er ist für den kürzeren Trampelpfad, sie für den längeren, geraden Weg, aber es ist weit, sagen beide. Ich habe die Abzweigung für den geraden Weg noch nicht erreicht, da kommt das Auto zurück, hält an und ich werde gebeten einzusteigen, weil sie mich zum Busbahnhof bringen wollen. Die Versuchung ist zu groß, ich nehme das Angebot an und komme leider drei Minuten zu spät an der Haltestelle an, der Bus nach Remplin ist weg.

Ich muss wieder eine Entscheidung treffen, fahre ich in zehn Minuten nach Schorssow oder in eineinhalb Stunden nach Remplin. Weil die zehn Minuten zu kurz für eine so schwerwiegende Entscheidung sind, laufe ich noch die Ringstraße um den Stadtkern von Teterow, setze mich für eine Stunde in die Sonne und warte auf den Bus. Eigentlich war dieser Entschluss gar nicht so übel, das Faulenzen ist richtig wohltuend. Viel zu schnell vergeht die Zeit und ehe ich mich versehe, sitze ich im Bus nach Remplin und muss aussteigen, weil das Städtchen schon erreicht ist. Vorsorglich vergewissere ich mich, wann heute noch ein Bus nach Malchin fährt und wann morgen in der Frühe diese Möglichkeit besteht.

Dann erkundige ich mich nach einem Hotel oder einer Pension, aber Fehlanzeige, in diesem Ort kann man nicht übernachten und das bedeutet, Weiterfahrt mit dem letzten Bus oder laufen. Die Kirchenbesichtigung fällt aus, weil diese verschlossen ist. Schade! Also geht's in den Schlosspark und zur Sternwarte. Die Sternwarte war einmal, jetzt ist es eine Ruine, also in den Park, aber auch der ist vernachlässigt.

Ich bin auf dem Rückweg, da sehe ich ein Ehepaar bei der Sternwarte und ich vermute richtig, der Mann holt den Schlüssel beim Anglerverein. Ich frage, ob ich mich den beiden anschließen kann.

Ich kann. Trotz mehrerer Versuche bekommen wir die Tür aber nicht mit dem Schlüssel auf, bis wir erkennen, dass wir ziehen müssen und schon sind wir im Innenraum. Aber was ist das? Ganz einfach, eine Maurerarbeitsstätte. Nach oben, unserem eigentlichen Wunsch und Ziel, geht es nicht. Oder doch? Da steht eine Leiter mit zwölf Sprossen und am Ende der Leiter beginnt eine Wendeltreppe, furchterregend, aber sicherlich nicht unüberwindbar.

Das Ehepaar etwa 60 Jahre alt, sie mit langem Rock, weil sie am Abend noch zu einer Feier geladen sind, wagt den Aufstieg und ich folge. Es hat sich gelohnt. Oben erfahre ich, dass beide gebürtig aus Malchin sind, dort auch geheiratet haben und jetzt in Neubrandenburg in einem Plattenbau wohnen und auch nicht wegziehen möchten.

Ich will mich verabschieden, denn ich muss meinen Bus bekommen, da schlagen mir meine Begleiter vor, mich bis Malchin mitzunehmen und am Hotel Marcus abzusetzen. Nebenbei erfahre ich noch, dass 1945 das Städtchen von den Russen abgebrannt wurde, weil die Ehefrau des russischen Kommandanten von einem deutschen Soldaten erschossen wurde und dieser daraufhin den Befehl zur Zerstörung gab.

Wir kommen am Hotel „Kartoffelkäfer" vorbei und mir wird berichtet, dass das früher die regionale SED-Zentrale war und der Gründer des Hotels „Marcus" der Erfinder des ersten benzingetriebenen Fahrzeugs ist. Glücklicherweise öffnet „Marcus" erst um 18 Uhr. Wir verabschieden uns und ich begebe mich zum Hotel „Kartoffelkäfer". Vielleicht ist dort ein Zimmer für eine Nacht frei. Ein Zimmer ist frei, und zwar preisgünstiger – 29 € –, gemütlicher und stimmungsvoller. Meine Unterkunft, ich nenne sie „das blaue Zimmer", ist geschmackvoll eingerichtet, wie das ganze Haus eine persönliche, sehr ansprechende Note ausstrahlt.

Von der Bedienung erfahre ich, dass sie aus Thüringen stammt, die Liebe sie aber hierher verschlagen hat, obwohl sie sich nicht so recht wohl in Mecklenburg fühlt. Ihrem ersten Mann ist sie nach Bayern gefolgt, hat dort auch beim Oktoberfest gekellnert, reine Knochenarbeit sei das gewesen, und ist nach der Scheidung mit ihrem Kind bei ihrem jetzigen Lebensgefährten und seinen beiden Kindern in Malchin zu Hause.

Inzwischen habe ich in der Speisekarte mein Gericht gefunden und bestelle Thüringer Bratwürstl mit Sauerkraut und Bratkartoffeln zum Preis von 5,90 €. Vorher gibt es auf Kosten des Hauses Kartoffelbrot mit Fett.

Alles in allem geht ein interessanter, chaotischer, aber letztlich zufriedenstellender Tag zu Ende, der jetzt seinen Abschluss im gemütlichen Restaurant des Hotels findet.

Da ich der letzte Gast bin, setzt sich die Inhaberin auf meine Bitte zu mir an den Tisch und so erfahre ich, dass es sie aus Bremen hierher verschlagen hat. Jetzt ist sie seit einigen Jahren mit ihrer Familie in Malchin und hat hier ihr zu Hause gefunden.

26. September 2008, 26,8 km

Dieses Haus ist einfach gut.
Das Frühstück in Büfettform lässt keine Wünsche offen. Die Wirtin empfiehlt mir, ein Brotpaket und Obst auf die Wanderstrecke mitzunehmen, wovon ich gern Gebrauch mache. Außerdem kann ich mit ihr bis zur Abzweigung nach Pinnow mitfahren, denn in der Stadt zu laufen, ist bestimmt nicht so reiz-

voll, vermutet sie.

An der Stadtgrenze steige ich aus, bedanke mich artig und beginne meine Wanderung nach Kittendorf. Es herrscht Nebel, endlich, weil ich mir vorstelle, bei dieser stimmungsvollen Atmosphäre interessante Aufnahmen machen zu können. Bis Zettemin verläuft die Route auf einer verhältnismäßig verkehrsarmen Landstraße, aber dann ist die Beschilderung zu Ende. Ich frage einen Autofahrer, der gerade aus einer Nebenstraße kommt und habe Glück. Er ist selbst begeisterter Wanderer und empfiehlt mir einen Weg auf einer stillgelegten Bahnstrecke, die früher bis Kittendorf führte. Dieser Wanderweg ist wirklich ausgezeichnet und so komme ich nach 22 Kilometern reichlich erschöpft im Schloss dieses Ortes an. Der erste Eindruck ist vielversprechend.

Ich mache mich frisch und besichtige mein heutiges Domizil. Und jetzt bin ich enttäuscht. Die Räumlichkeiten, in denen gespeist werden kann, sind von einer sterilen Ausstrahlung überlastet. Sie sollen Glanz, Vornehmheit und Eleganz verheißen, aber das Gegenteil ist der Fall. Es wirkt steril, ungemütlich und ausladend. Als Aufenthalt für den Abend steht nur ein langer, schmaler Raum den Gästen zur Verfügung, als Palmengarten offeriert. Die Speisekarte empfiehlt dem Gast zwei 5-Gänge-Menüs für je 42 €. Wer lediglich eine Kleinigkeit oder nur ein Hauptgericht essen möchte, kann aus diesen Menüs jeweils wählen. Auf meine Frage nach Sauna oder Whirlpool bekomme ich zur Antwort, nicht vorhanden, eine Bar gibt es, wird aber heute nicht geöffnet. Ich bin gespannt, wie es wird, wenn ich am Abend noch einen Absacker trinken möchte.

Ich muss erst einmal frische Luft schnappen und erkunde das Dorf und komme zur Kirche und dem gegenüberliegenden Dorfkrug. Ich kehre ein, es ist gemütlich, gut besucht, ich zähle 16 Gäste und bleibe. Auf der Speisekarte brauche ich nicht lange zu suchen, bis ich das Richtige gefunden habe, Rehsteak mit Kroketten und Preiselbeeren, 9,80 €. Ein Pils kostet 1,50 €, im Hotel 2,40 €, Wahnsinn diese Preisunterschiede. Jetzt ist es 19.55 Uhr, ich zahle und kehre zum Schlosshotel zurück.

Ich betrete den Speisesaal, in dem lediglich zwei Gäste sind und schlendere zur Orangerie oder auch Palmengarten genannt. Ich bin gespannt, ob und wann ich ein Bier bestellen kann. Wie gesagt, jetzt ist es 19.55 Uhr, nein 19.59 Uhr. Ich bin der einzige Gast, 19 weitere Gäste könnten hier Platz finden. Inzwischen ist es 20.25 Uhr, ich warte immer noch auf die Bedienung, aber nicht mehr lange. Ich stehe auf, verlasse enttäuscht und durstig die beschauliche Stätte, komme auf die Etage, auf der sich mein Zimmer befindet, da geht eine Tür auf und ich sehe in diesem Raum fünf bis acht Personen, die lustig feiern. Eine der Anwesenden verkündet mir, dass das Hotelpersonal ihnen gesagt habe, sie seien allein auf der Etage und würden niemanden stören. Na, das kann ja lustig werden und wird es auch. Bis Mitternacht werden Zimmertüren auf- und wieder abgeschlossen, an Schlaf ist nicht zu denken.

27. September 2008, 3,4 km

Um 7.30 Uhr begebe ich mich zum Frühstück. Ich bin der erste Gast. Kurze Zeit später kommt noch ein junger Mann. Das Frühstück ist gut, aber mir will es nicht so recht schmecken, weil ich nicht weiß, wie sich dieser Tag entwickeln wird.

Um 8.00 Uhr begleiche ich meine Rechnung und auch der junge Mann will bezahlen. Ich frage ihn, ob er mich ein Stück mitnehmen kann und beschließe, fährt er nach Stavenhagen, fahre ich heute nach Hause, fährt er nach Waren, bleibe ich noch einen Tag länger.

Er fährt nach Stavenhagen und nimmt mich mit. Auf der kurzen Fahrt, es sind nur 9 Kilometer, philosophieren wir, wie schlimm es doch war, als vor 20 Jahren, da war er Wehrpflichtiger bei der deutschen Bundeswehr, den jungen Soldaten befohlen wurde, auf die deutschen Ostsoldaten notfalls zu schießen und heute hat man die gleichen Menschen in sein Herz geschlossen.

In Stavenhagen bedanke und verabschiede ich mich und erkundige mich bei einem Straßenpassanten nach dem Weg zum Bahnhof. Nach zweieinhalb Kilometern ist dieser erreicht und der Zug nach Lübeck wird in wenigen Minuten einfahren. Ich ziehe schnell mein Wochenendticket aus dem Automaten und stecke es in die Hosenseitentasche zum Handy. Dann suche ich mir einen Sitzplatz und weil es recht warm im Waggon ist, ziehe ich meinen Pullover aus und verstaue ihn im Rucksack, während ich die ärmellose Weste anziehe. Geldbörse und Handy werden in den Westentaschen untergebracht und schließlich will ich auch die Fahrkarte in die Jackentasche verfrachten, da fällt mir der Hotelschlüssel in die Hand. So ein Mist, also anrufen, Handy einschalten, wieder Mist, Akku fast leer. Also wieder ausschalten, Strom sparen, denn ich möchte ja noch zu Hause Bescheid geben, wie der Tag verläuft.

Jetzt endlich die Fahrkarte in die Weste übersiedeln. Aber wo ist sie? Ich durchwühle alle Hosentaschen, werde panisch aufgeregt, sie ist weg. Habe ich sie beim Einsteigen verloren? Ich muss zum Zugautomaten gehen und eine neue Karte kaufen, weil ich keine 40 € fürs Schwarzfahren riskieren möchte, da fällt mir das Taschentuch aus der Hosentasche. Ich bücke mich und siehe da, meine Fahrkarte liegt unter meinem Sitzplatz. Vermutlich ist sie herausgefallen, als ich das Handy in die Hand nahm.

In Bad Kleinen habe ich fast eine Stunde Aufenthalt. Ich suche einen Aufenthaltsraum und finde hier eine Steckdose. Sofort Kabel in die Dose, Handy angeschlossen und Hamm angerufen. Keiner zu Hause, also Nachricht hinterlassen und Schloss Kittendorf gewählt. Mein Versäumnis gebeichtet und mitgeteilt, dass ich am Montag den Schlüssel abschicken werde. Das Mitnehmen des Zimmerschlüssels sei halb so schlimm, ich wüsste ja gar nicht, wie häufig das passiert.

Jetzt sitze ich im Zug nach Hamburg und hoffe, dass die kommenden Stunden nur noch erfreuliche Erlebnisse für mich bereithalten.

Resümee:

Die Städtewanderung war schön, aber zu anstrengend, weil zu den Kilometern der Wanderung noch die Kilometer in der erreichten Stadt während der Besichtigungen kommen. Eine solche Exkursionsreise nur noch mit dem Auto oder der Eisenbahn machen und das Wandern wieder in Wald und Flur verlagern.

Wanderung
durch das Peenetal

15. September 2009, Zugfahrt Hamm – Malchin

Es ist wieder einmal so weit. Gestern habe ich mich spontan entschlossen, meine diesjährige Wanderung anzutreten.

Das Wandergebiet steht seit langer Zeit fest. Es geht zur Peene, dem „Amazonas des Nordens." Diesen Fluss beabsichtige ich, von der Quelle bis zur Mündung zu erwandern.

Nachdem die Deutsche Bahn das „Quer-durchs-Land-Ticket" eingeführt hat, bin ich auf den Beginn meines Abenteuers am Wochenende nicht mehr angewiesen und kann meine Reise an jedem beliebigen Tag antreten.

Jetzt sitze ich im Zug nach Minden und werde nach fünfmal umsteigen, mein Tagesziel in Malchin hoffentlich am frühen Abend erreichen. Allerdings beginnt die Fahrt mit fünfzehn Minuten Verspätung, sodass vermutlich der Anschlusszug nicht erreicht wird.

Wir werden es sehen.

Bei der Deutschen Bahn ist man vor keiner Überraschung sicher, sowohl in negativer, als auch in positiver Hinsicht.

Widmen wir uns zunächst der negativen Aufregung.

Ich beobachte die Anzeigen über Zeit, nächste Haltestelle und Zielbahnhof auf dem Laufband, da werde ich plötzlich Zeuge einer überraschenden Zeitreise. In Sekundenschnelle erscheint auf dieser Informationsquelle das Datum 1. Mai 2029. Ich fühle mich aber weder älter, noch haben sich die Mitreisenden verändert. Nur drängt sich mir die Frage auf, kann ich mit 93 Jahren noch die Wanderung aufnehmen? Doch dann klingelt es bei mir, es hat sich wahrscheinlich ein Programmierfehler eingeschlichen.

Jetzt aber zur positiven Variante.

Wie vermutet erreichen wir Minden mit 15 Minuten Verspätung. Natürlich ist der Anschlusszug nach Hannover bereits abgefahren, sodass mein Zeitplan nicht mehr eingehalten werden kann. Da erreicht auf dem gegenüberliegenden Gleis ein IC Minden auf der Weiterfahrt nach Hannover.

Drei junge Frauen haben den gleichen Gedanken wie ich und stürmen zur Zugbegleiterin des IC. Sie schildern aufgeregt das Problem und bitten bis Hannover mit dem Schnellzug mitfahren zu dürfen. Ich erwarte eine Ablehnung und bin ob der Reaktion überrascht. „Steigen Sie bitte in den Wagen 8 ein, dort bin ich zuständig." Das vermeintliche Problem ist damit gelöst.

Eine weitere positive Überraschung erlebe ich in der Ostseebahn von Bützow nach Malchin. Jeder Fahrgast, der möchte, erhält einen Stoffbeutel gefüllt mit Wasserflasche, Apfel, Schokoriegel, Frühstückssnack und einer Zeitschrift.

In Malchin angekommen, habe ich im Hotel „Kartoffelkäfer" Glück, ich bekomme das letzte Zimmer, was zur Folge hat, dass es zur Straßenseite liegt, wegen des starken Verkehrs recht laut, wie sich in der Nacht herausstellt.

Der Gang durch die Stadt ist enttäuschend, überall wird gebaut. Deshalb gehe ich ins Hotel zurück, um den Abend mit einem schönen Essen ausklingen zu lassen.

Ich schwanke zwischen zwei Gerichten, einmal Mecklenburger Schweinerücken, gefüllt mit Apfel und Pflaumen, dazu Bratkartoffeln und Salat oder Thüringer Rostbratwurst mit Bratkartoffeln und ebenfalls Salat.

Was habe ich wohl gewählt?

Ich verrate es nicht, aber es war die falsche Entscheidung, weil, ich wollte doch kein ganzes Schwein. Zum Ausklang noch ein kleines Bier und dann ist Bettruhe angesagt.

16. September 2009, Malchin – Verchen, 29,4 km

Nach einem gemütlichen Frühstück schultere ich den Rucksack und der Weg nach Verchen wird in Angriff genommen, zunächst entlang der Bundesstraße bis nach drei Kilometern die Route nach Kummerow links abbiegt und neben einer Landstraße verläuft.

Auf diesem Radwanderweg laufe ich der Not gehorchend bis Sonnendorf, wo endlich ein Wanderweg zum Kummerower See führt.

Und jetzt beginnt der Leidenspfad. Mecklenburgische Schweiz, eine zutreffende Bezeichnung für anstrengendes Gelände. Ein ständiges Hügel hinauf und Hügel herunter, nicht gewaltig, aber der häufige Wechsel geht in die Knochen.

In Gravelotte werde ich von einem Badegast richtig ermuntert. Bis Verchen seien es nur noch 2,5 Kilometer, aber es geht jetzt in die Berge und das im wahrsten Sinne des Wortes. Ich muss auf dieser kurzen Strecke drei Pausen einlegen, mein Wasservorrat ist aufgebraucht, die Zunge klebt am Gaumen und dann verheißt eine Lübzerreklame Erfrischung und Hochgenuss.

Es hilft nichts, da muss ich durch und erreiche schließlich nach 29,4 Kilometern müde und erschöpft Verchen. Nach einer Unterkunft fragend, wird mir das hiesige Kloster wärmstens empfohlen, aber glücklicherweise wird es von Nonnen verwaltet und folglich wird nur weiblichen Gästen Einlass gewährt.

Ich bekomme ein Zimmer im „Gasthaus am Kummerower See" und erfreulicherweise im Erdgeschoss, sodass ich keine Treppen mehr steigen brauche. Mit viel Mühe und Anstrengung entledige ich mich der nass geschwitzten Sachen und schleppe mich zur Dusche.

Das tut gut, die heiße Brause über Unter- und Oberschenkel und den Rücken, bis eine wohltuende Wärme die Glieder wieder geschmeidig macht. Dann eiskalt nachgeduscht und ich kann zwar noch keine Bäume ausreißen, aber mir geht es erstaunlich besser.

Also unternehme ich noch einen kleinen Rundgang durch die Gemeinde und komme rein zufällig zur Kirche, die um diese Zeit noch geöffnet sein soll. **Sein soll,** aber nicht ist. Ich versuche es an allen vorhandenen Türen, vergebens. Mir bleibt nichts anderes übrig, als zurück zum Gasthaus zu gehen und das Abendessen zu bestellen.

Ich entscheide mich für ein Wildgericht mit Pfifferlingen, und da der Wirt selbst kocht und sein Handwerk versteht, bin ich zufrieden.

Es entwickelt sich dann ein interessantes, aufschlussreiches Gespräch. Dabei stellt sich heraus, dass die Wirtin aus Demmin stammt, während der Wirt, ihr Ehemann, aus Anklam kommt. Beide haben die Gaststätte vor fünf Jahren gepachtet und haben mittlerweile große Probleme, weil einmal bei der Hartz-4-Einführung ein finanzieller Einbruch stattfand und mit dem Rauchverbot in Lokalen erneut die Einnahmen den Bach runtergingen.

Weil ich mehrfach während des Gespräches erwähnte, dass ich

jedes Jahr nach Hiddensee fahre und im Oktober wieder, werde ich gebeten, dem Wetterfrosch von Hiddensee, Herrn Kreibohm, Grüße auszurichten, weil er häufiger Gast und Moderator im Gasthaus ist.

Ich habe diesen Auftrag gespeichert und werde ihn bestimmt erledigen, so der genannte Meteorologe ebenfalls auf Hiddensee ist.

Für heute ist es Zeit, ins Bett zu gehen, gute Nacht.

17. September 2009, Verchen – Loitz, 22,6 km

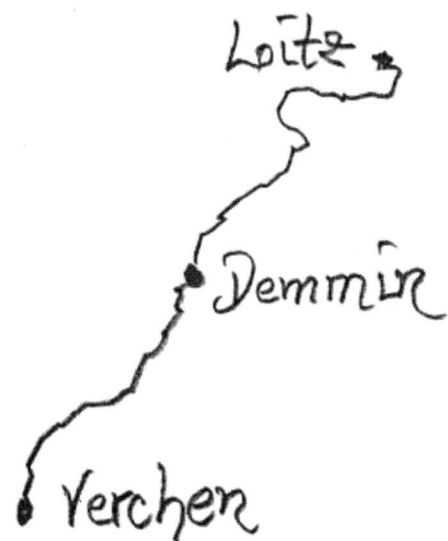

Nach einer geruhsamen Nacht und einem normalen Frühstück kann der zweite Wandertag beginnen. Ziel von heute ist Demmin.

Meine Gastgeberin schlägt mir vor, nochmals einen Kirchenbesuch zu unternehmen, weil der gestrige Versuch ein Reinfall war. Ich folge ihrem Rat und habe tatsächlich Erfolg. Alle Kirchentüren sind geöffnet und ich kann in aller Ruhe meine geistige Einkehr halten.

Nach dieser erbaulichen Stunde beginnt die körperliche Forderung.

Wiederum einer Empfehlung meiner Wirtin folgend, wandere ich die alte Landstraße nach Demmin und habe endlich einen Wanderweg gefunden, der meinen Vorstellungen entspricht.

Natur pur, der Weg naturbelassen und einsam.

Einsam denke ich, da werde ich plötzlich unvermittelt aus meinen Gedanken gerissen. „Nicht erschrecken", ertönt eine weibliche Stimme und eine Radfahrerin springt von ihrem Fortbewegungsmittel. Ihr Begleiter, vermutlich ihr Mann, schweigt, wie es vielen Männern eigen ist.

Sie möchte in wenigen Minuten alles von mir erfahren und als ich schließlich verrate, dass ich aus Oberschlesien gebürtig bin, informiert sie mich, dass ihre Heimat Schlesien sei. Dann schwingen sich die beiden auf ihre Räder und radeln von dannen.

Ich setze meinen Weg fort und werde erst kurz vor Demmin von zwei Holzfällerlastwagen in meiner Ruhe gestört. In Demmin angekommen, merke ich, dass ich recht erschöpft bin und suche deshalb eine Unterkunft, leider vergeblich.

Außerdem habe ich vom ersten Augenblick an eine Abneigung gegen diese Stadt. Deshalb beschließe ich, mit dem Bus bis Loitz zu fahren, denn zu Fuß erreiche ich den sechs Kilometer entfernten Ort nicht mehr.

Aber auch in Loitz sieht es bedrückend und trostlos aus. Unterkunft finde ich im „Hotel am Markt", nachdem ich die Rezeptionsdame telefonisch über mein Begehren unterrichten muss.

Sie kommt aus einem Haus gegenüber vom Marktplatz, zeigt mir mein Zimmer im dritten Stock – ich bin einziger Gast- und erklärt mir, dass das Frühstück morgen im Haus gegenüber eingenommen werden kann. Dann verabschiedet sie sich und ich bin allein im Hotel. Was mache ich, wenn mir etwas passiert, wenn es brennt oder sonst etwas Unvorhergesehenes eintritt? Das sind meine Gedanken in den nächsten Minuten, bis ich mich entschließe, zu duschen und den kleinen Ort zu erkunden.

Dieses Vorhaben gebe ich aber schnell auf, nachdem mir von der Frau des Pfarrers mitgeteilt wird, dass eine Kirchenbesichtigung nur tagsüber – es ist 17.10 Uhr – möglich ist, obwohl ein Schild an der Eingangstür „Kirche geöffnet!" verkündet.

Also begebe ich mich zum mir empfohlenen „Eiscafé", wo als einzigem Lokal im Ort auch zu Abend gegessen werden kann. Hier angekommen, die nächste Enttäuschung. „Donnerstag Ruhetag!", heute ist Donnerstag. Da aber die Tür zum Gastraum offen ist, begebe ich mich in die Lokalität und werde gebeten zu bleiben. Eine Kleinigkeit kann schon zubereitet werden, wird mir gesagt. Es stellt sich später heraus, dass das Café von Mutter und ihren zwei Töchtern betrieben wird und sie nur deshalb bestehen können, weil sie die Speisekarte für den Abend haben. Allerdings wird eine Umgehungsstraße für den Fernverkehr gebaut und wie dann die Besucherzahl aussehen wird, wollen sie sich noch nicht vorstellen.

Um 20.00 Uhr habe ich mein „gut behütetes" Hotel erreicht und falle erschöpft und müde ins Bett.

Marienkirche in Loitz

18. September 2009, Loitz – Gützkow, 23,4 km

Da mein Zimmer im 3. Stockwerk liegt und ich zum Frühstück über die Straße gehen muss, nehme ich meinen Rucksack sofort mit, damit ich nicht nochmals die Treppen im Hotel steigen muss.

Nach dem Morgenmahl geht es in Richtung Jarmen, dem heutigen Tagesziel, leider immer entlang der Landstraße. Die letzten drei Kilometer bis Jarmen fahre ich mit dem Bus und werde am Bahnhof abgesetzt, weil sich dort das einzige Hotel befindet. Allerdings ist vor der Bleibe eine Großbaustelle und der Preis von 90 € ist für mich nicht akzeptabel.

Die nächste Anlaufstelle für eine Übernachtung ist die Familie Aich, leider erfolglos, weil das Ehepaar heute Abend in Urlaub fährt. Bleibt noch die Pension „Jägerstübchen."

Dort angekommen, fährt gerade der Servicewagen des Restaurants vom Hof. Als ich den Haupteingang erreiche, versperrt mir ein Schild den Weg zu Eingangstür. Ich lese „von 14 -17 Uhr geschlossen".

Es ist 13.55 Uhr.

Im Fenster hängt ein Zettel „Pensionsgäste bitte Telefon Nr. …

anrufen!"

Ich rufe an. „Hallo!", ja, ich hätte gern ein Zimmer.

„Gut, um 17 Uhr!"

„ Ja, aber ich möchte mich gern frisch machen."

„Sie sind allein? Ich habe nichts mehr frei, alles von Bauarbeitern belegt!" Spricht's und legt auf.

Was tun? Mir bleibt nichts anderes übrig, als bis Gützkow zu laufen. Glücklicherweise fährt auf halbem Wege ein Bus vorbei und hält auf mein Winken an, um mich einsteigen zu lassen.

In Gützkow frage ich Passanten nach Übernachtungsmöglichkeiten, ohne Erfolg. Kurz entschlossen gehe ich in die Apotheke und hier wird mir geholfen. Es wird telefoniert, bis ich ein Zimmer habe, zwar etwas außerhalb mitten im Wald, aber idyllisch.

Zum Abendessen muss ich allerdings ins Dorf, weil die Pensionswirtin die Gäste nur unterbringt und dann nach Hause fährt, während die Besucher sich selbst überlassen bleiben. Freundlicherweise überreicht sie mir aber eine Reklame von einem Pizzaservice, falls ich nicht mehr aus dem Haus möchte.

Zum Glück ist noch ein Ehepaar angekommen, sodass ich nicht wieder allein in dieser Einsamkeit übernachten muss. Beim Verlassen der Pension treffe ich den Mann des angereisten Ehepaares und erfahre, dass seine Frau in dieser Pension vor siebzig Jahren geboren wurde und sie deshalb häufiger hier zu Besuch sind.

Zum Abendessen kehre ich in einem kleinen Lokal ein. Drei Männer und eine Frau sitzen an der Theke, ein vierter Hinzukommender begrüßt einen am Tresen mit Herr Bürgermeister. Ich befinde mich also in erlauchter Gesellschaft.

Das Essen ist nach meinem Geschmack. Wachteleiercocktail und anschließend Reibekuchen mit Apfelmus und Zucker, für 9 Euro. Da das Lokal um 20.00 Uhr geschlossen wird, zahle ich und mache mich auf den Weg zu meiner Herberge und erlebe eine furchterregende Überraschung.

Als ich in den Waldweg einbiege, die Sicht ist schlecht, weil die Abenddämmerung bereits angebrochen ist, ruft eine männliche Stimme **„Greif, hier her!"**

Im gleichen Augenblick sehe ich die Bestie, einen zähnefletschenden Kampfhund, auf mich zustürmen. Noch zehn Meter, dann fünf, ich schreie aus Leibeskräften **„Aus!"** und das Vieh steht wie erstarrt, aber nur für einen kurzen Augenblick. Dann setzt es zum Sprung an, wird aber in diesem Moment vom Besitzer am Halsband zurückgerissen und die Gefahr ist vorbei. Ich zittere am ganzen Körper und entschuldige mich beim Hundehalter.

„Warum entschuldigen Sie sich? Wenn sich jemand zu entschuldigen hat, dann doch ich!"

Jetzt brauche ich einen Schnaps, aber den gibt es leider nicht, also, ab in die Falle und träumen.

19. September 2009, Gützkow – Stolpe, 22,7 km

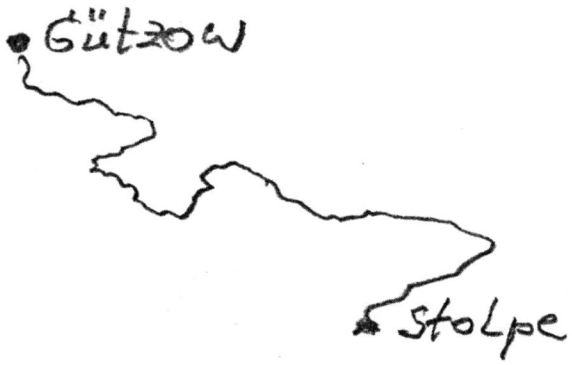

Während des Frühstücks bekomme ich telefonisch vom Ehemann der Bedienung einen Wanderweg für die Hälfte der Strecke nach Stolpe beschrieben, und er hat hervorragende Ortskenntnisse. Auf halbem Wege eine Schafherde und eine Hundehütte, denke ich. Aber wie sich herausstellt, ist es die Nachtbleibe des Schäfers.

Nach fünfzehn Kilometern werden aber die Beine schwer und mein Wasservorrat ist aufgebraucht. Spontan klingele ich an einer Haustür, ohne zu beachten, dass ein riesiger Hund unter einem Baum liegt. Meiner Bitte die Wasserflasche wieder aufzufüllen, wird gern entsprochen und ich kann meinen Weg fortsetzen, ohne dass der Hund von mir Kenntnis nimmt.

An der Peenefähre läute ich nach dem Fährmann und beim Übersetzen frage ich ihn nach einer Unterkunft und schon sein Gesichtsausdruck verrät, dass ich Schwierigkeiten bekommen werde. Ich soll vorsorglich noch im Fährhaus fragen, was ich auch mache.

Im Gutshaus Stolpe werden Zimmer vermietet, sagt man mir

und so mache ich mich auf den Weg dorthin. Ich kann ein Zimmer bekommen für 126 Euro. Als die Dame an der Rezeption erkennt, dass ich wieder gehen will, bietet sie mir das Zimmer für 90 € an. Ich sage ihr, dass dieser Preis für einen Wanderer auch noch zu hoch sei. Was ich denn bereit wäre zu zahlen, fragt sie mich und ich sage 70 Euro.

„Wenn Sie niemandem von dem GAU erzählen", flüstert sie, dann können Sie bleiben.

Ich zahle sofort die 70 €, bekomme keine Quittung, weil diesen Preis keiner wissen darf, und beziehe meinen Palast.

Als Erstes nehme ich von der großen Badewanne Besitz und werfe eine bereitliegende Kreidebrausetablette in das Wasser und bin angenehm überrascht. Das Wasser wird milchig und sprudelt wohltuend. Ich verweile eine geraume Zeit in diesem erquickenden Nass und fühle mich danach wie neu geboren und erkunde deshalb die nähere Umgebung.

Obwohl es für eine Kirchenbesichtigung eigentlich zu spät ist, versuche ich mein Glück und habe Erfolg. Die Gemeindekraft ist bereit, trotz ihres Feierabends die Kirche zu öffnen und so kann ich einkehren, besichtigen und fotografieren.

Dann begebe ich mich zum „Fährhaus" und bestelle eine „Fuchspfanne". Dahinter verbirgt sich gebratenes Kasseler auf Kartoffelpüree und gedünsteten Zwiebeln in einer Sirupsoße. Lecker!

Es ist bereits dunkel, als ich mich auf den Weg zu meinem herrschaftlichen Quartier mache, aber noch nicht zu spät, um einen Blick in die Hotelbar zu werfen. Ich genehmige mir zwei Bier und bestelle als Absacker einen Himbeergeist. Das hätte ich besser bleiben lassen.

13 € für einen einfachen Geist, das ist meines Erachtens Wucher. Noch beim Einschlafen ärgere ich mich über diese Geldgier.

20. September 2009, Stolpe – Anklam, 19,8 km

Nach dem Frühstück verabschiede ich mich und bekomme ein „Danke-schön-Geschenk", indem mir der verkehrte Weg nach Neuhof beschrieben wird. Statt zum Wanderweg leitet man mich zur Bundesstraße. Der Urlaubsverkehr nach Usedom ist gewaltig, sodass ich die erste Abzweigung nach links nehme, um, wie ich hoffe, auf den Wanderweg zu stoßen.

Allerdings muss ich in Neuhof wieder entlang der Fernstraße laufen, und erst nach weiteren vier nervigen Kilometern kann ich diese wieder verlassen und bis Anklam einen idyllischen Feldweg benutzen.

In Anklam habe ich Glück und bekomme im Hotel „Am Stadtwall" eine Unterkunft. Freilich muss ich morgen von hier bis zum Bahnhof zwei Kilometer, also etwa eine halbe Stunde, laufen. Egal, morgen ist morgen und heute bin ich erst einmal untergebracht.

Ich begebe mich auf Entdeckungstour, soweit es meine körperliche Verfassung noch zulässt. Im Hafen habe ich das Glück, einen Fischreiher fotografieren zu können, dann ist mein Bedarf an Stadterkundung gedeckt und ich begebe mich in einen zauberhaften Biergarten, wo ich der einzige Gast bin. Das tut meinen Gefühlen aber keinen Abbruch, im Gegenteil, die Ruhe ist wohltuend und die bestellte Eisschokolade vervollkommnet noch mein Wohlbefinden.

Ich entschließe mich, in diesem kleinen Gasthaus zu Abend zu essen, wechsele aber aus dem Freien ins gemütliche Lokal. Das bestellte Zanderfilet ist gut und nach zwei Flensburger Malzbier wird das erste und einzige Pils bestellt. Dann bezahle ich und gehe zum Hotel, um einen Pullover zu holen, weil es doch recht kühl wird.

Ich schlendere geruhsam, ohne Ziel, durch die Stadt und erspähe wieder einen Biergarten. Ohne lange zu überlegen, entschließe ich mich, hier bis zum Einbruch der Dunkelheit zu verweilen, um dann noch einige Nachtaufnahmen machen zu können. Diese sind schließlich schnell eingefangen und so liege ich um 21.00 Uhr in der Falle.

21. September 2009, Anklam – Hamm, 3,5 km

Nach einer sehr unruhigen Nacht, das laute Geräusch der Polizeisirenen will kein Ende nehmen und das um 3.00 Uhr nachts, begebe ich mich unausgeschlafen in den Frühstücksraum und erfahre, dass sich vor dem Hotel ein Unfall mit einem Toten und mehreren Verletzten in den Morgenstunden ereignet hat.
Das passt zum Abschluss des diesjährigen Wanderurlaubs, in dem die unschönen, negativen Erlebnisse überwogen.
Jetzt gilt es nur noch mit dem Zug bis Hamm zu kommen und dann ist das Kapitel „121,3 Kilometer Peenewanderung" abgehakt.

Wanderung auf dem Oder-Neiße-Radweg von Guben bis Stolpe

1. Mai 2011

Strahlend blauer Himmel, aber kalt, gefühlte fünf Grad, so beginnt meine Wanderung 2011.

Wieder einmal bin ich mit dem „Schönes-Wochenend-Ticket" unterwegs und muss, bis das Ziel erreicht ist, in Bielefeld, Braunschweig, Magdeburg und Frankfurt an der Oder umsteigen.

Bielefeld liegt schon hinter mir. Hier feierten Dortmund-Fans den neuen deutschen Fußballmeister. Im Zug nach Braunschweig bringt mir ein Fan seine Freude zum Ausdruck. Leider kann ich nichts verstehen, weil er so lallt. Ich gratuliere ihm, er klatscht mich ab und geht, Gott sei Dank.

Schließlich ist Guben um 17.16 Uhr erreicht und ich begebe mich auf Zimmersuche, ein leichtes Unterfangen, denke ich.

Um 19.00 Uhr erreiche ich endlich das einzige Hotel, das noch ein freies Zimmer hat. Es liegt weit außerhalb der Stadt, natürlich in entgegengesetzter Richtung, was zur Folge hat, dass ich morgen den gleichen Weg zurück muss. Egal, ich habe eine Unterkunft, ein Bett und ein gemütliches Restaurant, das ich sofort aufsuche, weil die Küche um 19.30 schließt. Ich bestelle eine Soljanka und Kartoffelpuffer mit Apfelmus für 4,80 € und bin zufrieden.

Wie gesagt, es ist sehr gemütlich, heißt „Anno Tobak" und die Bedienung ist freundlich und aufmerksam. Weil ich noch nicht geduscht habe und in den durchgeschwitzten Sachen langsam friere, frage ich, ob ich zahlen soll oder nach dem Duschbad noch etwas trinken kann und alles zusammen begleiche. Anstandslos wird mein Vorschlag akzeptiert und so beende ich einen langen Tag ruhig und entspannt in der U-Bahn, einer Bowlingbahn mit Bar.

2. Mai 2011, Eisenhüttenstadt, 21,3 km

Bereits um 8.00 Uhr begebe ich mich zum Frühstück und bin um 9.00 Uhr auf der Piste, nachdem mir die Wirtin den kürzesten Weg zum Neiße-Radweg gezeigt hat.

Ich beabsichtige, bis Coschen zu wandern und von dort mit dem Zug bis zur nächsten Station nach Wellmitz zu fahren, um dann wieder bis nach Ratzdorf zu laufen. Da ich aber gerade einen Wegweiser passiere und sehe, dass es bis Ratzdorf nur zehn Kilometer sind, wird mein Plan geändert und ich wandere die ganze Strecke.

Es ist kalt und regnet. Ich werde nass, Knie abwärts bis auf die Haut, aber was nass wurde, trocknet auch wieder, und zwar am Körper. Ich stimme ein Morgenlied an und intoniere und texte eigene Variationen. Ich bin allein, weit und breit keine Menschenseele. Plötzlich Applaus, das war schön, ruft ein Radler im Vorbeifahren.

Ein Hundebesitzer kommt mir entgegen, der Hund ist an der Leine. Trotzdem weiche ich aus, obwohl er nichts tut, so sagt sein Herrchen. Da wir schon im Gespräch sind, bitte ich den Herrn, mir die Trinkflasche aus meinem Rucksack zu geben. Damit erspare ich mir das Ab- und Aufsetzen des schweren Ranzens.

In Ratzdorf frage ich, nein, die Kinder fragen, ob sie mir helfen können. Ich bin erfreut und erkundige mich nach einer Pension. Trotz langen Überlegens und Diskutierens können die beiden Jungen mir nur die Ratzdorfer Werft nennen und dann zeigen und erklären sie mir den Weg dorthin. Und jetzt beginnt das Fiasko. Die Pension hat geschlossen, im Dorf keine weitere Unterkunft zu bekommen.

Was tun? Laufen geht nicht mehr, also zur Bushaltestelle. Ich studiere den Fahrplan und sehe, dass in zehn Minuten ein Bus nach Coschen fahren muss, und tatsächlich, der Bus kommt und nimmt mich kostenlos mit.

Am Bahnhof angekommen, habe ich wieder Glück, weil in fünf Minuten der Zug nach Frankfurt an der Oder abfährt. Ich steige ein, nachdem ich vorher erfahren habe, dass die Fahrkarte im Zug gelöst werden muss, aber es kommt kein Schaffner. Also steige ich am Zielbahnhof in Eisenhüttenstadt aus, ohne etwas bezahlt zu haben. Hier frage ich eine Frau nach einer Unterkunft und sie empfiehlt mir das Hotel Fürstenberg in der Altstadt.

Ich bekomme nach Verhandlungen ein Zimmer für 60 € und als meine Anschrift bekannt wird, werde ich gefragt, ob ich einen Herrn Sievering aus Hamm kenne. Natürlich kenne ich ihn, hat er doch bei mir Tennisunterricht gehabt. Man sieht, die Welt ist klein.

Nachdem ich mich frisch gemacht habe, gehe ich noch in die Altstadt, suche eine Apotheke auf, kaufe Pferdesalbe, um meine geschundenen Glieder einzureiben und kehre dann ins Hotel zurück, um den Abend ganz gemütlich ausklingen zu lassen.

Die Speisekarte ist umfangreich. Ich entscheide mich für eine Wildsuppe und Spargel mit Parma-Schinken für zusammen 14,50 € und habe gut gewählt. Das letzte Bier trinke ich an der Theke, verabschiede mich und fahre – glücklicherweise hat das Hotel einen Fahrstuhl – in den ersten Stock.

3. Mai 2011 Aurith, 22,1 km

Das Frühstück ist gut und da ich heute nur etwa dreizehn Kilometer vor mir habe, genieße ich es in aller Ruhe.

Schließlich schnüre ich mein Ränzlein und gehe frohen Mutes meinem Ziel Aurith entgegen. Um eine Unterkunft brauche ich mir heute keine Sorgen zu machen, weil ich sie gestern Abend schon telefonisch gebucht habe. Leider ist es sehr kalt, aber nachdem sich die Wolken verzogen haben und die Sonne scheint, ist es erträglich.

Endlich zeigt sich das Oderbruch wie ich es mir vorgestellt habe, gespenstisch und zauberhaft. Ich könnte alle zehn Meter stehen bleiben, um einen neuen Eindruck im Bild festzuhalten, aber ich muss auch weiter, sonst erreiche ich mein Ziel nicht.

Schließlich, um 15.00 Uhr, liegt das Dorf vor mir.

Ich erfahre von der Wirtin des „Bauernstübchens", die mir eine

Unterkunft vermittelt hat, dass ich bis zu meiner Herberge noch ein kleines Stück zu laufen habe. Nun, auch das werde ich noch schaffen.

Nach ihrer Beschreibung soll ich bis zum Ortsausgang gehen, dort rechts abbiegen und das erste Haus rechts, rot verklinkert, gehört der Familie Krause, bei der ich nächtigen werde.

Ich laufe bis zum Ortsausgang, biege rechts ab, aber so weit ich schauen kann, kein rotes Haus, ja überhaupt kein Haus.

Bin ich verkehrt gegangen, musste ich vorher eine Straße rechts abbiegen, aber da war doch keine. Ich kehre um und frage beim ersten Eigenheim einen im Garten arbeitenden alten Herrn. Er reagiert nicht. Ich rufe lauter, er hört mich nicht. Ich rüttele am Gartentor, das es nur so scheppert, da hebt er seinen Kopf und kommt zu mir.

Ich frage nach Familie Krause, roter Bau. Er guckt mich verständnislos an. Da begreife ich, er hört schwer, sehr schwer. Also nochmals gefragt, aber so laut, dass man es drei Häuser weiter vernehmen kann.

Er lässt erkennen, dass er mich verstanden hat und dann erfahre ich, dass der Sohn von Krause Schäfer war, aber vor einem Jahr gestorben sei. Jetzt betreibt die Schäferei ein Bayer und die alten Krauses haben ein neues Haus gebaut, rot verklinkert.

Es hat keinen Zweck, ich muss unhöflich sein und einfach gehen, sonst hat der Alte noch Gesprächsstoff für Stunden, aber ich möchte endlich zu meiner Unterkunft und muss ja auch noch zum Bauernstübchen zurück, weil ich nur dort zu Abend essen kann.

Vom alten Herrn habe ich erfahren, dass es ca. zwei Kilometer bis Krause sind und es stimmt.

Das Zimmer gefällt mir und so dusche ich schnell und mache mich wieder auf den Weg zurück nach Aurith. Ich weiche von der Hauptstraße ab und gehe zum Oderdamm, um auf diesem ins Dorf zu laufen.

Kurz vor der Gaststätte hält ein Autofahrer unterhalb des Dammes und spricht mich an. Leider verstehe ich kein Wort, deshalb steigt er aus und fragt – den Begriff habe ich nicht verstanden – ob ich etwas in 800 Metern Fluss abwärts fotografiert habe. Schließlich, als er vom Hochwasser und Biber spricht, läuten bei mir die Glocken. Ich gehe also zurück und tatsächlich, da hat ein Biber an mehreren Bäumen gewirkt.

Dann gehe ich ins „Bauernstübchen", trinke eine heiße Schokolade und suche eine Unterkunft für den nächsten Tag. Das gleiche Problem für heute haben zwei Radlergäste. Zuerst bekommen sie keine telefonische Verbindung, bis sie von der Wirtin erfahren, dass die polnische Tele-Gesellschaft Verbindungen stört, um selbst das Geschäft zu machen. Dann ruft die Wirtin verschiedene Ziele an, alle belegt, bleibt nur Haus Krause und das ist kein Problem, wenn der junge Mann (ich)

das Badezimmer teilt, erwähnt sie. Kein Problem, sage ich und denke, Scheiße, also teilen. Kurze Zeit später ein Anruf und es ist doch in einer Pension für die zwei etwas frei geworden. Somit habe ich das Badezimmer wieder für mich und nehme den unanständigen Ausdruck mit Bedauern zurück.
Dann wird es Zeit, an das Abendessen zu denken.
Ich bestelle Pfifferlings-Creme-Süppchen und eine kleine Portion Wildschweinbraten für zusammen 7,90 €, es ist reichlich und gut. Nach zwei Bierchen komme ich mit der Wirtin ins Gespräch, weil keine weiteren Gäste mehr da sind und erfahre, dass sie von einem Polizeiehepaar zu DDR-Zeiten adoptiert worden sei und erst nach der Wende ihre Geschwister kennengelernt hat, obwohl ihr Bruder drei Kilometer entfernt groß wurde. Dann bezahle ich und stelle mit Erstaunen fest, dass das Zimmer 10 € kostet. Ich bin angenehm überrascht, zahle, gebe ein gutes Trinkgeld und gehe in der Abendsonne langsam zu meinem Nachtlager.

4. Mai 2011, Reitwein, 27,7 km

Heute beginnt die Wanderung bereits um 8.00 Uhr ohne Früh-stück. Ohne Frühstück deshalb, weil ich dafür 2,5 km in die entgegengesetzte Richtung hätte laufen müssen, mit der Folge, fünf Kilometer mehr als notwendig auf dem Kilometerzähler zu haben.
Ich laufe also hungrig bis Wiesenau, steige hier in den Zug und fahre bis Frankfurt an der Oder. Hier hole ich das entgangene Morgenmahl in einer Bahnhofsbäckerei nach, mit einer Tasse Tee und einem Streuselgebäck. Dann fahre ich mit dem Bus bis Lebus, um von hier meine Wanderung fortzusetzen. Aber wo ist der Oderradweg?
Ich entschließe mich, mich in einem Geschäft nach dem Weg zu erkundigen, da werde ich von einem wartenden Autofahrer

nach meinem Problem gefragt und schon ist dieses gelöst. Er erwartet fünf Euro für die Auskunft. Ich reagiere schnell und bitte ihn um fünf Euro, damit ich diese einem freundlichen, hilfsbereiten Mitmenschen geben kann. Wir lachen beide ob des stillschweigenden Verständnisses.

Ich marschiere los und bin noch keine zwei Kilometer gelaufen, da kommt der erste Regenschauer. Ich also Rucksack runter, Regensachen raus, Rucksack auf und Regenumhang über Kopf und Ranzen. Trotzdem werde ich knieabwärts wieder nass bis auf die Haut. Dann lässt der Regen nach. Also Regenumhang runter und auf beiden nach vorn ausgestreckten Armen ausgebreitet, bis er trocken ist. Das Ganze wiederholt sich fünfmal, wobei beim letzten Schauer kein Regen, sondern erbsengroße Hagelkörner herunterprasseln.

Schließlich ist nach mehr als zwanzig Kilometern Reitwein erreicht, glaube ich, da steht auf dem Oderdamm ein Hinweisschild nach Reitwein drei Kilometer. Ich frage einen Autofahrer, ob er mich ein Stück mitnehmen kann, aber er verneint, weil er in die andere Richtung muss. Ich solle nur die Hauptstraße langgehen. Ich folge seinem Ratschlag, bekomme aber nach wenigen Hundert Metern arge Bedenken, also wähle ich den nächsten Weg zum Damm und laufe hier Reitwein entgegen. Nach zwei Kilometern sage ich mir, dass es vielleicht doch besser gewesen wäre, auf der Hauptstraße zu bleiben und weil in der vermuteten Richtung ein Haus zu sehen ist, gehe ich quer über eine Wiese, in der Hoffnung zur Straße zu kommen. Doch weit gefehlt. Das Haus ist von einem hohen Zaun umgeben und keine Menschenseele, trotz lauten Rufens, kommt mir zur Hilfe. Nicht einmal ein Hund schlägt an und das will schon was heißen. Mir bleibt also nichts anderes übrig, als zurück zum Damm und dort weiter bis ich nach 27,7 km Reitwein erreiche. Da ich die Unterkunft bereits am Vortag gebucht habe, ist die Quartiersuche kein Problem, aber solche gibt es leider auch in anderer Form. Wieder einmal bekomme ich keinen Anschluss mit dem Handy. Die Wirtin sagt mir, ich soll mich einige wenige Meter von der Oder entfernen und die Verbindung wird hergestellt. Sie hat recht, aber ob es wirklich daran liegt, oder an meiner Art, mit dem Handy umzugehen, bleibt die Frage. Egal, ich habe telefoniert und gehe jetzt zum Heiratsmarkt. So heißt die Dorfschänke, weil hier vor Jahrzehnten die Mädchen verschachert wurden und heute einmal im Jahr gefeiert wird.

Ich kehre ein und werde von vier Gästen, Radfahrern, begrüßt. Wo ich denn herkomme. Ich sage aus Aurith, aber das wollen sie nicht wissen, also Hamm und schon ist ein Kontakt hergestellt, weil eine der Frauen aus Beckum kommt und in Hamm Verwandte hat. Die Männer halten sich zurück, sodass die Pohlbürgerin das Wort führt, aber nicht lange, weil sie kurz danach aufbrechen. Ich bestelle in aller Ruhe mein Abendessen, Lammhacksteaks mit Bratkartoffeln für 7,90 € und bringe das am Vortag Erlebte zu Papier. Nachdem ich bei der Wirtin in Erfahrung gebracht habe, wie es zu dem Namen „Heiratsmarkt" gekommen ist, zahle ich und gehe die wenigen Schritte zu meiner Pension. Ich bekomme von der Hausfrau noch einen Schlaftrunk auf mein Zimmer und begebe mich, nachdem ich die nächste Tagestour im Plan erstellt habe, um 21.00 Uhr ins Bett.

5. Mai 2011, Bleyen, 17,8 km

Von der Pensionswirtin erfahre ich, dass man vom Kirchturm einen wunderschönen Blick in das Odertal hat. Folglich gehe ich zunächst zur Kirche, aber wie nicht anders zu erwarten, die Tür ist verschlossen. Alle Versuche, jemanden ausfindig zu machen, scheitern, deshalb laufe ich in Richtung Oderdamm und komme wieder am „Heiratsmarkt" vorbei.
Hier hält gerade ein Bundeswehrjeep, aus dem ein Hauptmann steigt. Er spricht mich an und möchte wissen, wohin mein Weg führt. Wir kommen ins Gespräch und so erfahre ich, dass er aus der Pfalz stammt und hier ein internationales Heeresübungstreffen mit Briten, Franzosen, Deutschen und Polen organisieren muss. Höhepunkt soll das Überqueren der Oder mit Schlauchbooten sein, was im vorigen Jahr gescheitert ist, weil

die Oder Hochwasser hatte und deshalb die Strömung zu stark war.

Wir verabschieden uns, wünschen uns gegenseitig viel Spaß und ich strebe dem Oderdamm zu. Heute möchte ich in Kietz-Kystrin übernachten, weil der gestrige Tag doch sehr anstrengend war. Bis Kietz sind es lediglich dreizehn Kilometer, sodass ich das Dorf um die Mittagszeit erreiche. Es ist ein trostloser, verlassener Ort. Ich gehe zum Kulturzentrum, welches bis 14.00 Uhr geöffnet haben soll. Es ist gerade 13.00 Uhr, aber der Eingang ist verschlossen. Ich suche und finde eine Klingel. Ich schelle in der Amtsstube, aber lange Zeit keine Reaktion. Dann, nach einigen Minuten, ich bin bereits auf dem Weg zur Straße, ruft eine Frau aus dem ersten Stockwerk, was ich denn wolle. Meine Frage nach einer Gaststätte, in der man zu Abend essen kann, wird kopfschüttelnd verneinend beantwortet. Im Dorf gibt es kein Gasthaus mehr, aber in Kystrin, auf der anderen Seite der Oder, in Polen, ist ein Hotel mit Speiselokal.

Mir reicht es. Ich bin enttäuscht und laufe deshalb vier Kilometer weiter nach Bleyen, wo ich im Gasthaus „Wagenrad" eine Unterkunft bekomme.

Ich bin erschöpft, schleppe mich zur Dusche und bin nach mehreren heißen und kalten Güssen wieder in der Lage, noch einen Dorfrundgang zu unternehmen. Ich schaue in die Heimatstube und sehe hier einen Klostuhl und einen Waschbottich mit Waschbrett aus uralten Zeiten. Ein riesiger landwirtschaftlicher Betrieb, spezialisiert auf Rindviecher, erweckt dann meine Aufmerksamkeit, weil keine Rinder zu sehen sind. Später entdecke ich doch zwei kleine Kälber, vielleicht ist das Unternehmen ja inzwischen pleite und die Kälbchen hat man vergessen.

Dann kehre ich zum „Wagenrad" zurück. Ich setze mich in den Gastraum und bestelle Leberkäs und Bratkartoffel für 5,80 € und schaffe die Portion nicht. In der Zwischenzeit kommt ein weiterer Gast, (Radurlauber) von dem ich höre, dass er in Zittau gestartet ist und unterwegs zeltet. Weil aber die letzten Nächte sehr kalt mit Bodenfrost waren, hat er notgedrungen eine Pension aufgesucht.

Dann gehe ich um 20.00 Uhr zu Bett, weil ich merke, dass die Gastwirtin gern schließen würde. Leider wird es eine schlimme Nacht. Im Zimmer ist es kalt, deshalb mache ich die Heizung an. Ich schlafe ein und werde um 23.00 Uhr wach, weil ich nass geschwitzt bin. Habe ich Fieber? Nein, die Heizung verströmt diese Hitze, also ausmachen und Fenster auf. Um 1.30 Uhr werde ich wieder wach, weil ich friere und von Mücken geplagt werde, also Fenster wieder zu und zusätzlich eine Decke, aber ich kann nicht einschlafen. Mich quälen schreckliche Gedanken, sodass ich beschließe, die Wanderung abzubrechen.

6. Mai 2011, Kienitz, 18,9 km

Nach dem Frühstück packe ich meine Sachen und setze die Wanderung fort. Ich bin noch nicht lange unterwegs, da überholt mich ein Radfahrer. Es ist der Gast von gestern Abend im „Wagenrad." Nach einem kurzen, nichtssagenden Plausch fährt er weiter und ich kann meinen Gedanken nachgehen.

An einer Wegkreuzung studiere ich die Wanderschilder, da kommt ein Landwirt, der auf dem nahen Feld Heu einfährt, zu mir. Ob ich von der Bundeswehr sei, will er wissen, weil sonst keiner mit einem Rucksack hier vorbeikommt. Ich kläre die Situation auf und erfahre, dass er Verwandte in Hamm und Beckum hat. 1989 im Frühjahr wurde sein Onkel in Hamm siebzig Jahre alt und er selbst hat damals eine Besuchserlaubnis beantragt. Aber seine hiesige Tante, die hier im Ort für die Erteilung der Ausreiseerlaubnis zuständig war, hat diese verweigert. Neun Monate später hat sie ihn persönlich angesprochen, ob er jetzt nach Hamm zu Besuch möchte. So ändern sich die Zeiten.

Ich setze meinen Weg fort und plötzlich hält, es muss etwa Mittagszeit sein, ein Radfahrer neben mir und begrüßt mich mit Handschlag. Das sei ihm ein Bedürfnis, denn bisher habe er noch keinen Fußwanderer hier an der Oder gesehen. Etwas seltsam erscheint mir der Typ, er sagt, er sei Veganer, das sind Menschen, die weder Fleisch, noch Milch, noch Fisch essen, aber auch keine tierischen Produkte am Körper tragen. Außerdem versteht er überhaupt nicht, dass seine Pensionswirtin ihn nicht bis 12.00 Uhr habe schlafen lassen, schließlich sei das seine Zeit aufzustehen.

In der Zwischenzeit überholt uns ein Auto aus diesem Landkreis, wendet, kommt zurück und hält bei uns. Der Autofahrer ist neugierig und möchte gern wissen, wer so willensstark ist und mit einem Rucksack zu Fuß die Oder flussabwärts läuft. Es folgt ein leicht philosophisch angehauchtes Gespräch zwischen dem Veganer und dem Autofahrer, bei dem der Radfahrer den Kürzeren zieht. Der Einheimische, wie ein Bauer aussehend, – nichts gegen Bauern – hat einen Sprachschatz, der außergewöhnlich ist. Er zitiert Goethe und andere Dichter und Denker und immer im richtigen Augenblick.

Dann winken wir uns zum Abschied zu und ich hoffe, dass der radfahrende Veganer auch fährt, aber weit gefehlt. Ich muss über mich ergehen lassen, dass neunzig Prozent der Deutschen nicht mehr richtig leben, sondern nur dem schnöden Mammon nachjagen und gar nicht wissen, wie wertvoll das Leben ist. Wie seine Wirtin, das hat er sofort erkannt, sie ist gestört, obwohl sie Erzieherin war. Aber er hat ihr ein Stück Schokolade gegeben, das verändert einen Menschen, aber verabschiedet hat er sich nicht von ihr. Gott sei Dank aber endlich von mir. Ich solle leben und lieben, es sei das Wichtigste, was einen Menschen glücklich macht.

Nach weiteren drei Kilometern habe ich Kienitz erreicht und bekomme im Gasthof „Zum Hafen" ein Zimmer, zwar mit einer Etagendusche, aber da ich der einzige Gast bin, ist es unerheblich.

Ich mache mich frisch, wechsele die Klamotten, mache einen Rundgang durch das Dorf und lasse den späten Nachmittag und den Abend im Gasthof, vorher in dessen Biergarten am Oderdamm, ausklingen. Hier nehme ich auch das Abendessen zu mir, einen Bauernteller für 5,90 €, und bei der Niederschrift läuft mir wieder das Wasser im Munde zusammen. Es gibt

Bratkartoffel mit Ei und Jagdwurst-Stückchen mit Rohkost. Die Rohkost besteht aus geriebenen Karotten, Blaukraut und Weißkohl, alle drei Gemüse mit herzhaften, pikanten Dressings. Ich kann nicht widerstehen, ich bestelle mir einen Nachtisch, einen Oderbecher mit Vanille-, Erdbeer-, Zitrone-Eis mit Sahne und Waldbeerwodka. Köstlich!

Inzwischen ist die Sonne verschwunden und es wird kühl, also wechsele ich den Platz und begebe mich in den Gastraum. Hier komme ich mit der Wirtin ins Gespräch, erzähle ihr, dass ich meiner Frau den Mund wässrig gemacht habe, ob des hervorragenden Essens und sie berichtet mir, dass es ein reiner Familienbetrieb ist. Alle ziehen an einem Strang und es klappt hervorragend. Dann zeigt sie mir noch den Festsaal, in dem morgen eine „Goldene Hochzeit" gefeiert wird. Ich bin positiv überrascht und sage spontan, dass ich hier gern meine (unsere) goldene Hochzeit feiern würde, wenn es nicht so weit weg wäre. Dann wünschen wir uns eine gute Nacht und ein schöner Tag geht zu Ende.

7. Mai 2011, Neulewin, 20,2 km

Um 8.30 Uhr mache ich mich auf den Weg nach Zollbrücke, wo ich heute zu nächtigen beabsichtige. Ich wandere, wie an den Tagen zuvor, schon einige Kilometer den Oderdamm entlang, da sehe ich in einiger Entfernung zwei Nackte auf der Dammböschung liegen, übereinander. Vermutlich haben sie mich gesehen, denn abrupt ziehen beide ihre Hosen an, während das weibliche Wesen noch ein Oberteil überzieht.
Dann habe ich das Pärchen erreicht. Sie küssen sich, schauen mich dann aufmerksam an und ich kann es nicht lassen zu erwähnen, dass es doch ätzend sein muss, bei der schönsten Sache der Welt von einem blöden Wanderer gestört zu werden. Wir lachen über diesen Ausspruch und meine Wanderung geht weiter. Ob bei den von mir Gestörten Fortsetzung angesagt ist, entzieht sich meiner Kenntnis.

Ich rufe vorsorglich in Zollbrücke an und erfahre, dass heute eine Theateraufführung ist und deshalb kein Zimmer frei ist. Es geht weiter über Neulewin nach Güstebieser Loose.

In Güstebieser Loose angekommen, überlege ich, hier zu übernachten, aber das ist gar nicht so einfach. Mir wird am Info-Stand an der Oder die Pension von Erika Rusche empfohlen und gleich der Weg dorthin erklärt. Die Pension erreicht, sehe ich über der Haustür ein großes Schild „Speisewirtschaft & Beherbergungs-Betrieb", aber die Türen sind verschlossen.

An jeder Tür hängt ein DIN-A4-Blatt mit sieben Telefonnummern. Ich wähle die erste Nummer. Nach geraumer Zeit eine Durchsage, natürlich in Polnisch, weil sich wieder die polnische Tele-Gesellschaft ins Netz geschaltet hat. Zweiter Versuch, gleiches Ergebnis.

Dann wähle ich eine Handynummer und habe Erfolg. Erste Frage allerdings von der anderen Seite, ob ich reserviert habe. Nach meiner Verneinung möchte die Gesprächspartnerin meine Handynummer haben, die ich aber natürlich nicht auswendig weiß und auch nicht notiert habe. Macht nichts, sagt sie, warten Sie und legt auf.

Ich will dreißig Minuten warten, verliere aber nach der Hälfte der Zeit die Geduld und beschließe, nach einer anderen Unterkunft zu suchen. Ich gehe also zur Straße und sehe zufällig, dass der Nebeneingang offen ist und ein Schlüssel in der Tür steckt. Ich gehe also rein und befinde mich in einer Großraumküche, vermutlich für den Partyservice.

Ich mache mich für meine Begriffe hörbar bemerkbar, ohne aber vernommen zu werden. Dann schreie ich, so laut ich kann und, oh Wunder, mein Ruf wird erwidert. Ich bekomme ein Zimmer mit Frühstück und ein Teller mit Brot, Wurst, und Käse für den Abend wird mir an meinem Platz im Frühstücksraum bereitgestellt. Ich könne aber auch das Abendbrot draußen essen, wird mir erklärt. Vorsorglich lasse ich mir vier Flaschen Bier kaltstellen und gehe, nachdem ich mich frisch gemacht habe, nochmals zum Info-Stand zurück. Von dort laufe ich zur Fähre und trinke beim „nackten Fritz" zwei Alster. Warum der Kiosk „Zum nackten Fritz" heißt, konnte ich nicht in Erfahrung bringen.

In meiner Herberge wieder angekommen, hole ich meinen Abendbrotteller und eine Flasche Bier heraus und stelle fest, ich bleibe hier allein. Die anderen Hausgäste, sieben an der Zahl, fahren gemeinsam nach Neuhardenberg zu einer Open-

Air-Veranstaltung.

Ich genieße in der Abendsonne mein „kulinarisches" Abend-
mahl und stelle nach der zweiten Flasche Bier fest, dass ein
Abend ganz allein auch interessant sein kann. Man verfolgt
Gedanken, die einem sonst völlig sinnlos erscheinen. Eine Flasche genehmige ich mir noch, mehr werden es aber nicht.

Inzwischen ist die Sonne verschwunden und es ist merklich
kalt geworden, außerdem ist es Schlafenszeit. Ich suche deshalb mein Schlafgemach auf und träume dem nächsten Tag
entgegen.

8. Mai 2011, Hohenwutzen, 21,3 km

Das Frühstück steht bereit und ist recht ordentlich.
Nachdem ich gezahlt und mich nach dem Weg erkundigt habe,
kann der Tagesmarsch beginnen. Heute ist Sonntag und was
ich bereits gestern festgestellt habe, wiederholt sich heute. Es
sind sehr viele Wochenendradfahrer, die meisten aus Berlin,
unterwegs. Sie grüßen nicht, erwidern keinen Gruß und verhal-
ten sich so, als gehöre der Wanderweg ihnen allein.
In Hohenwutzen werde ich durch ein Hinweisschild auf das

Hotel „Zur Fährbuhne" aufmerksam gemacht. Kurz entschlossen rufe ich an und frage, ob noch ein Zimmer frei ist. Es sind noch Zimmer frei, der Preis 50 Euro. Ich will es mir überlegen, sage ich am Telefon, weil ich inzwischen vor „Karbe's Gaststätte und Pension" bin.

Ich schaue mich um und werde aus dem Biergarten, in dem mehrere Personen sitzen, Kaffee trinken und Erdbeertorte essen, angesprochen. Ein Mann steht auf und will zu mir kommen, aber bevor er einen Schritt gemacht hat, sagt seine Frau, dass heute keine Zimmer vermietet werden, also hat sich die Sache für mich erledigt. Ich gehe deshalb zum Hotel Fährbuhne, bekomme hier ein Zimmer mit dem Hinweis, dass das Restaurant heute um 20.00 Uhr schließt. Ich bin stinksauer.

Nachdem ich den Wanderschweiß mit einer heißen Dusche abgespült habe, schlendere ich durch das Dorf und stelle fest, dass hier unwahrscheinlich viele Autos über die Brücke nach Polen fahren und auch aus Polen nach Deutschland kommen. Kurz vor Erreichen meines Domizils erfahre ich den Grund. Kurz hinter der Grenze ist eine Tankstelle und weil drüben der Sprit wesentlich billiger ist, fahren alle zum Tanken nach Polen.

Ich setze mich in den Biergarten, sehe zu, dass mein Flüssigkeitshaushalt wieder den normalen Pegelstand bekommt und studiere die Speisekarte.

Am Nebentisch sitzen drei Frauen, wahrscheinlich Oma, Tochter und Enkelin und schwärmen in höchsten Tönen von ihrem Gericht, sodass ich sie frage, was für eine Köstlichkeit sie gerade verspeisen. Sie haben Milchzickleinbraten in herzhafter Sahnesoße mit Prinzessbohnen in brauner Butter und Salzkartoffeln ausgewählt. Mit diesem Gericht habe ich auch geliebäugelt und deshalb bestelle ich es, aber gegessen wird im Gastraum, weil inzwischen ein frischer Wind den Aufenthalt im Freien unangenehm werden lässt.

Das Essen mundet vorzüglich und so rundet ein doppelter Himbeergeist das köstliche Mahl ab.

Kurz vor 20.00 Uhr werde ich gefragt, ob ich noch ein Getränk auf mein Zimmer nehmen möchte, aber ich mag nicht, weil dort ein Kühlschrank mit Getränken ist. Ich entnehme diesem noch ein Bier, schaue mir die heute gemachten Aufnahmen an und begebe mich dann zu Bett.

9. Mai 2011 Stolpe – Angermünde, 22,3 km

In aller Ruhe stärke ich mich mit einem ausgiebigen Morgenmahl für die nächsten Stunden.

Die Wanderung geht weiter.

Heute beabsichtige ich, bis Stolpe zu laufen. Nach etwa drei Kilometern habe ich Hohensaaten erreicht und verlasse den Oderdamm, weil linker Hand zwei Wasserarme und eine Schleuse meine Neugier wecken; zu meinem Glück.

Obwohl ich durch einen Radfahrer darauf hingewiesen werde, dass ich den falschen Weg eingeschlagen habe und zurück über die Brücke müsse, wäre ich auf dem Oderdamm nicht weitergekommen, weil der Zusammenschluss der alten und der neuen Oder das Ende des Dammes an der neuen Oder bedeutet, denn der Oderradweg geht links von der alten Oder weiter und nach der Zusammenführung beider Flussteile wieder in Verlängerung des Oderdammes.

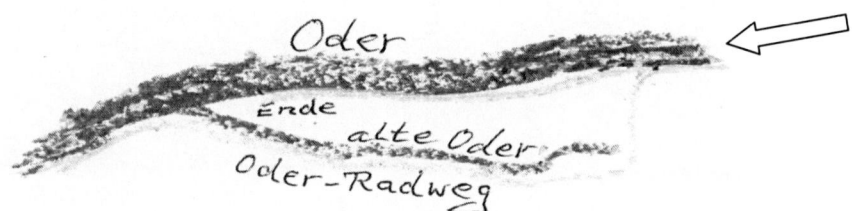

Und jetzt wechselt der Baumbestand zu meiner Linken, also zum Landesinneren. Während bisher sehr viel Laubbäume die Landschaft gestaltet haben, nehmen jetzt mehr und mehr Kiefern die Randflächen ein. Auf dem Überflutungsareal zwischen dem Damm und dem Fluss aber nach wie vor das gleiche Bild. Viele kleine Wassertümpel, in denen Frösche ihr Konzert quaken und immer wieder Störche und Schwäne. Das erste Schiff wird gesichtet und ein besonderer Schnappschuss von einem Schwarzstorch gelingt mir.
In weiter Ferne entdecke ich den dicken Turm von Stolpe.

Es sind zwar noch einige Kilometer, aber das Ziel ist bereits in Sichtweite. Nach 2,8 km ist Stolpe erreicht. Hier frage ich eine alte Frau, die auf einer Bank vor ihrem Hause sitzt, nach Übernachtungsmöglichkeiten und Gaststätten. Übernachten könne ich hier gleich gegenüber oder im Hotel, aber Gaststätten gibt es in Stolpe nicht mehr.

Folglich entschließe ich mich für das Hotel und werde böse enttäuscht. An der Tür ein Schild: „Heute Ruhetag". Was tun? Ich gehe zur Bushaltestelle und stelle fest, dass in zehn Minuten ein Bus nach Angermünde fährt.

Der Bus kommt, ich steige ein, frage nach dem Fahrpreis und habe dreißig Cent zu wenig Kleingeld. Ich lege einen 50-Euroschein hin, aber der Fahrer kann nicht wechseln. Ich solle ihm mein Kleingeld geben und die Fahrt nach Angermünde ist gerettet.

Die Bushaltestelle in der Stadt ist direkt am Bahnhof und diesem gegenüber eine Pension. Ich gehe also über die Straße und will gerade klingeln, da kommen zwei Mädchen, etwa achtzehn Jahre alt, und verkünden mir, dass die Klingel kaputt ist. Ich müsse eine dieser Nummern anrufen und sie zeigen auf einen Zettel. Am sichersten ist es, Herrn Janisch anzurufen. Das mache ich dann auch und bekomme ein Zimmer für 25 Euro ohne Frühstück, im zweiten Stock, 38 Treppenstufen, denn es ist ein Altbau. Ohne Frühstück deshalb, weil im Haus ein Mädchenpensionat ist und die Aufenthaltsräume nur den Mädchen zur Verfügung stehen.

Ich bin ja heute noch nicht genug gelaufen und besichtige deshalb noch die Stadt und komme zum Mündesee. Hier kehre ich in der „Gaststätte am Mündesee" ein und bleibe im Biergarten, um zu Abend zu essen. Nachdem ich gesättigt bin, verlasse ich aber das Lokal, weil alle Tische inzwischen im Schatten liegen und es deshalb ungemütlich wird.

Auf dem Weg zur Pension fällt eine alte Schänke in mein Blickfeld und ich kehre ein. Es ist eine alte, urige Bierkneipe, hier darf auch noch geraucht werden. Drei einheimische Gäste sind anwesend und ein vierter und fünfter Stammgast gesellen sich nach einigen Minuten dazu. Es wird laut politisiert und erzählt und über Gott und die Welt geschimpft. So klingt dieser Tag doch noch überraschend stimmungsvoll aus.

Im Bahnhofskiosk kaufe ich noch eine Flasche Bier, setze mich damit an mein geöffnetes Fenster und träume.

10. Mai 2011, Heimfahrt

Frühstück in der Pension fällt ja leider aus, also gehe ich in die Stadt und finde ein Straßencafé.

Hier bestelle ich Tee, ein Brötchen, eine Hälfte mit Schinken und Käse belegt, die andere mit Marmelade und einen Orangensaft. Das alles wird mir draußen am Tisch serviert, sodass ich das morgendliche Treiben auf der Straße beobachten kann.

Dann hole ich meinen Rucksack, werfe den Zimmerschlüssel, wie verabredet, in den Briefkasten und gehe zum Bahnhof.

Und nun sitze ich bereits im Zug nach Braunschweig und stelle fest, dass heute die Schulen Wandertag haben müssen. Viele Klassen sind nach Berlin unterwegs gewesen und jetzt auch wieder viele Schüler aus Magdeburg zurück in ihr Orte.

Rückschauend war es ein anstrengender, aber schöner und interessanter Wanderurlaub. Allerdings war die Quartiersuche noch nie so problematisch wie in diesem Jahr.

Bleibt zu überlegen, ob künftig die Unterkünfte vorher gebucht werden müssen. Das hat aber Zeit bis zum nächsten Jahr.

Wanderung durch das Zschopautal

2. Juli 2012

Es ist wieder einmal so weit.
Relativ kurzfristig habe ich mich entschlossen, meine diesjährige Wanderung anzutreten. Ausgangspunkt ist Oberwiesenthal im Erzgebirge. Hier beabsichtige ich, das Quellgebiet der Zschopau auf dem Fichtelberg in 1214 Meter Höhe zu finden und dann das Zschopautal bis zur Mündung zu erwandern.
Eine andere Möglichkeit ist, im Tal der Zschopau bis Flöha zu laufen und dann am Flüsschen Flöha südwärts bis zur Quelle zu wandern.
Jetzt sitze ich im Ersatzzug der Deutschen Bahn auf dem Weg nach Leipzig. Ob es an der Deutschen Bahn oder an mir liegt, vermag ich nicht zu beurteilen, jedenfalls wiederholt es sich, dass die von mir gebuchten Züge den Geist aufgeben und Ersatzzüge eingesetzt werden müssen. Nun, mich stört das nicht, solange ich einen Sitzplatz erhalte, zumal die Kosten für die Sitzplatzreservierung erstattet werden.
Inzwischen sind drei Stunden vergangen und der Zug hat die ehemalige Grenze zur damaligen DDR passiert. Ich bin also wieder einmal in Ostdeutschland.
Wenn es bei dem Ausfall des ICE geblieben wäre, könnte ich ja zufrieden sein, aber in Erfurt angekommen, überschlagen sich die negativen Nachrichten.
Erste Durchsage: "Wegen Signalstörungen zwischen Erfurt und Weimar hält der Ersatzzug für unbestimmte Zeit hier."
Zweite Durchsage nach fünfzehn Minuten: "Wegen Weichenproblemen zwischen Erfurt und Weimar muss der Zug nach Leipzig über Halle umgeleitet werden. Voraussichtliche Ankunft in Leipzig eine Stunde später. Wir melden uns wieder."
Na, das verspricht nichts Gutes.
Schließlich, nach einer dreiviertel Stunde verteilt der Zugbegleiter Fahrgastrechte-Formulare, damit ein Antrag auf Ent-

schädigung gestellt werden kann. Mein Anschlusszug ist natürlich nicht mehr zu erreichen, aber ich habe Glück, weil die Züge nach Chemnitz im Stundentakt fahren.

Leider entgeht mir dadurch die Fahrt von Cranzahl nach Oberwiesenthal mit der Schmalspurbahn, aber die Busfahrt von Annaberg-Buchholz ist sicherlich auch recht interessant. Übrigens fährt der Regio von Chemnitz nach Annaberg-Buchholz entlang der Zschopau, sodass ich erste Eindrücke bekomme, von dem, was mich erwartet.

Ich bin gespannt, ob ich die Strecke schaffe, immerhin hat der Personenzug dafür eineinhalb Stunden gebraucht.

In Annaberg-Buchholz habe ich nahtlos Anschluss an den Zug nach Oberwiesenthal und hier angekommen, erkundige ich mich nach dem Weg zur Pension Teuber, die ich vorsorglich per Internet gebucht habe.

Der mir beschriebene Weg führt steil bergauf. Ich bin nass bis auf die Haut, die Sachen sind völlig durchgeschwitzt, also nichts wie unter die Dusche und frische Wäsche, Hemd und Hose angezogen.

Jetzt habe ich bereits einen kleinen Stadtbummel hinter mir, sitze im Gasthaus "Rotgiesserhaus", habe köstliches Wildgulasch gegessen und lasse den Abend geruhsam ausklingen. **Prost!**

Und im Moment fängt es an zu donnern, zu blitzen und zu regnen.

3. Juli 2012, 18,3 km

Nach dem Gewitter am gestrigen Abend war nicht damit zu rechnen, dass sich das Wetter wesentlich ändern würde, aber es regnet wenigstens nicht, noch nicht!

Dafür ist alles grau in grau, man kann kaum die Häuser auf der anderen Straßenseite aus dem Fenster erkennen. Deshalb ist es auch nicht verwunderlich, dass mir die Pensionswirtin abrät, auf den Fichtelberg zu fahren, mit der Sesselbahn versteht sich. Nun, zunächst frühstücke ich in aller Ruhe und mache mich schließlich um 8.40 Uhr auf den Weg.

Es geht zunächst zur Touristeninformation ins Rathaus, weil ich Kartenmaterial benötige. Auf dem Marktplatz angekommen, wartet ein Glockenlandreisebus auf seine Fahrgäste. Siehe da, Westfalen lässt grüßen. Doch wo ist das Rathaus?

Das von mir aufgesuchte Gebäude ist das Rathaus-Hotel, ich habe nur bis Rathaus gelesen. Jetzt ist guter Rat teuer. Ich beabsichtige, in einem Geschäft zu fragen, aber die öffnen erst um 9.00 Uhr, also in fünfzehn Minuten. Schließlich finde ich das gesuchte Objekt doch, aber welch eine Überraschung, auch hier wird erst um 9.00 Uhr geöffnet.

Mir bleibt also nichts anderes übrig, als zu warten und es hat sich gelohnt. Ich bekomme eine Wanderkarte geschenkt und den Hinweis, dass der Fichtelberg bei jeder Wetterlage interessant sei.

Demzufolge packe ich die Gelegenheit beim Schopfe und fahre mit dem Sessellift auf den Fichtelberg und bin begeistert. Allerdings ist auf dem Berg dichter Nebel und es dauert nicht lange und die ersten Tropfen fallen herab. Da der Regen immer stärker wird, kommt das Regenzeug erstmalig zum Einsatz.

Wetterstation
am
Fichtelberg

Dann wird der Weg nach Crottendorf gesucht, aber nicht gefunden, weil die Beschilderung mangelhaft ist.
Also in die "Himmelleiter" und dort nach dem Weg gefragt.
Mir wird die ungefähre Richtung gezeigt, mehr nicht.

Ich mache mich auf den Weg und der soll sehr anstrengend werden.
Auf meinen Orientierungssinn kann ich mich verlassen, aber dass das Gelände so steil auf und ab geht, habe ich nicht vermutet. Deshalb beschließe ich, in Crottendorf angekommen, mit dem Autobus bis Schlettau zu fahren und das war ein guter Entschluss, dachte ich, aber die Wirklichkeit sieht dann anders aus.
In Schlettau ist keine Unterkunft zu bekommen, was bleibt mir

anderes übrig, als die Bettsuche bis Tannenberg auszuweiten. Und hier habe ich Glück. Ich bekomme im Gasthaus "Hammer", welcher Namenszufall, ein Zimmer, zwar nicht ganz billig, aber ein Bett und eine Gastwirtschaft sind da, sodass ich keinen weiten Weg habe, um Hunger und Durst zu stillen.

Und jetzt sitze ich in diesem Gasthaus beim, ich weiß nicht ob, ersten oder zweiten Bier, so kaputt bin ich, aber ich bin zufrieden, weil ich ein köstliches Abendessen genieße, **Blaubeerpfannkuchen**.

4. Juli 2012, 15,2 km

Nach dem Frühstück wird der Rucksack gepackt und die Wanderung von Tannenberg nach Wolkenstein in Angriff genommen.
Die Strecke führt zunächst etwas von der Zschopau weg, nach Schönfeld. Es geht steil bergauf, sodass ich bereits nach einer

halben Stunde die erste Rast einlege und verschnaufe. Schon jetzt sind mein Hemd und die Unterwäsche vom Schweiß durchnässt, es wird wohl ein feuchter Tag werden.

Von Schönfeld führt der Weg weiter nach Wiesa, leider überwiegend entlang der Hauptstraße, wie mir eine hilfsbereite Frau versichert.

In Wiesa suche ich zunächst einen Lebensmittelladen auf, weil ich, entgegen meiner Gewohnheit, vor Durst fast umkomme. Weiter geht es, jetzt glücklicherweise auf einem Wanderweg neben der Zschopau.

Das heißt aber nicht, dass der Weg leicht und bequem ist. Auch hier müssen schweißtreibende Steigungen gemeistert werden, sodass ich erschöpft und ausgedörrt in Thermalbad Wiesenbad ankomme.

Und hier treffe ich eine verblüffende Entscheidung.

Ich beschließe, mich für zwei Stunden in Wiesenbad in die Therme Miriquidi zu begeben und anschließend mit dem Zug nach Wolkenstein zu fahren, wo ich bereits im "Zughotel" ein First-Class-Abteil telefonisch bestellt habe.

Der Entschluss selbst war richtig und gut und der Besuch in der heißen Quelle sehr aufschlussreich.

Das Bad selbst super, ein Bewegungsbad, 31° C, ein Therapiebecken, 35° C, ein Strömungsbecken, 35° C und ein Freibecken, 33° C, außerdem Sprudelliegebänke, Sitzbänke, Nackenduschen, Bodensprudler, Massagedüsen, Massageringe und Strömungsdüsen.

In den Schwimmbecken alles in Ordnung, da aber die Therme Kuranstalt für Knochengeschädigte ist, erlebe ich eine Gymnastikstunde im Schwimmbad. Die Teilnehmer überwiegend zwischen sechzig und scheintot und fast ausschließlich Frauen.

Eine Übung der Gymnastiklehrerin habe ich mir eingeprägt.

"Und nun die Beine auseinander und wieder zusammen
und wieder auseinander und zusammen
aber immer schön langsam, wie beim Sex."

Dann ist die Zweistunden-Vorgabe um und ich begebe mich zum Bahnhof. Weil aber noch genügend Zeit ist, kehre ich noch in der Trink- und Wandelhalle ein und schlürfe einen Heiltrunk, zumal er kostenlos ist.

Am Bahnsteig, auf den Zug nach Wolkenstein wartend, suche ich vergeblich einen Ticketautomaten, also muss wohl im Zug bezahlt werden. Das stellt sich auch als richtig heraus, aber ich warte, mit dem Geld in der Hand, vergeblich.

Beim Weg zur Wagentür nach der Ankündigung, dass wir in Kürze Wolkenstein erreichen, stelle ich fest, dass der Ticketautomat im Zugwaggon ist. Was soll ich tun, es sind noch höchstens zwei Minuten?

Lasse ich es darauf ankommen oder löse ich noch eine Fahrkarte? Das Geld habe ich in der Hand und auf dem Bahnsteig auch noch. War das nun Betrug? Ich denke nein, ich wollte ja wirklich bezahlen.

Und so erreiche ich das "Zughotel" und frage nach dem Weg zur Stadt. Er wird mir beschrieben. Die Stadt liegt oben auf dem Berg, es sind etwa fünf Minuten zu laufen, wird mir gesagt. Also mache ich mich auf den Weg, nachdem ich mein Abteil bezogen und ich mich frisch gemacht habe.

Aber welch eine Strapaze erwartet mich?

Ich bin bereits fünfzehn Minuten unterwegs, hänge nach Luft schnappend, über dem Geländer der Treppe und werde von einem Herabkommenden gefragt, ob alles in Ordnung sei.

Egal, ich habe die Burg und den Stadtkern gesehen und verschnaufe jetzt mit einem guten Abendessen, es gibt geräucherte Forelle, mit frischem Salat und Toast. Selbstverständlich darf ein gezapftes Radeberger nicht fehlen.

Den Abend beschließe ich, im Salonwagen von Erich Honecker, bescheiden, wie er.

5. Juli 2012, 15,5 km

Heute beabsichtige ich, von Wolkenstein bis Zschopau zu laufen, ohne zu ahnen, welche Überraschungen der Tag für mich bereithält.

Zunächst muss ich nach dem Frühstück im Speisewagen zur Burg Wolkenstein, das bedeutet etwa zweihundert Höhenmeter, diesmal mit Rucksack. Für diese Strecke brauche ich eine halbe Stunde. Oben angekommen bin ich das erste Mal durchgeschwitzt und erschöpft.

Eine von mir angesprochene Frau begeistert mich für den Wanderweg nach Burg Scharfenstein über Hopfgarten, ohne mir zu sagen, dass die letzten vier Kilometer auf der Hauptstraße zurückgelegt werden müssen. Aber ich habe Glück.

Unterwegs, beim Studium des Busfahrplanes nach Hopfgarten,

geht eine ältere Passantin an mir vorbei in Richtung dieses Ortes, weil der Bus erst in einer guten Stunde fährt.

Ich frage sie, ob man bis Scharfenstein auf dieser verkehrsreichen Straße laufen muss und erfahre, dass von Hopfgarten, wo sie zu Hause ist, ein wunderschöner Wanderweg nach Burg Scharfenstein führt.

Ich muss jetzt erwähnen, dass ich heute während der ersten Kilometer ein prägendes Erlebnis hatte, das ich meiner Begleitung jetzt ausführlich schildere.

Gestern, im Hotelzug in meinem Schlafabteil angekommen, fand ich als Begrüßung auf meinem Bett, auf den Handtüchern liegend, eine kleine Tafel Schokolade, dachte ich und steckte sie in meine Hosentasche zur Stärkung während der heutigen Etappe.

Dieser Zeitpunkt ist bereits sehr zeitig eingetreten. Ich also das kleine Täfelchen ausgepackt. Oh, weiße Schokolade, woher kennen die meinen Geschmack? Ich stecke das ganze Stück in den Mund, beiße genüsslich hinein und versuche, sofort alles wieder auszuspucken, denn die Schokolade ist Seife, weiche Seife, die sich ruckzuck in alle Zahnlücken verteilt und sehr schwer zu entfernen ist.

Da ich kein Wasser in meiner Flasche habe, sind jetzt noch Reste der Seife im Mund und folglich der Seifengeschmack.

Spontan bietet mir meine Begleiterin an, bei ihr zu Hause meine Wasserflasche am Brunnen zu füllen und auch den Mund auszuspülen, nicht ohne den Hinweis, dass es besser sei, vorher an allen Dingern zu riechen, aber das mache ihr Mann auch nicht.

Zusätzlich zur Wasserflaschenfüllung erhalte ich noch eine kompetente Wegbeschreibung, sodass ich mein Zwischenziel auf einem wunderschönen Waldweg erreiche. Doch dieser Tag soll noch nicht ohne weitere nachdrückliche Erlebnisse vorüber sein.

Ich laufe, wie in meiner Karte beschrieben, auf der alten Zschopauer Straße meinem Tagesziel entgegen, obwohl ich mir eigentlich vorgenommen habe, dieses letzte Stück der Wanderstrecke mit dem Zug zu fahren. Eine Radfahrerin kommt mir entgegen, um nach kurzer Zeit wieder in entgegengesetzter Richtung zu fahren. Ich nehme das ohne weitere Überlegung zur Kenntnis.

Dann komme ich auf meinem Weg zu einer Ruhebank, auf der eine Gestalt mit nacktem Oberkörper sitzt. Das ist eine Frau, denke ich. Schließlich entpuppt sich das Wesen leider als Mann, sodass ich ihn anspreche und bitte, mir meine Wasserflasche aus dem Rucksack zu holen, weil ich dadurch das komplizierte Ab- und Aufsetzen des Ranzens vermeide.

Bei dieser Gelegenheit fällt mir auf, dass der Typ etwas im Gras versteckt, braun, lang, es könnte ein Gewehr sein.

Ich wandere weiter, da kommt mir die Radfahrerin wieder entgegen, hält an und fragt, ob ich auch den Mann auf der Bank gesehen habe und ob er mir auch seltsam vorgekommen sei.

Nach meiner Bestätigung ruft sie die Polizei an, schildert den Fall, dann will sie meine Personalien aufnehmen und verlangt meinen Personalausweis. Ich weigere mich, weil der in meinem Brustbeutel mit meiner ganzen Barschaft ist. Sie könne mich dazu zwingen, weil sie Polizeibeamtin sei, aber leider ihren Dienstausweis nicht dabei habe.

Ich Idiot gebe ihr aber trotzdem alle Personalien an, die sie in ihrem Handy speichert. Dann gehe ich weiter.

Die Angelegenheit lässt mich aber nicht in Ruhe, sodass ich schließlich zu Hause anrufe, um zu warnen, falls irgendwelche Forderungen oder Fragen gestellt werden.

Das war ein Fehler! Meine Frau sofort besorgt, lässt Wäsche, Wäsche sein und das trotz des Regens, ruft mich an und will alles genau berichtet bekommen.

Schließlich kommt mir auf dem Wanderweg ein Polizeiwagen

entgegen, sodass die Sorge wegen der Radfahrerin als Betrügerin ad acta gelegt werden kann.

Es geht also weiter bis Ortseingang Zschopau zu einer Bushaltestelle, aber der angezeigte Bus kommt nicht. Folglich muss ich bis ins Zentrum laufen.

Leider hat die von mir ausgesuchte Pension am Markt wegen Umbauarbeiten geschlossen, sodass ich die mir von der Information empfohlene Pension Dittrich buche. Das Problem ist, die Unterkunft liegt auf der anderen Flussseite, wo ich gerade herkomme. Ich muss also wieder den Schlossberg runter und dann erneut einen Anstieg bewältigen.

In der Pension werde ich von einer sehr alten, aber netten Dame begrüßt, aber die Genauigkeit der betagten Frau geht mir auf den Sack, zumal ich schweißgebadet bin. Nun, auch das habe ich überstanden und bin, nachdem ich geduscht und mich frisch angekleidet habe, erneut zu Fuß zum alten Markt gelaufen, um das mir empfohlene Lokal "Am alten Brauhaus" aufzusuchen.

Die Empfehlung meiner Pensionswirtin war gut, allerdings habe ich mein Seifenerlebnis in der Frühe völlig vergessen.

Obwohl ich vorsorglich eine Apotheke aufgesucht habe und dort meinen Irrtum zum Gelächter der Helferin geschildert habe, das mir angebotene Mittel erscheint mir zu teuer und wird deshalb nicht gekauft.

Im urgemütlichen Brauhaus bestelle ich Sauerbraten mit Klößen, aber kann das Gericht nicht essen, obwohl es vorzüglich schmeckt, weil inzwischen der Mund entzündet und geschwollen ist, sodass leider das Kauen sehr große Schmerzen bereitet. Stattdessen erlaube ich mir noch ein Radeberger, das muss man ja nicht kauen, dann möchte ich mit der Taxe zur Pension fahren. Um aber ein Taxi zu bekommen, werde ich von freundlichen Menschen zum Taxirufdienst geschickt. Wer kennt aber in Hamm einen Taxirufdienst, ich nicht, infolgedessen habe ich ihn nicht gefunden.

Eine junge Frau, vermutlich Indonesierin, angesprochen, versteht mein Problem nicht. Sie geht mit mir etwa zweihundert Meter die Straße zurück, ordert für mich zivilisierten Deutschen das Taxi und das in Zschopau.

Und nun sitze ich auf meinem Balkon, schreibe bei herrlicher Abendstimmung die Tageserlebnisse nieder und lasse den Tag geruhsam ausklingen.

Bei der Ankunft in Zschopau folgendes Hinweisschild:
Seniorenunterkunft
Klinikum
Friedhof
und in dieser Stadt soll man sich wohlfühlen.

6. Juli 2012, 18,3 km

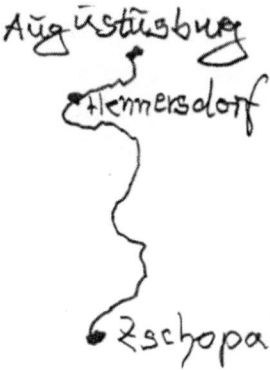

Heute bin ich zeitig wach. Ich dusche, packe bereits jetzt meinen Rucksack und gehe dann zum Frühstück. Ich bin einziger

Gast im Hause und werde deshalb entsprechend umsorgt. Schließlich verabschiede ich mich von der Gastgeberin und begebe mich auf den Weg nach Augustusburg.

Sonnenschein und Windstille sowie erhebliche Steigungen lassen bereits zu Beginn der Tagesetappe den Schweiß in Strömen fließen, deshalb trenne ich die Hosenbeine von der Wanderhose ab.

Inzwischen habe ich Witzschdorf erreicht. Da hier die Wegbeschreibung oder besser die Wegbezeichnung sehr schlecht ist, muss ich in einem Fabrikgebäude nachfragen, um den Wanderweg direkt neben der Zschopau zu finden.

Die Nähe zum Fluss und die Hitze lassen plötzlich den Gedanken aufkommen, nackt in das kühle Wasser zu springen, aber ich verwerfe den Wunsch, weil der sehr dichte Uferbewuchs mich abschreckt.

Von Hennersdorf bis zum heutigen Ziel Augustusburg sind es lediglich noch zwei Kilometer, aber die haben es in sich.

Holzbrücke in Hennersdorf

Zwei Kilometer geht es ständig bergauf.

Auf halbem Wege muss ich ein Rinnsal überqueren. Ich komme um vor Durst, in der Flasche ist kein Wasser mehr. Also runter auf die Knie, Wasser mit der Hand geschöpft und aus der Hand getrunken, ein Labsal.

Endlich erreiche ich Augustusburg und bin enttäuscht.

In einer Bikerkneipe trinke ich ein Glas Sprite und erfahre, das in der Nähe die Pension "Morgensonne" ist. Ich begebe mich dorthin und stehe vor verschlossenen Türen. Was tun?

Ich entschließe mich, Augustusburg zu verlassen und mit dem Bus nach Flöha zu fahren.

Hier angekommen ist der erste Eindruck noch niederschmetternder.

In einer Lotto-Annahmestelle frage ich nach einer Pension. Freundlich versucht man, über das Internet eine Unterkunft zu finden und hat Erfolg. Einen Kilometer ortsauswärts auf dieser Straße befindet sich ein Gästehaus, dort soll ich es versuchen, wird mir gesagt.

Ich marschiere los und stoße unterwegs auf eine Pizzeria mit Pension, leider wegen Betriebsferien geschlossen, genau wie das Gästehaus. Was soll ich machen?

Ich sehe eine Haltestelle, gehe hin, ein Bus nach Augustusburg kommt, ich steige ein und das Verhängnis beginnt. Noch keine Minute gefahren und die ersten Regentropfen sind auf der Windschutzscheibe zu sehen. In kürzester Zeit regnet es in Strömen, aber nicht nur das. Ein Gewitter zieht auf. Es blitzt und donnert, wie ich es noch nicht erlebt habe und dann das furchteinjagende Erlebnis, ein Blitz trifft den Bus. Einen entgegenkommenden Autofahrer muss das so erschreckt haben, dass er im Graben landet. Glücklicherweise ist nichts passiert.

Unsere Fahrt geht weiter bis zur Endstation. Es regnet, ja gießt wie aus Eimern.

Der Busfahrer hat mit uns beiden letzten Fahrgästen, einem

jungen Mädchen und mir, ein Einsehen und lässt uns im Bus verweilen, weil er Feierabend hat und auch nicht in den aufkommenden Hagelsturm möchte.

Schließlich müssen wir aber doch den schützenden Bus verlassen und suchen Schutz im Wartehäuschen an der Haltestelle. Beängstigend, Blitz und Donner sind direkt über dem Busbahnhof. Urplötzlich lässt das Gewitter nach, also schnell den Regenumhang übergezogen und auf zum Hotel "Café Friedrich".

Aber wie? Die Straße steht zwanzig Zentimeter unter Wasser, die Autos fahren im Schritttempo, aber schließlich erreiche ich doch das Hotel und habe Glück, das letzte Einzelzimmer erhalte ich, aber nur für eine Nacht, ab morgen sei alles belegt.

Ich mache mich frisch, suche das Lokal des Hauses auf und genieße das Abendessen, Kalte Rinderzunge mit Butter und Brot. Köstlich!

Dann lasse ich den Abend in aller Gemütlichkeit ausklingen und lausche den Gesprächen einer Geburtstagsgesellschaft.

Hier höre ich folgenden Trinkspruch:

Wenn man ein Bier trinkt, wird man besoffen,
wenn man besoffen ist, wird man müde,
wenn man müde ist, schläft man ein,
wenn man einschläft und Auto fährt, baut man einen Unfall,
wenn man einen Unfall baut, kann man sterben,
wenn man stirbt, kommt man in den Himmel.
Also lasst uns ein Bier trinken!

7. Juli 2012, 17,2 km

Heute beginnt der Tag gut. Ich werde kostenlos vom Hotel nach Flöha gefahren, weil ich erwähnte, dass ich meine Wandertour beende und mit dem Zug nach Hause fahre. Außerdem erfahre ich, dass ich nur Zweidrittel des gestern genannten Preises bezahlen muss. Das, und das Wetter, welches überraschend gut ist, hebt natürlich meine Stimmung.
Nach dem guten Frühstück werde ich dann nach Flöha gefahren und am Bahnhof abgesetzt. Natürlich lasse ich mich nicht lumpen und zahle den dreifachen Obolus, den ich ansonsten für den Bus gezahlt hätte.
Vorsorglich betrete ich die Bahnhofshalle, um nicht als Lügner dazustehen und erkundige mich in einer Buchhandlung nach einem Wanderweg entlang der Flöha. Eine freundliche Verkäuferin erklärt mir ausführlich, wie ich das Flüsschen finde und ich habe dank der guten Beschreibung keine Probleme, das

Gewässer zu entdecken. Bei der Ansicht des Flusses bin ich aber sehr überrascht.

Ein stark fließender, brauner Wasserlauf, so weit das Auge sehen kann, vermutlich auf das gestrige Gewitter zurückzuführen.

Und dann verändert sich die Situation schlagartig. Regen setzt ein, nicht sehr stark, aber ich bin gezwungen, den schützenden Umhang aus dem Rucksack zu holen und überzuziehen.

In kürzester Zeit bin ich trotzdem bis auf die Haut nass, nicht vom Regen, sondern vom Schweiß unter der Regenhaut. Sobald der Niederschlag aufhört, wird der Umhang ausgezogen, damit die nasse Oberbekleidung trocknen kann und angenehmer wird, aber diese erquickenden Momente dauern nicht lange.

In Hohenfichte frage ich nach einem Gasthaus und werde nach Leubsdorf geschickt. Der Weg sei zwar etwas steil, aber wenn man oben ist, geht es nur noch bergab.

Alles tröstlich, aber bis ich den Gipfel erreicht habe, bin ich wieder durchnässt, weil es erneut schüttet. So oder so erreiche ich das Gasthaus "Lindenhof" und muss zur Kenntnis nehmen, dass es wegen eines Wasserschadens vorübergehend geschlossen ist. Zu meiner Freude ist aber die Pension Lindenhof auf der anderen Straßenseite geöffnet.

Ich also auf die andere Seite rüber, aber auch hier die Eingangstür verschlossen. Man solle eine angegebene Telefonnummer wählen, dann würde einem geholfen. Ich wähle also die hinterlegte Nummer und tatsächlich erscheint ein Mann, um behilflich zu sein. Wie ich erfahre, wird für Pensionsgäste am Abend sogar die Gaststätte geöffnet, was will man mehr.

Und jetzt sitze ich in diesem Restaurant, habe bereits zwei Radler getrunken und zwei Kartoffelpuffer mit gebratenem Schwarzwälder Schinken gegessen. Allerdings weiß ich noch nicht, wie lange ich hier aushalte, weil es ungemütlich kalt ist. Und plötzlich reift in mir der Entschluss, diese Wanderung zu beenden. Ich werde aber den morgigen Tag abwarten, um zu sehen, wie sich das Wetter entwickelt und werde dann meine Entscheidung treffen.

Und nun sitze ich immer noch in der Gaststube, weil rechts von mir ein deutsches Ehepaar sitzt und mir gegenüber ein englisches Pärchen. Während das deutsche Paar bemüht ist, so leise wie möglich zu kommunizieren, plaudert das englische Gespann frei und offen, jeder kann zuhören. Man sieht, es amüsiert sich sichtlich und hat Spaß, wunderbar, man müsste Engländer sein.

Kirche in Leubsdorf

8. Juli 2012, 18,1 km

Bereits vor dem Frühstück werde ich mit der Wirtin der Pension Lindenhof bekannt gemacht, weil sie sich für meine Wanderroute interessiert. Als sie hört, dass ich bis zur Quelle laufen möchte, kennt ihre Begeisterung keine Grenzen. Sie erklärt mir den Weg nach Pockau sehr interessant und schwärmt von der Schönheit auf der Höhe.

Dann begebe ich mich zum Frühstück und finde mich in einem Raum mit französischen, englischen und deutschen Gästen wieder, alles Motorradbegeisterte, weil auf dem Sachsenring ein Rennen stattfindet.

Nach dem Morgenmahl wird das Ränzlein geschnürt und ich gehe voll freudiger Erwartung den Berg an. Ich bin noch keinen Kilometer gelaufen, da habe ich die Höhe erreicht. Die Wirtin hat nicht übertrieben, eine atemberaubende Aussicht, vor allen Dingen, weil durch das Sonnenlicht die Hell-dunkel-Kontraste und die unterschiedlichen Farben erst richtig zur

Geltung kommen.

Die heutige Wanderung beginnt so fantastisch, dass ich alle hundert Meter stehen bleiben könnte, um zu fotografieren.

Da ist es ein Landschaftsbild, dort eine Kuhherde, dann in der Ferne Schloss Augustusburg vom Fluss Flöha aus.

Doch es muss auch weitergehen und da kommen andere Überraschungen.

Einmal bei einem Halt, um die Karte zu studieren. Spontan wird ein Fenster im ersten Stock eines Wohnhauses geöffnet und ich kann meine Wanderkarte vergessen. Eine bessere Wegbeschreibung kann ich nicht bekommen, als von der hilfsbereiten Frau im Fenster.

Dann auf dem Weg durch eine Lindenallee, unter jeder Linde ein Konzert schwirrender Bienen. Jetzt werde ich Lindenblütenhonig noch mehr zu schätzen wissen. Und schließlich die Begegnung mit einem Schäferhundbesitzer. Er kann das riesige Tier kaum bändigen, schlägt mit der Hundeleine auf den Hund und sagt zu mir: "Der tut nichts, der will nur gestreichelt werden!"

Aber noch dummdreister gestaltet sich eine Begegnung mit zwei Hunden, einer Bulldogge vom männlichen und einem Mischling von der weiblichen Ankommenden, beide Hunde an langer Leine.

Der Mischling läuft laut bellend auf mich zu, während ich einen Waldameisenhaufen fotografiere. Die Besitzerin versucht, das Tier zu stoppen, aber der Automat von der Leine funktioniert nicht. Sie muss die Leine mit der Hand einholen. Da die Frau aber ebenfalls auf mich zukommt, bleibt der Hund, wo er steht, nämlich einen Meter vor mir und kläfft und fletscht die Zähne.

Ich rufe ihr zu, dass ich Angst habe, weil ich schon einmal von einem Hund gebissen worden sei. Darauf sie: "Aber nicht von meinem, der beißt nämlich keine Menschen. Nur wenn er Leute mit Fotoapparat sieht, wird er anders, die kennt er nicht." Das ist weibliche Hundebesitzerlogik.

Es geht weiter auf einem Weg, der nur für Wanderer zugelassen ist. Plötzlich hinter mir eine Radfahrerin, die nicht mehr bremsen, aber schreien kann. Der Weg sehr schmal. Ich springe zur Seite und lande natürlich auf dem Allerwertesten. Sie rauscht an mir vorbei, donnert über ein Rinnsal. Glücklicherweise ist ihr nichts passiert. Ihr männlicher Begleiter steigt vorsorglich ab, so sieht Rücksichtnahme aus.

Dann plötzlich lautes Schnaufen und Zischen, ich denke, ein Zug kommt, weil ich gerade die Bahngeleise überschritten habe. Aber denkste! Zwei Motocrossfahrer rasen durch die Bahnabsperrung und dann an mir vorbei.

Und jetzt bin ich in Pockau, habe ein schönes Hotel gefunden, sitze im Biergarten des Hotels am Ufer der schwarzen Pockau, schreibe gerade das heute Erlebte nieder und lasse den Tag ausklingen.

9. Juli 2012

Wandere ich noch bis Olbernhau oder beende ich die Wanderung und fahre nach Hause?

Die Entscheidung ist mir nicht leicht gefallen, aber schließlich überwiegt doch der Wunsch nach Hause zu kommen, zumal der gestrige Wandertag und die Unterkunft im Hotel "Bergschlösschen" kaum getoppt werden können.

Das Frühstück wird heute vermutlich sehr kurz ausfallen, weil der Weg zum Bahnhof recht weit sein soll und ich unbedingt um 8.00 Uhr in Richtung Chemnitz abfahren möchte.

Aber da taucht ein Problem auf. Ich muss noch das Zimmer bezahlen, aber es ist nur eine Küchenhilfe anwesend, die leider nicht berechtigt ist, Geld in Empfang zu nehmen.

Deshalb wird jetzt erst einmal gefrühstückt, dann der Rucksack geholt und gehofft, dass der Hotelbesitzer inzwischen eingetroffen ist. So ist es, ich bezahle, frage nach dem Weg zum Bahnhof und verabschiede mich.

Am Bahnhof, der in dieser Kleinstadt erstaunlicherweise mit Personal besetzt ist, möchte ich meine Fahrkarte nach Hamm lösen, aber leider geht das nicht, weil die Erzgebirgsbahn keine überregionalen Fahrkarten verkaufen darf. Folglich muss ich zunächst ein Ticket bis Chemnitz kaufen und dort das Billett nach Hamm erstehen. Und augenblicklich sitze ich im Zug nach Hamm und stelle fest, dass trotz, oder gerade wegen der widrigen Wetterlage eine interessante Wanderwoche zu Ende geht. Ich habe viele hilfsbereite Menschen angetroffen, ob es der Mann auf der Straße war, der mir bereitwillig den Weg erklärte, der Verkäufer im Kiosk, der im Internet eine Unterkunft für mich suchte, die Verkäuferin im Bahnhof Flöha, die den Buchladen allein ließ, um mir draußen den Weg zum Fluss zu zeigen, oder die Frau in Borstendorf, die mir aus dem Fenster im ersten Stockwerk den Weg nach Floßmühle beschrieb. Ich habe wieder einmal nur freundliche und helfende Menschen angetroffen und werde diese Wanderung in guter Erinnerung behalten.

Wanderung von Stolpe/Oder bis Stolpe/Usedom

Die geplante Wanderstrecke

Wanderung 2015 von Stolpe/Oder bis Stolpe/Usedom

Stolpe		
Stützkow	4	
Meyenburg	10	14 km
Schwedt	2	
Friedrichsthal	9	
Gartz	6	17 km
Tantow	7	
Schönfeld	7,5	
Penkum	5,5	20 km
Krackow	7	
Ramin	11	18 km
Bismark	11	
Pampow	10	21 km
Glashütte	7	
Hintersee	7,5	15 km
Rieth	8,5	
Vogelsang	9	
Altwerp	3	21 km
		126 km

von Altwerp Überfahrt mit dem Schiff nach Stolpe auf Usedom

26. August 2015

Entgegen meinen sonstigen Gepflogenheiten fahre ich weder mit dem "Quer-durchs-Land-Ticket", noch mit dem "Schönes-Wochenend-Ticket", sondern mit einer normalen Fahrkarte, weil ich den ICE bis Berlin ausgewählt habe, zumal ich diesen durch die Einlösung von Bonuspunkten kostenlos benutzen kann. Eigentlich wollte ich schon einen Tag eher fahren, aber schlechte Träume in der Nacht verführten mich dazu, die Wanderung aufzugeben, obwohl ich bereits die Bahnfahrkarte gebucht hatte.

Aber, so schnell wie der Gedanke der Aufgabe entstanden ist, ist er auch wieder verflogen und nun sitze ich im ICE nach Berlin. Von dort wird es dann mit dem Bummelzug weiter nach Ahlbeck gehen, wo ich meine Wanderung starten werde.

In Berlin angekommen kann ich in aller Ruhe Gleis 6 aufsuchen. Von hier geht die Fahrt mit dem Regionalexpress über Angermünde, Pasewalk bis Eggesin. Von hier beabsichtige ich, mit dem Bus bis Ahlbeck zu fahren.

So ist meine Planung, allerdings habe ich nicht gewusst, dass in Vorpommern noch Schulferien sind und deshalb der ausgewählte Schülerbus nicht fährt. Glücklicherweise fährt aber in fünfundvierzig Minuten ein Linienbus, sodass die Weiterfahrt kein Problem bereitet. In Ahlbeck frage ich in einem Friseurgeschäft nach einer Unterkunft und werde zur Pension "Landgasthaus Blaue Blume" geschickt, wo ich ein schönes Zimmer erhalte. Nun genieße ich den Abend im Biergarten der Pension bei einem Lübzer, nachdem ich Wildragout mit Blaukraut, Kartoffeln und Preiselbeeren genossen habe.

Eine Stammtischrunde unterhält mich mit Parolen und Behauptungen, wie sie haarsträubender nicht sein können.

Ein Beispiel: Die Polen brauchen keine Steuern zu zahlen, deshalb ist dort alles billiger.

Biergarten "Blaue Blume"

27. August 2015, 20,3 km

Nach einem guten Frühstück und einer ausführlichen Wegbeschreibung durch den freundlichen Wirt begebe ich mich auf den Marsch nach Hintersee.

Ich habe bewusst diesen neun Kilometer entfernten Ort gewählt, um mich wunschgemäß nicht zu überanstrengen.

In Hintersee angekommen, frage ich in einer Gastwirtschaft nach einem Zimmer, leider ohne Erfolg. Aber in einem nahe gelegenen Haus werden Zimmer vermietet, wird mir gesagt. Die freundliche Bedienung ruft ihre Mutter an und erfährt, dass der Vermieter verreist sei. Ich kann aber die Wohnung nach Hinterlegung von fünfundzwanzig Euro für eine Nacht bekommen. Wenn sie mir nicht zusagt, erhalte ich das Geld nach Rückgabe des Schlüssels zurück.

Mir wird nach Übergabe des Geldes der Schlüssel ausgehändigt, der Weg beschrieben und ich marschiere los.

Unterwegs beschleicht mich ein eigenartiges Gefühl und dieses wird beängstigender, als ich das Haus betrete. Im Schlafzimmer das Bett nicht gemacht, auf einem Sessel eine schmutzige Hose, die Küche unaufgeräumt, schmutziges Geschirr in der Spüle, im kleinen Zimmer ein wüstes Durcheinander.

Ich beschließe, Hintersee den Rücken zu kehren und in den nächsten Ort zu laufen, das ist Glashütte und nur etwa sieben Kilometer weiter.

Als ich den Schlüssel wieder abgebe und mein Geld zurückbekomme, erfahre ich, dass ich vermutlich die Wohnung des Eigentümers aufgesucht habe und nicht die zu vermietende. Nun, wie dem auch sei, ich mache mich auf den Weg nach Glashütte und stelle nach kurzer Zeit fest, dass der Marsch recht anstrengend wird.

Deshalb entschließe ich mich, per Anhalter dorthin zu gelangen, aber leider will mich niemand mitnehmen.

Doch dann, als ich schon aufgeben will, hält ein Auto an, der Fahrer fragt, wohin ich möchte und lässt mich einsteigen. Nach etwa einem Kilometer eine Straßengabelung, links geht es nach Stettin und geradeaus sechs Kilometer bis Glashütte.

Jetzt stellt sich heraus, dass ein Pole der freundliche Autofahrer ist, denn er muss nach Stettin. Nach kurzer Verständigung fährt er aber bis Glashütte und lässt mich dort aussteigen. Ich möchte ihm einen kleinen Obolus geben, aber er winkt ab, reicht mir die Hand und sagt: "Das war ein Freundschaftsdienst."

In Glashütte das gleiche Dilemma wie in Hintersee, es werden keine Zimmer vermietet. Was bleibt mir anderes übrig, als in den nächsten Ort, namens Grünhof, zu laufen. Es sind ja nur drei Kilometer und vielleicht nimmt mich ja ein hilfsbereiter Autofahrer mit. Aber alle Versuche in dieser Richtung scheitern.

Schließlich erreiche ich total erschöpft Grünhof, doch auch in diesem Dorf ist kein Bett zu bekommen. Warum auch, es besteht ja nur aus fünf Häusern.

Was tun?

Ich stehe an einem Gartentor, weil ich Stimmen aus einer Scheune oder Werkstatt höre.

Plötzlich erscheint ein Mann, klein, korpulent, mittleren Alters und fragt, ob ich etwas suche.

Ich verneine seine Frage, aber möchte gern wissen, wie weit es bis zum nächsten Ort, namens Pampow ist.

Das sei nicht weit, etwa fünf Kilometer, seine Antwort.

Als er meine Bestürzung wahrnimmt, fragt er nach dem Warum und als er dann meine Leidensgeschichte hört, macht er spontan das Gartentor auf, bittet um meinen Rucksack, verfrachtet diesen in seinem Auto und lässt mich einsteigen. Dann klingelt er kurz seine Frau heraus, sagt ihr, er müsse kurz nach Pampow und lässt mich dort vor einer Pension aussteigen.

Meine Frage über eine Bezahlung überhört er, winkt kurz zum Abschied und fährt zurück.

Was er aber nicht wissen konnte, dass die Pensionswirtin beim Zahnarzt ist und deshalb geschlossen ist.

Ich klingele an der Haustür, keine Reaktion. Nach wiederholtem Läuten gebe ich auf und gehe die Dorfstraße entlang, in der Hoffnung, jemanden nach einer Unterkunft fragen zu können, aber das Dorf ist wie ausgestorben.

Als ich wieder an der Pension ankomme, hält ein Auto vor dem Hintereingang und eine ältere Frau entsteigt dem Taxi. Ich höre, wie sie dem Fahrer sagt, dass sie heute keine Pensionsgäste hat, da rufe ich laut: "Aber jetzt doch!"

Sie kommt auf mich zu und erkennt offensichtlich sofort, in welch einer miesen Situation ich mich befinde, denn sie bietet mir spontan eine Unterkunft an, obwohl sie an Einzelpersonen eigentlich nicht vermietet. Allerdings ist die Übernachtung ohne Abendessen und ohne Frühstück.

Als ich erfahre, dass sie gerade vom Zahnarzt kommt, ist das Mitgefühl auf meiner Seite, weiß ich doch aus jüngster Vergangenheit, welche Qualen man über sich ergehen lassen muss.

Leider gibt es im ganzen Ort keine Gastwirtschaft oder einen Kiosk, also fällt das Abendessen aus und auch auf das morgige Frühstück muss ich verzichten, weil ja wieder ein Zahnarzttermin der Gastgeberin ansteht.

Ich bekomme für den Rest des Tages, es ist gerade 15.30 Uhr, zwei Flaschen Bier, die erste ist jetzt, um 17.30 Uhr gerade leer, der Bericht geschrieben und ich werde gleich versuchen, aus meiner schreibenden Position aufzustehen, wenn es denn gelingt.

28. August 2015

Nach einer unruhigen Nacht und einem Morgen ohne Frühstück beschließe ich, mit meiner Gastgeberin bis Löcknitz zu fahren, falls sie dort zum Zahnarzt muss.

Der Zahnklempner befindet sich in Löcknitz und der Taxifahrer nimmt mich kostenlos mit und fährt mich bis zum Bahnhof. Da von hier bis Pasewalk Schienenersatzverkehr eingerichtet ist und der Bus gerade kommt, wird mir die Entscheidung leicht gemacht.

Ich breche die Wanderung ab und fahre nach Hause.

Trotz erheblicher Bedenken, glaube ich, die richtige Entscheidung getroffen zu haben, zumal das Wetter auch zu wünschen übrig lässt.

Außerdem denke ich, dass das meine letzte Wanderung war.

So etwas muss ich mir nicht nochmals antun.

Ende, aus, das war's!

Aber wie kann es auch anders sein, wenn ich mit der Deutschen Bahn fahre?

Verspätung nicht ausgeschlossen. Und so auch heute.

Die Abfahrt in Berlin verzögert sich auf unbestimmte Zeit, weil der Zug in Richtung Spandau, wegen eines Polizeieinsatzes auf den Gleisen, umgeleitet werden muss.

In Berlin-Spandau haben wir schließlich dreiundfünfzig Minuten Verspätung. Das ist schade, denn sieben Minuten mehr und ich hätte Anspruch auf fünfundzwanzig Prozent Fahrpreiserstattung.

Doch plötzlich fährt der Zug nur noch im Schneckentempo und folgende Durchsage verschlägt mir den Atem: "Die Verspätung wird sich um weitere Minuten verzögern, weil der Zug von Vandalen mit Steinen beworfen wurde und im Wagen 23 eine Scheibe zu Bruch ging."

Bis Bielefeld vergrößert sich die Verspätung auf eine Stunde und fünfundvierzig Minuten. Hier soll die Fahrt in drei Minuten fortgesetzt werden, aber es vergehen zehn Minuten, weil im vorderen Zugteil die Türen nicht geöffnet werden können.

Jetzt fehlen noch fünf Minuten und ich bekomme eine fünfzig-
prozentige Fahrpreiserstattung.
Und diese Verspätung handeln wir uns in Neubeckum ein, weil
Gleisarbeiter einen kurzen Halt erforderlich machen.
Alles in allem ein erfreulicher Abschluss.

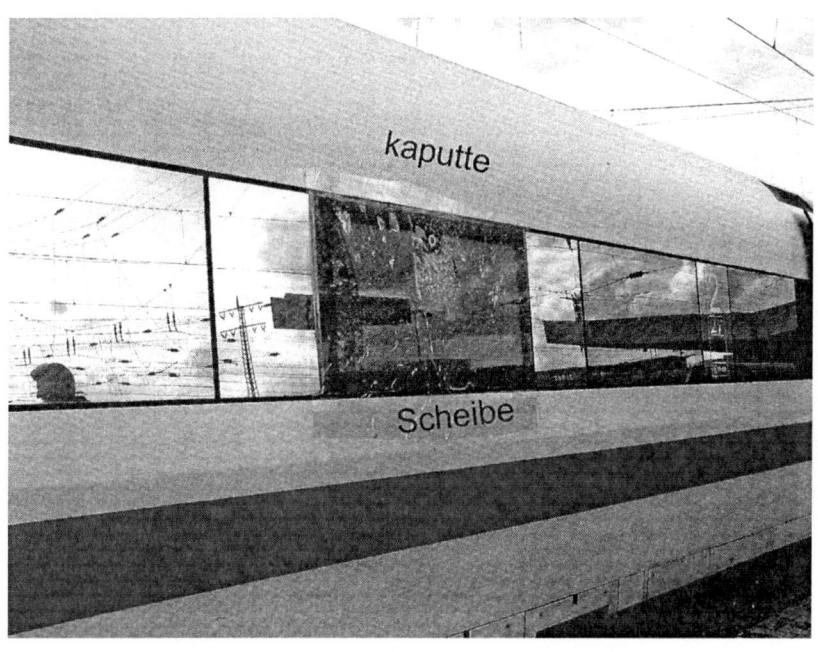

Wanderung in der Oberlausitz

Die Wanderroute

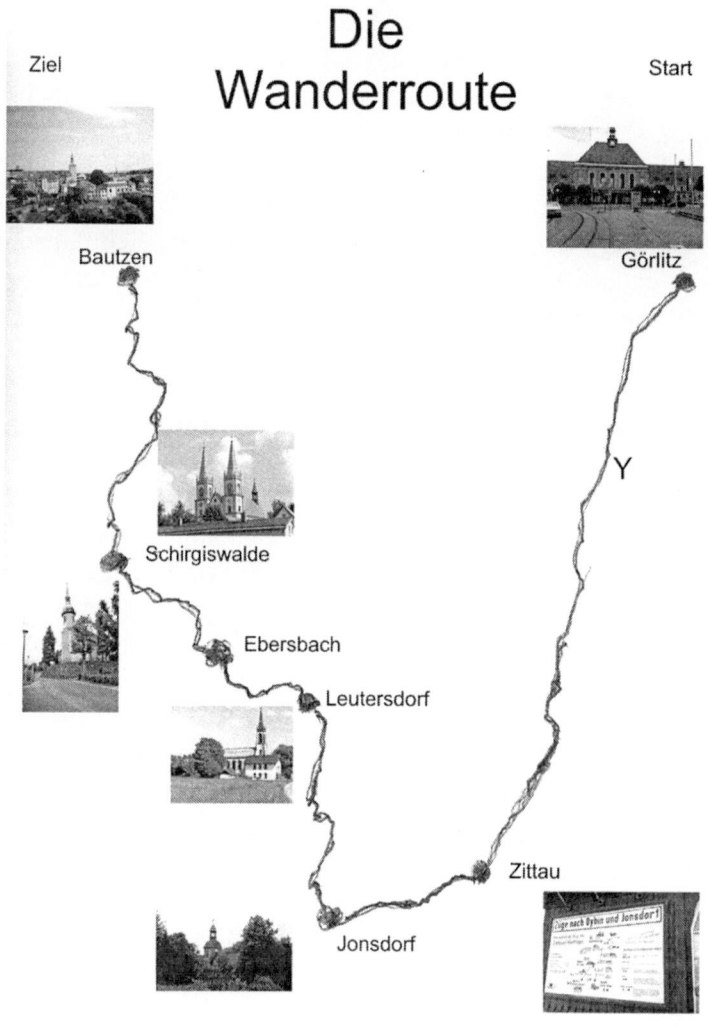

Ziel

Bautzen

Schirgiswalde

Ebersbach

Leutersdorf

Jonsdorf

Zittau

Start

Görlitz

Y

20.7.2016, 3,8 km, Görlitz

Eigentlich sollte die Wanderung 2015 meine letzte gewesen sein, weil mein liebes Weib mir in Erinnerung rief, dass ich in wenigen Monaten 80 Jahre alt werde und die Gefahr besteht, nicht mehr den richtigen Weg zu finden und dadurch eine polizeiliche Suchaktion nach mir ausgelöst werden muss.
Nun lag es an mir, nach einer Lösung zu suchen, um doch noch meinen Herzenswunsch zu realisieren.
Und plötzlich hatte ich den Geistesblitz.
Ich schlage meinem Enkelsohn Joel vor, mich auf meiner Wanderung zu begleiten, als Geschenk für den Schulabschluss.
Damit ist das Argument, ich könne mich verlaufen, entkräftet.
Super, Klasse, so wird's gemacht.
Und jetzt sitzen Joel und ich im Zug nach Berlin, von wo es über Cottbus nach Görlitz geht. Bei Zaremba ist bereits ein Zimmer gebucht und in Görlitz wird entschieden, wohin uns unsere Füße tragen.
In Berlin sind sehr viele Schulklassen unterwegs, sodass ich zu dem Schluss komme, dass in Berlin noch keine Ferien sind.
Darauf die spontane Reaktion von Joel: "In Berlin ist alles anders als in Deutschland."
Dann schläft er den Schlaf der Gerechten, bis ich ihn aus dem Schlummer reißen muss, weil wir Görlitz erreicht haben.
Der Weg zur Pension Zaremba ist bei 30° Grad schweißtreibend, sodass wir, in der Büttnerstraße angekommen, spontan entscheiden, unter die Dusche zu gehen.
Meine Tagesklamotten sind schweißnass, also müssen andere Sachen aus dem Rucksack, während die feuchten Kleidungsstücke zum Trocknen aufgehängt werden.
Dann führt uns der Weg über die Neißebrücke direkt nach Polen und hier in das Lokal "Piwnica Staromiejska" in Zgorzelec.
Selbstverständlich wird Schurek bestellt. Als die Suppe

kommt, falle ich fast vom Hocker.

Wer soll das essen? Die Portion ist zum Sattwerden, aber wir haben noch ein Hauptgericht bestellt, Joel Hähnchen überbacken mit Pfifferlingen und ich Ente gebraten mit Steinpilzen. Die polnische Bedienung muss uns nochmals aufsuchen, weil wir die Beilage vergessen haben. Joel entscheidet sich für Reis, während ich Kroketten auswähle.

Das Essen kommt. Auf meinem Teller sind etwa zwanzig Kroketten und das Geflügelgericht. Natürlich schaffe ich meine Portion nicht, zumal die Ente überhaupt nicht nach Ente schmeckt.

Wir sind fast fertig, da stellt Joel fest, dass sie in der Küche vermutlich einen Fehler gemacht haben. Zu Hähnchen und Ente sind vermutlich die verkehrten Beilagen gekommen, er hat die Ente und ich das Hähnchen.

Sei's drum. Jetzt lassen wir den Abend am alten Markt ausklingen und sind gespannt, welche Überraschungen uns der morgige Tage bringt.

21.7.2016, 10,4 km, Jonsdorf

Da wir die Gestaltung des heutigen Tages vom Wetter abhängig machen, stehen drei Möglichkeiten zur Auswahl, weil es sehr schwül werden soll.

1. Möglichkeit:
Mit dem Zug nach Löbau fahren und von dort nach Herrnhut etwa siebzehn Kilometer laufen.

2. Möglichkeit:
Mit dem Zug nach Zittau fahren, von dort mit der Schmalspurbahn weiter nach Jonsdorf, dort im Gasthof "Am Buchberg"

zwei Nächte bleiben und von hier heute und morgen ohne Rucksack wandern.

3. Möglichkeit:

Mit dem Zug bis Harrachov/Tschechien fahren, von dort zur Wosseckerbaude im Riesengebirge etwa fünfzehn Kilometer laufen und dann etwa vier oder fünf Tage von Baude zu Baude wandern.

Joel hat sich, wie nicht anders zu erwarten war, für die zweite Möglichkeit entschieden und so sitzen wir jetzt im Zug nach Zittau.

Hier angekommen, wird erst telefonisch das Quartier in Jonsdorf für zwei Nächte gebucht. Wie vor elf Jahren klappt die Buchung im Gasthaus "Am Buchberg" und wir können unbesorgt mit der Schmalspurbahn den Kurort ansteuern.

Wir haben Glück und finden auf dem Sommerwagen Plätze, ohne zu ahnen, dass der Qualm der Lokomotive Tränen in die Augen treiben wird. Nun gut, wir haben es überstanden und sind um ein Erlebnis reicher in Jonsdorf angekommen.

Der Gasthof wird schnell gefunden, das Zimmer bezogen und schon sind wir auf der Wanderung ohne Gepäck.

Wir treffen unsere Entscheidung, zum Nonnenfelsen zu laufen, spontan und haben das Ziel nach einer dreiviertel Stunde erreicht, natürlich nass geschwitzt.

Nach einem erfrischenden Getränk in der Baude geht es weiter zum Buchberggipfel. Ein anstrengender Aufstieg und ein ebensolcher Abstieg fordern mich gewaltig, sodass ich mich glücklich schätze, wieder im Gasthaus zu sein.

Jetzt hilft uns eine heiße und kalte Dusche und danach ein aufmunterndes Getränk. Die Lebensgeister sind wieder geweckt und wir begeben uns in den Biergarten, müssen aber nach einer knappen Stunde ins Lokal wechseln, weil die ersten Regentropfen uns vertreiben.

Weil wir Halbpension gebucht haben, erwartet uns zunächst eine Vorspeise, Joel ein Gurkensalat und mich erwartet ein Töpfchen Welschfleisch. Als Hauptgericht hat Joel Geflügelleber ausgewählt, während ich eine Wurscht, Brätli und Sauerkraut bekomme.

Die Portion ist aber so groß, dass die Hälfte zurück muss, obwohl Joel kräftig mitgeholfen hat. Jetzt lassen wir den Abend ausklingen.

Wie spät es wird, steht in den Sternen, aber mir fallen jetzt schon die Augen zu. Gute Nacht.

22.7.2016, 8,6 km

Heute war ein erlebnisreicher, aber sehr anstrengender Tag. Doch der Reihe nach.

Nach dem Frühstück gehen wir zunächst zur Bushaltestelle, um zu schauen, wann morgen in der Frühe ein Bus nach Großschönau fährt und ob überhaupt einer verkehrt.

Wir haben Glück, um 10.00 Uhr fährt ein Bus, also können wir heute eine etwas anstrengendere Tour planen.

Wir gehen zunächst auf dem Rundweg um Jonsdorf, um dann zu dem Felsengebilde "Orgelpfeifen" in den Jonsdorfer Felssteinbrüchen zu wandern. Schon jetzt sind erhebliche Steigungen zu bezwingen, aber das ist noch gar nichts gegen den Naturpfad, auf dem wir bis nach Oybin wollen.

Leider, oder besser Gott sei Dank, ist dieser so schlecht beschildert, dass wir ihn verfehlen. Wahrscheinlich ist uns dadurch vieles erspart geblieben.

Eine sehr überraschende Falle konnten wir leider nicht umgehen.

Wir wollen zur schönen Aussicht, einer Plattform nur zweihundert Meter vom Wanderweg abseits gelegen.

Schöne Aussicht Fehlanzeige, weil alles mit Sträuchern zugewachsen ist. Da entdecke ich eine vier Quadratmeter große Platte. Wir gehen runter, um uns umzuschauen. Das hätten wir besser bleiben lassen.

Jeder, der hier absteigt, muss etwas alkoholisch Hochprozentiges trinken. Das Schaufenster beweist den Konsum. Nun, wir haben es überstanden und sind kaputt und müde in unserer Herberge angekommen.

Frisch geduscht erwachen neue Lebensgeister.

Wir beschließen, rudern zu gehen und mieten kurz entschlossen ein Boot. Während ich den Skipper heraushänge, muss Joel die Knochenarbeit verrichten. Aber es macht ihm offensichtlich Spaß und eine halbe Stunde vergeht auch schnell.

Dann werden wir noch Zuschauer einer unglaublichen Geschichte:

Ein Hund ist seinem Frauchen fortgelaufen und sofort in den Teich gesprungen. Zu seinem Pech schwimmen Enten darin und deshalb wird sein Jagdtrieb geweckt. Er schwimmt hinter den Enten her, um sie zu fangen, aber immer wenn er sie fast erreicht hat, fliegen diese fünf, sechs Meter weiter und die Aufholjagd beginnt erneut.

Das wiederholt sich etwa eine Viertelstunde lang, bis der Mann der Hundebesitzerin einen jungen Burschen gefunden hat, der mit dem korpulenten Herrn in ein Ruderboot steigt, um die Verfolgung des Hundes aufzunehmen. Leider ohne Erfolg, Enten und Hund sind wendiger.

Dann begeben sich noch zwei Mädchen in ein Ruderboot und haben einen teuflischen Plan. Sie wollen den Hund von zwei Seiten angreifen. Die Idee ist gut, das Boot mit den Männern kann dem Hund den Weg abschneiden und der dicke Hundebesitzer bekommt das Halsband des Hundes zu fassen. Das Boot kommt erheblich ins schwanken, der Mann liegt mit der ganzen Länge am Bootsrand, aber schade, er fällt nicht ins Wasser.

Applaus von allen Zuschauern am Rande des Teiches.

Jetzt sitzen wir beim Abendessen und ich bin überrascht.

Ich wollte, dass Joel auf der Wanderwoche abnimmt und deshalb wird zu Mittag nicht gegessen.

Und was erlebe ich jetzt?

Sein Abendessen: zwei Schnitzel, vier Heringe, ein großer Salatteller, Bratkartoffel voller Teller, als Nachschlag große Portion Kartoffelsalat und als krönender Abschluss ein Schwedeneisbecher und dann soll er abnehmen.

Ich kann es nicht ändern, deshalb trinke ich noch ein Bier und dann geht es ins Bett, oder???

23.7.2016 11,2 km, Leutersdorf

Vor dem Frühstück gehe ich zum Bezahlen.

Die junge Bedienung, vermutlich die Tochter des Hauses, nennt mir den Preis, 126 Euro. Ich stutze und erwidere: "Aber der Chef hat mir gesagt, 41 Euro pro Nacht."

"Ach so, Sie hatten mit Halbpension, dann sind das 169 Euro."

Ich stutze, schlucke, sie bemerkt meine Irritation und ergänzt, "82 Euro pro Person und 5 Euro Kurtaxe." Da geht mir ein Licht auf. Ich habe immer für eine Person gerechnet und bin deshalb über den hohen Preis so überrascht gewesen.

Eigene Schuld, hätte ich nichts gesagt, wäre der Aufenthalt in Jonsdorf 38 Euro günstiger gewesen.

Nach dem Frühstück wird das Ränzlein geschnürt und auf den Bus nach Großschönau gewartet. Während der Wartezeit bekomme ich Bedenken, dass wir nur bis in die Kreisstadt fahren, um von hier bis Spitzkunnersdorf, ca. sechs Kilometer, zu laufen. Was ist, wenn wir dort keine Unterkunft finden?

Kurz entschlossen entscheide ich, bis Spitzkunnersdorf zu fahren und beim Gästehaus "Wilder Hirsch" auszusteigen. Und diese Entscheidung war gut, denn das Gasthaus ist ausgebucht. Also bleibt uns nichts anders übrig als bis Leutersdorf, es sind ja nur sechs bis sieben Kilometer und wir wollen ja wandern. Glücklicherweise bekommen wir hier in der Pension "Blaue Steine" ein Doppelzimmer, sodass wir ohne Gepäck unsere Wanderung fortsetzen können.

Es ist relativ leichtes Gelände und trotzdem macht die Hitze, es sind 30 Grad, zu schaffen. Schließlich erreichen wir das Ziel, den Waldsee und stellen fest, dass hier auch eine Badeanstalt ist. Für uns aber uninteressant, weil wir keine Badesachen mithaben. Wir sagen das an der Kasse, müssen aber trotzdem zwei Euro Eintritt zahlen, weil wir ja die Toiletten benutzen könnten. An einem Kiosk genehmigen wir uns rasch etwas Trinkbares, weil wir fast verdursten.

Dann treten wir den Rückmarsch an, um uns in der Pension etwas auszuruhen. Nach einer langen Dusche sind wir erfrischt und beschließen, die einzige Gastwirtschaft des Ortes zu suchen. Ich gehe forsch aus der Eingangstür der Pension und obwohl uns die Gastgeberin beim Empfang auf die kleine Stufe am Eingang hingewiesen hat, übersehe ich diese und schlage der Länge nach auf das Steinpflaster. Ich spüre sofort den Schmerz im linken Oberschenkel nahe der Hüfte, an Aufstehen ist nicht zu denken. Joel fasst mich von hinten unter beiden Achseln und mit viel Mühe komme ich wieder auf die Beine.

Dann ist auch schon alles vergessen und wir können uns auf die Gasthaussuche machen. Nachdem wir mehrmals Passanten gefragt haben, erreichen wir auf Umwegen das Gasthaus "Oberkretscham" und sitzen endlich im Gastraum, unser erstes Radler und eine Cola trinkend.

Da die Wirtsstube sehr groß ist und wir die einzigen Gäste sind, bestellen wir sofort unser Abendessen, um dann zur Pension zurückzukehren.

Joel bestellt einen Gurkensalat und Nudeln mit Seelachs, während ich Rindsroulade mit Rotkohl und Knödel möchte, wovon die halbe Portion mein Begleiter verzehrt.

Wieder bei unserer Unterkunft, entscheiden wir uns, den Rest des Abends im Freien bei einigen Getränken, heute allerdings weniger als gestern, zu beschließen.

Nachtrag zum Abend im Freien:
Der Vater der Gastgeberin fragt uns, ob wir schon in der Kapelle waren. Als wir verneinen, bittet er uns, mit ihm zu kommen.

Wir betreten die Kapelle und sind überwältigt von der Atmosphäre. Als wir aber hören, dass er selbst das Kirchlein entworfen und gebaut hat und warum, sind wir berührt und tief ergriffen.

Hier die Geschichte:
Seine Tochter war sterbenskrank und hatte aus ärztlicher Sicht nur noch Tage, ja Stunden, zu leben. Da legte er in der Kirche ein Gelübde ab. Wenn seine Tochter überlebt und gesund wird, baut er auf seinem Grundstück eine Kapelle. Seine Tochter führt heute die Pension, von Krankheit keine Spur, und deshalb wurde die Kapelle gebaut und 2011 im März vom zuständigen Bischof eingeweiht.

24.7.2016, 12,4 km, Ebersbach

Heute Morgen, kurz nach dem Aufstehen, stellt Joel fest, dass ich im linken Oberschenkel einen riesigen Bluterguss habe. Zum Beweis wird er fotografiert. Dann wird gefrühstückt, die Rechnung beglichen und der Regenumhang übergeworfen, weil es immer noch leicht tröpfelt.
Vor lauter Hetze und Anspannung vergessen wir, uns zu verabschieden. Wir werden es nachholen.

Mail vom 30.7.2016:
Hallo Frau Guttwein,
von der Wanderung wieder zu Hause, möchten wir uns bedanken und für unser schnelles Fortgehen,
ohne uns zu verabschieden, entschuldigen. Aber der Regen, die Rucksäcke und die Ungewissheit,
was der Tag bringt, haben uns überstürzt die Pension "Blaue Steine" verlassen lassen.
Bitte nehmen Sie uns das nicht übel.
Die 2 Wanderer vom 23. auf den 24. 7. 2016, Joel und Werner

Wir wählen den Weg nach Neugersdorf über den Bismarckturm, ein verhängnisvoller Fehler, weil damit ein kilometerweiter Umweg verbunden ist.
Am Bismarckturm angekommen, fragen wir eine gerade auf der Straße stehende Frau nach dem Weg zum Café-Museum, aber sie ist so unfreundlich, dass wir uns dankend fortbegeben.

Die Befragung eines Einheimischen, der gerade einem Autofahrer den Weg erklärt hat, hilft uns auch nicht weiter, weil er erst kurze Zeit hier wohnt und sich noch nicht richtig auskennt. Also laufen wir unsere vorgegebene Route, da hält ein Linienbus kurz vor uns, um eine Ruhepause bis zwölf Uhr, also zehn

Minuten, einzulegen. Da ich das aber nicht weiß, klopfe ich an der Bustür, er öffnet und nun ereignet sich eine unglaubliche Geschichte.

Der Busfahrer ist nicht etwa abweisend, im Gegenteil, er ist sofort bereit zu helfen. Er holt sein Handy, gibt den Gasthof Brauerei ein und erläutert uns dann, wie wir zu laufen haben. Dann bietet er uns sogar an, zwei Stationen mitzufahren aber das lohnt sich nicht.

Also machen wir uns auf den Weg und hören den Bus nach kurzer Zeit im Hintergrund. Wir bleiben stehen, um zu winken, da gibt er uns Zeichen, wir sollen einsteigen. Ich will bezahlen, aber er gibt uns zu verstehen, wir können so mitfahren, was wir natürlich dankend annehmen. Dann hält er an einer Stelle, an der gar keine Haltestelle ist, erklärt uns nochmals den Weg, sodass sich andere Fahrgäste vermutlich fragen, welche Privilegien wir haben.

Und dann beginnt für uns ein sehr langer Weg zur Pension. Wir müssen mehrmals Passanten fragen, bis wir schließlich nach acht Kilometern das heutige Ziel erreichen.

Der Pensionswirt, gleichzeitig Kaffeemuseumsbesitzer, empfängt, zeigt und erklärt uns unsere Bleibe.

Erste Überraschung, die Fensterläden sind in einem 200-jährigen Umgebindehaus innen, aber nicht nur in den alten Häusern, sondern auch in heute gebauten.

Die nächste Überraschung, der Gasthof "Brauerei" hat Sonntagabend geschlossen, aber wir können beim "Döner" essen. Er macht auch Pizza.

Dann machen wir uns nach dieser Strapaze frisch und ich genehmige ausnahmsweise ein Stück Torte für beide.

Dann machen wir uns auf den Weg zum Bahnhof, um die Zugverbindung nach Schirgiswalde zu erkunden.

Der Bahnhof eine einzige Bruchbude, die Fenster eingeschlagen, ein Fahrgastautomat Fehlanzeige, lediglich ein Plakat über die Abfahrzeiten der Züge. Morgen können wir um 9.44 Uhr nach Schirgiswalde fahren.

Dann begeben wir uns auf den Rückmarsch, kehren beim "Döner" ein, essen und trinken jeder nach seinem Geschmack und sind nun wieder in der Pension.

Pension ist untertrieben, es ist ein Vier-Häuser-Trakt, zweigeschossig, mit einem genauso hohen Dach. Alle Häuser zusammen haben 54 Zimmer. Der Eigentümer hat es erworben, weil es ihm gefiel und muss jetzt den Neid der Nachbarn ertragen.

So, jetzt noch ein Bier und "gute Nacht".

25.7.2016, 7,8 km, Schirgiswalde

Ein fantastisches Frühstück im Freien verspricht, das wird ein herrlicher Tag, doch es kommt ganz anders.

Wir laufen bis zum Bahnhof und sind schon nass geschwitzt, weil das Thermometer jetzt schon die 30°-Marke überschritten hat.

Der Zug ist pünktlich. Wir steigen ein und ich muss im Zug bezahlen, weil der Bahnhof in Ebersbach weder einen Schalter hat, noch über einen Fahrkartenautomaten verfügt.

Beim Lösen der Fahrkarte für uns die Überraschung. Der Zug hält nicht in Schirgiswalde, folglich müssen wir bis zur nächsten Station fahren und zahlen.

In Wilthen steigen wir aus und können um 10.44 Uhr die eine Station zurückfahren. Vorher gehen wir aber in den Ort und hier zur Touristen-Information.

Eine "sehr nette", junge Angestellte wird noch wortkarger, als sie hört, dass wir für eine Nacht ein Zimmer suchen. Sie ruft aber trotzdem in einer Herberge an, wahrscheinlich, weil sie schon weiß, dass dort für eine Nacht nicht vermietet wird. Und so ist es.

Schließlich verabschieden wir uns von der jungen Person, die in einer Touristik-Info fehl am Platz ist und suchen auf eigene Faust und mit Erfolg. In einer Gastwirtschaft fragen wir nach einer Unterkunft und erfahren, dass jetzt Ferien sind und deshalb fast alle Hotelbediensteten selbst Urlaub machen. Also begeben wir uns wieder zum Bahnhof und haben Glück, wir erreichen den Zug im letzten Moment.

Als die Zugbegleiterin erfährt, dass wir auf der Hinfahrt nicht in Schirgiswalde aussteigen konnten, lässt sie uns ohne Fahrausweis die eine Station mitfahren. Am Bahnhof fragen wir einen jungen Mann nach einer Unterkunft und werden sofort aufschlussreich informiert. .

„Etwa hundert Meter von hier ist ein Hotel, aber wenn Sie höhere Ansprüche stellen, im Ort, fünfhundert Meter weiter, das ‚Türmchen‘, das ist spitze."

Ich lasse Joel entscheiden und wie nicht anders zu erwarten, möchte er in den Ort, ohne zu ahnen, dass er einen Volltreffer gelandet hat. Wir haben ein Hotel empfohlen bekommen mit Pool, Biergarten und bester Küche und haben das Glück, noch ein Doppelzimmer zu bekommen.
Die Rucksäcke werden in die Ecke geworfen und wir erkunden erst Schirgiswalde und die Umgebung. Dann beschließen wir, einen faulen Tag zu machen und begeben uns zum Pool und das um 14.00 Uhr. Wir genießen das temperierte Nass, nachdem wir vorher unter der eiskalten Dusche waren. Joel, das kalte Wasser nur riechend, will ungeduscht in den Pool, aber

nicht mit mir. Nachdem er nach dem Gefühl fünf Kilo abgenommen hat, darf er in den Pool. Bei stetigem Wechsel zwischen Pool und Liegestuhl verfliegt die Zeit und als wir wieder auf dem Zimmer sind und auf die Uhr schauen, trauen wir unseren Augen nicht, es ist 17.15 Uhr. Über drei Stunden sind wie im Fluge vergangen. Jetzt stellt sich folglich nicht mehr die Frage, was wir noch unternehmen. Wir gehen in den Hofgarten und schreiben wie an jedem Tag unseren Tagesablauf nieder, selbstverständlich beim Verzehr von entsprechend kühlen Getränken. Zum Abendessen gönnen wir uns Soljanka und Rinderfilet für Joel und ich, Forelle, der Rest bleibt für wen? Dann noch einen Himbeergeist für J. und einen Schwedeneisbecher für J. und der Abend klingt gemütlich aus.

Nachtrag:

Das Besondere an der Forelle beim Abendessen war, dass sie entgrätet war. Eine gute Idee des Küchenchefs.

Wieder auf dem Zimmer, habe ich ein kleines Problem. Das Wasser im Waschbecken fließt nicht ab. Der übliche Zapfen im Becken fehlt. Stattdessen links in der Ecke des Waschtisches ein Schild "Drücken!" Aber wen, was oder wo soll ich drücken. Ein Weib ist nicht da, einen Knopf finde ich auch nicht und wenn ich selbst drücke, habe ich die Hose voll.

Ich rufe Joel, konfrontiere ihn mit dem Problem, er schaut sich geraume Zeit um, dann greift er ins Wasser, **drückt** auf den Abflussknopf und das Waschbecken ist leer.

26.7.2016, 8,5 km, Bautzen

Das Frühstück ist gut und da wir Zeit haben, genießen wir es in aller Ruhe.

Dann warten wir auf den Bus nach Bautzen.

Als schließlich ein Fahrzeug an der Haltestelle hält, reagiere ich nicht, weil es ein Kleinbus mit siebzehn Plätzen ist. Joel nimmt meinen Rucksack, da geht mir ein Licht auf.

Für drei Euro pro Nase werden wir nach Bautzen Bahnhof gebracht, aber nicht etwa auf direktem, das sind zehn Kilometer, Wege, sondern über alle Dörfer bis Bautzen, sodass wir nach über einer Stunde geschätzte dreißig Kilometer hinter uns haben.

In Bautzen führt unser Weg zunächst zum Bahnhof. Hier werden uns für unsere Heimfahrt am nächsten Tag zwei Möglichkeiten angeboten.

1. Möglichkeit:
Abfahrt in Bautzen 10.24 Uhr, umsteigen in Dresden-Neustadt, Leipzig, Halle, Goslar, Hannover, und Minden. Ankunft in Hamm um 18.37 Uhr.
Fahrpreis für zwei Personen 52 Euro.

2. Möglichkeit:
Abfahrt in Bautzen um 10.24 Uhr, umsteigen in Dresden.
Ankunft in Hamm um 17.14 Uhr. Fahrpreis 127,75 Euro, weil Joel keine Bahncard hat.

Ich entscheide mich, obwohl es mir gegen den Strich geht, für die zweite Möglichkeit, aber sechsmal umsteigen ist auch mir zu viel. Auf Platzkarten verzichten wir, trotz des Angebotes.

Draußen vor dem Bahnhof zückt Joel seine Mappe und erklärt ganz nebenbei, dass er doch eine Bahncard hat, die bis zum

16.2.2017 gültig ist. Schade, jetzt ist nichts mehr zu machen, stattdessen begeben wir uns auf Unterkunftssuche und haben wieder Glück.

Die Frau, die wir ansprechen, kennt sich gut aus und zeigt uns eine Pension gleich um die Ecke. Auch hier bleibt uns das Glück treu, ein Doppelzimmer ist frei.

Leider kommt der Chef des Hauses erst um 13.00 Uhr, wir können aber die Rucksäcke schon auf das Zimmer bringen und in die Stadt gehen, sagt uns die Hausdame. Also schlendern wir in die Stadt.

Während Joel unbedingt in ein Kaufhaus will, setze ich mich auf eine Bank, um auf ihn zu warten.

Plötzlich bekomme ich starke Bedenken.

Was ist, wenn die Hausdame gar nicht die Hausdame war?

Was ist, wenn die Rucksäcke weg sind?

Wir kennen den Pensionswirt gar nicht, die Polizei wird uns für dumm und naiv halten.

Nun, glücklicherweise waren das nur Hirngespinste von mir, die Rucksäcke sind da, die Hausdame ist Hausdame und der Pensionswirt ist auch eingetroffen und wir erhalten die Zimmerschlüssel.

Dann geht es erneut in die Stadt, dort zur Spreebrücke und dann 108 Stufen abwärts zur Spree, ohne daran zu denken, dass wir auch wieder rauf müssen.

Egal, zunächst kehren wir im Wasserwerk ein, trinken eine Cola und da es so verlockend ist, geht einer von uns 114 Stufen auf den Turm und der andere 74 Stufen hinab ins Wasserwerk.

Leider habe ich nicht bedacht, dass man auch wieder hoch muss und dann erschöpft ist, während der Turmbesteiger beim Abstieg keine Probleme hat.

Vom Wasserwerk ist es nicht weit bis zur Altstadt und hier kauft Joel in einem urigen Laden für Katrin Senf aus Bautzen.

Dann geht es zurück zur Pension, wo wir uns frisch machen,

um dann die Gastwirtschaft aufzusuchen, die uns von der Senf-ladenfrau empfohlen wurde.

Hier angekommen, wird uns vom unfreundlichen Personal der Weg zur Dachterrasse durch Fingerzeig gewiesen und wir landen in einem dunklen Raum. Wieder zurück, gibt man uns zu verstehen, dass wir links abbiegen mussten, aber woher sollen wir das wissen.

Schließlich auf der Terrasse ein Tisch mit schöner Aussicht, aber hinter uns zwei Frauen, die ohne Unterbrechung plappern, sächsisch, also kaum zu verstehen. Auf der Speisekarte sagt weder Joel noch mir eine Speise zu, deshalb trinken wir etwas, zahlen und gehen.

Dann versuchen wir es in der "Alten Apotheke", die uns unser Pensionswirt wärmstens empfohlen hat.

Hier angekommen, kein Gast, weder im Wirtshaus noch im Biergarten. Das sagt alles, zumal die anderen Lokale gut besucht sind.

Was tun?

Ich hab bei der Altstadtbesichtigung irgendwo ein spanisches Restaurant gesehen, das wir jetzt suchen. Bei der Suche kommen wir am "Mönchshof" vorbei und kehren ein. Spanisch können wir auch in Hamm essen.

Die Atmosphäre ist ansprechend, wir bleiben.

Joel bestellt Eierragout in süßsaurer Soße im Reisrand und als Hauptgericht gekochtes Rindfleisch in Meerrettichsoße mit Buttermöhren (sorbische Spezialität), während ich mich für Hirschbraten in Rotweinsoße mit Preiselbeeren und Apfelrotkohl entscheide.

Die Portionen sind groß, Joel muss, wie üblich, die Hälfte von meinem Gericht mitessen. Danach ist er so satt, dass er auf den Schwedeneisbecher verzichtet und das will was heißen. Noch ein letztes Getränk, und wir treten den Heimweg an.

Und dann passiert das Unfassbare.

Joel ist so übersättigt, dass er nicht anders kann, er muss kotzen, aber wo?
Die Straßenbäume sind von kleinen Sträuchern umgeben, also nichts wie hin und rein. Glücklicherweise ist die Straße menschenleer. Bis zur Pension sind es nur noch wenige Meter und er kann ins Bett fallen.

27.7.2016, Heimfahrt

Heute müssen wir zeitig aufstehen, weil der Zug nach Dresden bereits um 9.14 Uhr fährt.
Das umfangreiche Frühstück können wir auf dem Balkon ge-

419

nießen und dann ist der Ablauf über das Ende der Wanderung vorgegeben.

Zugfahrt bis Dresden, hier eineinhalb Stunden Aufenthalt und dann ohne Unterbrechung Weiterfahrt bis Hamm.

Allerdings ist eine Besonderheit noch zu erwähnen.

Wir brauchen noch Getränke für die Rückfahrt. In Dresden, bei dem langen Aufenthalt, unternehmen wir einen kurzen Gang in die Stadt. Wir kommen an einem DM-Laden vorbei, wo man auch Getränke bekommt, so Joel.

Also rein in das Geschäft, ich finde schnell Wasser, die Flasche für 0,45 Cent, aber Joel möchte unbedingt Cola und die gibt es hier nicht.

Auf dem Weg zurück zum Bahnhof in einem Straßencafé kauft er eine kleine Cola. Ich frage nach dem Preis. **Nur 2,50 Euro!**

Joel war von meinem Vorschlag, mit mir die Wanderung in der Oberlausitz zu machen, sofort begeistert.
Selbst meine Bitte ebenfalls Tagebuch zu führen, taten seiner Begeisterung keinen Abbruch.
Ich bin überrascht, wie er diese Aufgabe gelöst hat.
Nachfolgend sein Bericht.

20. Juli 2016

Heute ist unser erster Tag in Görlitz.
Wir haben heute lecker Jur gegessen. Das Wetter war heute sehr, sehr heiß, aber man konnte es noch gut aushalten. Für Opa war Jur heute wieder bisschen zu viel, aber dafür war ich ja wieder am Start und habe den Rest der Suppe gegessen. Jur ist einfach unbeschreiblich lecker.
Als wir unsere Hauptspeise aßen, wurden aus Versehen unsere Gerichte vertauscht, aber keiner von uns hat das bemerkt. Erst zum Schluss fiel uns das auf. Na ja, aber dafür hat jeder von uns bei dem anderen probiert und wir waren zufrieden. Wir haben auch eine ganz entspannte Reise ohne Probleme gehabt und sind gut durchgekommen. Jetzt sitzen wir gerade am alten Markt und genießen unser Bier und Cola.
Die Stadt Görlitz hat sich eigentlich gar nicht verändert und wir haben uns trotzdem auf dem Weg zum Hotel verlaufen. Was wir morgen machen wollen, wissen wir noch nicht, das besprechen wir aber auf dem Weg nach Jonsdorf.

21. Juli 2016

Heute war unser zweiter Tag und diesmal sind wir richtig gewandert.

Wir sind mit dem Zug nach Zittau gefahren und in Zittau sind wir umgestiegen in die Bimmelbahn und das war ein sehr tolles Erlebnis, draußen zu sitzen und durch die Landschaft zu fahren und alles zu sehen.

Was auch krass war, wo der Zug seine Abgase rauslassen musste, so formuliere ich das einfach mal und wo dann der ganze schwarze Rauch aus der Lok vorne kam. Das war ein richtig krasses Erlebnis.

Wir sind halt mit der Bimmelbahn von Zittau bis Bertsdorf gefahren und sind danach in eine andere Bimmelbahn umgestiegen, um bis nach Jonsdorf zu fahren. Opa hat mir erzählt, dass er vor elf Jahren schon mal in der gleichen Unterkunft war, die Unterkunft hieß "Pension am Buchberg", und er hat erzählt, dass abends voll viele Leute zum Essen und Trinken da waren, aber wo ich abends das Lokal unten gesehen habe, konnte ich mir das gar nicht vorstellen, dass es wirklich einmal brechend voll dort war. Was sich in elf Jahren so verändern kann, ist heftig. Na ja, auf jeden Fall sind wir in Jonsdorf ohne Gepäck gewandert und sind bis zu einem Berg gewandert, wo man eine Top Aussicht auf Jonsdorf hatte, da war auch eine Baude, aber man musste viele Treppen laufen, aber es ging. Dieser Berg hieß Nonnenfelsen. Wir hatten in Jonsdorf zwei Tage Aufenthalt, deshalb war es richtig bequem, ohne Gepäck zu wandern.

22. Juli 2016

Heute war wieder eine erfolgreiche Wanderung für uns.

Wir sind heute zu den Orgelpfeifen gewandert und das war wieder ein fantastisches Erlebnis.

Dann waren wir im schwarzen Loch, das ist so eine Art kleine Höhle. Dort konnte man eigentlich durch ein Tor gehen, aber das war leider geschlossen. Denn hinter dem Tor waren ziemlich interessante Dinge zu sehen.

Die Berge, die wir gewandert sind, sind wirklich sehr steil und die Treppen da waren sehr rutschig. Man musste bei jedem einzelnen Schritt aufpassen. Wir sind heute sogar gerudert, war sehr anstrengend für mich, aber sehr entspannt für Opa. Eine halbe Stunde waren 3 Euro wert.

Da war ein Hund im Wasser, der wollte die Enten jagen, das war ziemlich witzig. Zwei Männer setzten sich ins Ruderboot, um den Hund zu schnappen, das hat erst ein paar Minuten gedauert, bis die an ihn rankamen, aber dann hat ihn einer am Fell am Nacken gepackt, und der Hund musste aber trotzdem bis zum Ufer schwimmen. Richtig witzig war das.

Es war auch heute wieder ziemlich heiß, ich glaube so um die 30 Grad und wir sind heute 8,1 km gelaufen. Später gibt es lecker Essen und morgen geht es weiter mit unserer Wanderung.

PEACE UP!!!!

23. Juli 2016

Heute war unser 3. Wandertag. Wir sind bis Großschönau gefahren.

Wir haben wieder eine schöne Unterkunft gefunden mit einem schönen Garten. Heute haben wir einen Fehler gemacht, und zwar sind wir bis zur Silberteichbaude gewandert und daneben ist ein schönes Schwimmbad. Das ist ein Freizeitbad wie der Selbachpark, da hätte man richtig chillig schwimmen und sich entspannen können.

Nur leider hatten wir keine Badeklamotten dabei.

Dafür hat der Opa sich eine Himbeerlimo gegönnt und ich habe mir eine Cola und einen Apfelstrudel mit einer Kugel Vanilleeis gegönnt. Ach ja, vorher, wie wir bis nach Leutersdorf gewandert sind, wo auch unsere Unterkunft "Blaue Steine" ist, sind wir durch ein Maisfeld gegangen. Ich kam mir vor, wie in einem afrikanischen Tropenwald, das war aber richtig witzig, nur man konnte halt nicht viel sehen vom Weg.

Es war auch wieder ziemlich heiß heute und wir waren am Schwitzen und abends kam uns das Wetter auf einmal schwül vor.

Zum Abendessen waren wir in einer anderen Pension, die heißt "Oberkretscham". War auch eine sehr schöne Pension, die Bedienung da war auch sehr freundlich und das Essen da war auch ziemlich lecker.

Jetzt sitzen wir aber wieder in unserer Pension "Blaue Steine" und genießen unser Bier und unsere Cola. Für den 24.07.2016 haben wir auch schon eine Unterkunft in Neugersdorf. Ich hoffe, diese Nacht können wir wieder besser schlafen als sonst. Ach, was erzähle ich da eigentlich?? Ich hoffe, Opa kann besser schlafen, weil ich ihm im Doppelbett immer auf die Pelle gerückt bin, aber da hier jeder sein eigenes Bett hat, ist das nicht wieder der Fall.

Das Wetter sieht wieder etwas bedeckt aus, wir wollen nur hoffen, dass es morgen nicht regnet. Wir genießen noch unser Trinken und morgen geht es weiter.

24. Juli 2016

Heute war unser 4. Wandertag.
Wir sind heute mit Gepäck gewandert und es ist nicht so einfach, wie man denkt. Dazu kam auch noch, dass es leider doch geregnet hat, deshalb mussten wir heute unsere Regenumhänge drüberziehen.
Die Pension "Blaue Steine", wo wir übernachtet haben, war richtig schön. Ein sehr toller Garten, das Haus, wo die Familie wohnt, ist auch richtig schön, schön gepflegt, einfach fantastisch. Was ich ganz toll fand, da kam der Gastgeber, er hat sich zu uns gesetzt und sich mit uns sehr nett unterhalten. Die Geschichten von Opas Wandertouren fand er auch richtig interessant und er wollte immer mehr von ihm wissen und was dann übelst korrekt von ihm war, als er uns fragte, ob er unser Gepäck bis nach Neugersdorf fahren soll, dass wir nicht den ganzen Ballast mittragen müssen. Aber wir haben beschlossen, mit Gepäck zu wandern. Wir sind ja Wanderer und daran gewöhnt.
Jetzt kommt aber was sehr, sehr, sehr Spannendes, aber auch was Schockierendes. Wir haben eine Kapelle im Garten gesehen und dachten uns erst mal, warum eine Kapelle auf einem Privatgelände steht, dafür braucht man doch eine Erlaubnis der katholischen Gemeinde. Als wir diese Geschichte erfuhren, haben wir eine richtige Gänsehaut bekommen. Ein Mann erzähle uns, dass seine Tochter, die uns heute begrüßte und mit dem Mann und dem Rest der Familie gegrillt hat, sterbenskrank war und nur noch wenige Tage zu leben hatte und dieser Mann hat geschworen, wenn seine Tochter überlebt, will er für Jesus diese wunderschöne Kapelle bauen. So, seine Tochter hat überlebt und der Mann hat im Jahr 2011 diese Kapelle gebaut. Ich finde so etwas wunderbar, dass die Leute so denken und man kann Gott dafür danken, dass die Tochter überlebt hat. "Der Herr segne Dich!"

Ich will jetzt aber endlich mit unserem heutigen Tag starten. Wir sind nach Neugersdorf gewandert, zwar im Regen, aber war trotzdem schön. Wir waren am Bismarckturm und wollten eigentlich da hochgehen, aber ging leider nicht. Na ja, man kann nicht alles haben.

Wir kannten uns an einer Stelle nicht aus und keiner konnte uns richtig helfen und an einer Straße hielt ein Busfahrer an und machte direkt die Tür auf, weil wir ihn nach dem Weg fragen wollten. Er hat uns vernünftig und deutlich den Weg erklärt und hat uns den Weg sogar auf seinem Handy gezeigt. Er wollte uns erst mal zwei Stationen mitnehmen, aber wir sind gelaufen. Plötzlich kam der Busfahrer nach und hielt an, weil der Fahrer uns sah und hat gesagt wir können einsteigen. Er nahm uns mit und wir mussten nicht mal was bezahlen. Wir konnten so etwas Geld sparen und sind bis zu unserer Unterkunft "Kaffee Museum" gelaufen.

Das "Kaffee Museum" ist ziemlich interessant, dort gibt es Kaffeemaschinen aus den Jahren 1600-1900 usw., also bis zum 1. oder 2. Weltkrieg und das war ziemlich interessant anzusehen, da gab es noch eine riesige Kaffeemaschine zum Kaffee mahlen, war sehr cool.

Opa und ich haben ein Stück Kuchen gegessen, einen Tee und einen Apfelsaft getrunken und sind danach zum Bahnhof gegangen, um zu gucken, wie die Züge fahren. Zum Abendessen sind wir zum Türken gegangen. Aber der Döner hat da zum Kotzen geschmeckt. Eigentlich hätten wir in der Gasthof-Brauerei was trinken oder essen können, weil es da sehr schön sein soll, aber leider hat das da nur von montags bis samstags von 11-17 Uhr offen und sonntags von 11-14 Uhr. Schade, da hätte man wenigstens besser essen können als beim Türken, aber man kann nicht alles haben.

Morgen geht es weiter. Ach ja, wir haben das erste Zimmer ohne Fernseher gehabt, wir hatten da nur ein altes Radio, aber im Urlaub braucht man auch keinen Fernseher.

25. Juli 2016

Heute war unser 5. Wandertag, wir sind von Neugersdorf nach Schirgiswalde gewandert und haben eine schöne Unterkunft gefunden mit einem coolen Pool und der Pool hat diesmal richtig gut getan bei der Hitze.

Heute habe ich aber nicht so viel zu erzählen, wir sind heute bisschen in den Ort gegangen und waren an zwei Kirchen, in einer Kirche waren wir drin, die war ziemlich groß und schön und die andere Kirche war leider geschlossen, weil da einer gelernt hat, Orgel zu spielen.

Dann sind wir noch mal in einen Wald gegangen, um nach Wanderwegen zu suchen, aber wir haben keine Schilder oder Sonstiges gefunden. Dafür sind wir zurück zur Unterkunft gegangen, haben unsere Badeklamotten angezogen und sind in den Pool gegangen. Danach haben wir nur auf dem Liegestuhl einen Chilligen gemacht.

Jetzt sitzen wir draußen und genießen Bier und Cola. Ich gönn mir noch einen Himbeergeist und Opa einen Schwedeneisbecher und ich muss sagen, dass der Himbeergeist sehr lecker schmeckt.

Ha, Ha, ha!

26. Juli 2016

Wir sind heute in der schönen Stadt Bautzen gewesen, wo es viele Sehenswürdigkeiten gibt.

Da ist ein großes Shoppingcenter, das heißt Kornmarkt-Center und das sieht von innen und von außen eins zu eins wie das Alleecenter in Hamm aus. Wenn man da drin ist, denkt man wirklich, man wäre in Hamm. Das ist einfach das Alleecenter in 15 Jahren. Einfach unglaublich, die Stadt sieht aus wie Görlitz, nur dass Görlitz noch schöner aussieht.

Wir waren an der Spree und auf einer großen Brücke, wo man Aussicht auf die Spree und auf die Altstadt hat, richtig toll. Dann waren wir was trinken an einem Turm, wo man nach oben und nach unten gehen konnte, dafür mussten wir nur 3 Euro zahlen. Opa ist nach unten gegangen in den Keller, er musste 77 Stufen runter und wieder rauf und ich bin nach oben gegangen. 114 Stufen rauf und wieder runter und von oben hatte man eine richtig tolle Aussicht auf Bautzen. Einfach schön.

Dann haben wir ein Lokal gesucht, wo man gemütlich essen könnte. Wir wollten erst mal zum Spanier, sind dann aber zum "Mönchhof" gegangen und das war ein richtig schönes Restaurant, wo man draußen sitzen konnte und auch eine schöne Aussicht auf Bautzen hatte. Da gab es keine normalen Gläser oder Teller, wie wir das kennen, sondern wirklich solche Gläser und Teller, die ein Mönch früher hatte und der Kellner war wie ein Mönch angezogen. Wir haben schön gegessen, allerdings habe ich so viel gegessen, dass mir schlecht wurde und ich mich fast übergeben musste. Ich esse nie wieder so viel, war aber trotzdem schön.

Vorher waren wir in einem Restaurant, aber wir sind wieder gegangen, weil uns das Essen nicht so angeturnt hat und die Bedienung auch nicht gerade nett war. Aber na ja, jeder Mensch ist anders.

Bautzen war trotzdem richtig schön, da möchte ich wieder hin.

27. Juli 2016

Heute war unsere Heimreise zurück nach Hamm.

Wir hatten heute ein schönes Frühstück draußen auf dem Balkon, wo man auch eine schöne Aussicht auf Bautzen hatte. Das Frühstück war ein Buffet.

Um 9.14 Uhr kam unser Zug nach Dresden und um 11.20 Uhr kam unser Zug nach Hamm (Westf.).

Die Wanderung fand ich sehr toll, war zwar anstrengend, aber toll und ich kann mir vorstellen, später auch wie Opa, so was jedes Jahr mal zu machen, weil man einfach viel dazulernt und weil das einfach interessant ist, von Baude zu Baude oder von Hotel zu Hotel zu wandern. Ich bin aber trotzdem froh, wieder zu Hause zu sein.

Und wer weiß, vielleicht werdet ihr auch später mal ein Buch von mir sehen.

Das Tattoo

Als wir in einem Restaurant, namens "Mönchhof" waren, saßen wir ganz gemütlich am Tisch und haben lecker gegessen und getrunken, wir haben uns entschieden zu zahlen, als ein Mann sich zu uns an den Tisch setzte. Der Mann fing an, sich mit uns zu unterhalten und stellte uns ein paar Fragen: Was macht ihr beruflich? Wohnt ihr hier oder macht ihr hier Urlaub? Und natürlich haben wir all diese Fragen ehrlich beantwortet. Plötzlich fing Opa an, auch ein paar Fragen an den Mann zu stellen und der Mann erwähnte, er sei ein Sorbe und Opa fand ihn richtig interessant.

Wir haben gezahlt und der Mann ist mit uns mitgekommen und erzählte, dass er ein Tätowierer ist und ein Tattoostudio hat. Opa fand diese Sache richtig interessant und wollte immer mehr wissen und auf einmal wollte er mit ins Studio reingehen und sich auch eins stechen lassen. Ich habe gefragt: "Opa, wie kannst du dir noch mit 80 Jahren ein Tattoo stechen lassen?" Ich habe ihn festgehalten, dass er da nicht reingeht, weil das hätte 45 Euro gekostet, aber er wollte nicht auf mich hören.

Er ist mit reingegangen und hat sich ein großes Tattoo stechen lassen. Eigentlich sollte ich das für mich behalten, aber ich musste es der Oma erzählen und die Oma ist immer noch stinksauer darüber, dass er das gemacht hat. Ich habe ihn aber gewarnt.

Ich rücke jetzt mit der Wahrheit raus!

Opa und ich waren in Leutersdorf in der Unterkunft "Blaue Steine" und wollten rausgehen, nachdem wir uns frisch gemacht haben. Vor der Tür ist eine kleine Stufe, die genau dieselbe Farbe hat, wie draußen der Boden. Uns wurde auch schon gesagt, dass man aufpassen soll, weil man da schnell stolpert, da wären schon einige Leute gestolpert.

Ich war hinter Opa und habe ein Foto von irgendwas gemacht und plötzlich sah ich nur noch, wie Opa stolperte und halb auf dem Rücken lag.

Ich half ihm auf und er hatte, Gott sei Dank, keine Schmerzen, aber dafür ist dieser große blaue Fleck entstanden.

Man sollte an solchen Treppen eine Markierung oder so hinweisen, dass so was nie passiert.

Oma war darüber nur geschockt und nicht sauer oder so. Hahahaha!